Christiane Röhrbein

Will ich wirklich ein Kind?

Christiane Röhrbein

Will ich wirklich ein Kind?

Von guten Gründen und verborgenen Wünschen

mvg Verlag

Bibliografische Information Der Deutschen Bibliothek
Die Deutsche Bibliothek verzeichnet diese Publikation in der Deutschen Nationalbibliografie; detaillierte bibliografische Daten sind im Internet über http://dnb.ddb.de abrufbar.

Auszug aus Shirley Seul, *Goodbye, Baby*: © 2003 bei Verlag Frauenoffensive München
Wir danken dem Verlag für die freundliche Abdruckgenehmigung.

Umschlaggestaltung: Atelier Seidel, Neuötting
Redaktion: Tanja Loos, Paderborn
Satz: Redline GmbH, J. Echter
Druck und Bindearbeiten: Ebner & Spiegel, Ulm
Printed in Germany 07075/020602
ISBN 3-636-07075-4

Zu diesem Buch

Soll ich? Soll ich nicht? Wenn ja: Wann? Und wie geht es dann weiter? Die Kinder-Frage begleitet Frauen von der Pubertät bis zu den Wechseljahren. Und selbst wenn die eigene Familienplanung abgeschlossen ist, überlegen viele: Was soll ich meiner Tochter raten?

Kinder kann man nicht zurückgeben – deshalb fällt die Entscheidung so schwer. Zumal es nahezu unmöglich ist, sich vorzustellen, wie sehr ein Baby das eigene Leben umkrempelt.

Klar gibt es handfeste Gründe dagegen: Kinder kosten Geld, lassen aufregende Paarbeziehungen zu Arbeitsgemeinschaften verkümmern, schmälern Karrierechancen. Wer viel zu verlieren hat, scheut dieses Risiko. Die Folge: 42 Prozent der Akademikerinnen bleiben kinderlos.

Auf der anderen Seite werden Eltern für ihre Mühe auch belohnt: Babys sind süß, Kinder halten jung, wer sich fortpflanzt, lebt in seinen Söhnen und Töchtern weiter. Und erfüllt angesichts des drohenden Rentenlochs geradezu eine patriotische Pflicht.

Nun setzt, wenn wir ehrlich sind, niemand Nachwuchs in die Welt, um sein Land vor der Vergreisung zu retten. Wenn Menschen sich für oder gegen das Kinderkriegen entscheiden, dann wollen sie vor allem das Beste für sich selbst.

„Was wären wir ohne unsere Kinder?“, hört man häufig. Der Satz ist aufschlussreich! Denn die Sprösslinge sind oft nötig: als Lebenssinn, als Kitt für eine brüchige Beziehung, als Ausrede für berufliches Scheitern, als Unterhaltungsprogramm.

Nun ist Eigennutz nicht automatisch schlecht. Die Frage ist nur, ob all die Wünsche, die ein Kind erfüllen soll, wirklich von ihm erfüllt werden können, ohne dass seine eigene Entwicklung darunter leidet.

Genau darum geht es in diesem Buch. Christiane Röhrbein hat nichts gegen Kinder. Im Gegenteil. Sie plädiert nur für ehrliche Bilanzen: Jeder Mensch mit Kinderwunsch sollte vorab klären, ob er unterm Strich mehr zu geben hat, als er für sich selbst herausholen möchte. Damit möglichst viele Menschen aus der Fülle und nicht aus der Not geboren werden.

Inhalt

3. Annäherung

4. Allein oder gemeinsam?

6. Eigene Kindheit

7. Jenseits der Mutterrolle

Einleitung

Sonja ist gerade mit ihrer Familie in die USA gezogen, wo ihr Mann für fünf Jahre einen Job bekommen hat. Sie hat sich in Deutschland vom ohnehin ungeliebten Schuldienst freistellen lassen und überlegt, ob sie die „freie" Zeit nutzen soll, um ein drittes Kind zu bekommen. Kaum hat sie in ihrer neuen Heimat ihren Computer angeschlossen, erhält sie eine E-Mail von ihrer Freundin Hanne: „Stell dir vor, ich bin schwanger." Zwischen Frankfurt und Seattle entspinnt sich eine lebhafte Debatte zum Thema „Warum wollen wir Kinder?".

Anfangs sind Hanne und Sonja noch genauso naiv wie die meisten von uns. Kinder sind süß, sagen sie; Kinder geben dem Leben einen Sinn; Kinder gehören einfach dazu.

Mit der Zeit kommen sie sich selbst auf die Schliche. Stellen fest, dass ihr Kinderwunsch immer dann besonders drängend wird, wenn Mangel herrscht: Wenn die Beziehung nicht viel hergibt, Berufsperspektiven fehlen, Anerkennung ausbleibt, Zweifel an den eigenen Fähigkeiten nagen. Langsam reift bei ihnen die Erkenntnis, dass Elternschaft nur dann gelingen kann, wenn sie sich aus der Fülle speist: aus einem Übermaß an Freude, Lust, Energie, Möglichkeiten. Am Ende haben beide ihr Leben verändert. Und sind in der Lage, eine verantwortliche Entscheidung zu treffen.

Hanne und Sonja gibt es gar nicht. Ich habe sie mir nur ausgedacht. Eventuelle Ähnlichkeiten mit lebenden Personen sind allerdings nicht immer zufällig. Die beiden haben nicht nur viel mit dem zu tun, was ich selbst in meinen verschiedenen Lebensphasen (kein Kind, ein Kind, zwei Kinder) gefühlt und gedacht habe, sie spiegeln auch meine Wahrnehmung von Freunden, Bekannten und Verwandten, knüpfen an zahllose Gespräche an und reflektieren meine Lektüre.

Hanne und Sonja können nicht alles wissen. Vieles eignen sie sich im Laufe der Zeit an. Anderes, was uns und ihnen nützlich sein könnte, habe ich in Kästen dazugestellt. Das durchbricht zwar die Fiktion, erhöht aber den Gebrauchswert des Buches.

Apropos Fiktion:

Ein klassischer Ratgeber ist dieses Buch nicht. Das liegt daran, dass Kinderwünsche aus einem Stoff gewebt sind, der sich gegen eine rein sachliche Darstellung und eine saubere Kapiteleinteilung sperrt.

Jeder, der mal in sich selbst hineinhorcht, stellt fest: Die Kinderfrage ist ein Wust. Vorgeschobene Gründe, unbewusste Motive, Tagträume, Fantasien, Stimmungen, Klischees, die jeweilige Tagesform, Lebenslügen und gesellschaftliche Erwartungen spielen eine Rolle, wenn wir uns Kinder wünschen. Hinzu kommt, dass sich Gefühle und Einstellungen genauso wie die Bedingungen für das Leben mit Kindern im Laufe eines Lebens verändern. Ursprüngliche Motive verlieren an Bedeutung, neue treten langsam in den Vordergrund.

Die E-Mail verleitet als schriftliches Medium zu einer gewissen gedanklichen Ordnung und ist zugleich offen für die Unübersichtlichkeit der Verhältnisse. Denn die Tatsache, dass das Knäuel auf Anhieb unentwirrbar scheint, entbindet uns nicht von der gestellten Aufgabe: Seit Kinder planbar sind, also auch verhindert werden können, wird die bewusste Entscheidung für oder gegen sie zur moralischen Pflicht. Viele Frauen erleben das als Belastung. Aber was hilft es? Es gibt nun mal Verhütungsmittel. Im 21. Jahrhundert können wir uns nicht mehr mit dem Schicksal herausreden.

1. Hoffnung und Zweifel

Thema: **Stell dir vor!**
Datum: 10.2.
From: hanneb@t-online.de
To: sonjan@aol.com

Liebe Sonja,

wahrscheinlich hast du dich gewundert, weshalb ich letzte Woche auf deiner Abschiedsparty so neben der Spur war. Genau genommen laufe ich seit Tagen vollkommen orientierungslos durch die Gegend und frage mich unablässig, ob meine Ahnung stimmt oder nicht. Seit heute Morgen habe ich Gewissheit: Ich bin schwanger.

Nie werde ich vergessen, wie ich auf das Testfeld starrte, das sich langsam verfärbte: blau, blau, blau! Kein Zweifel möglich. Oh Baby!

Ich nehme an, du kannst dir vorstellen, in welches Chaos mich diese Neuigkeit gestürzt hat. Soll ich? Soll ich nicht? Die Gedanken wirbeln nur so durcheinander, nichts passt zusammen. Ich – eine Mutter? Bloß nicht! Ich – eine Mutter? Ja, Jaaaaah!

Bitte antworte mir ganz schnell und sag mir, was ich tun soll,

deine Hanne

Ungeplant heißt nicht immer unerwünscht

Laut einer Studie der pro familia ist mehr als die Hälfte aller Schwangerschaften in der Bundesrepublik ungeplant. Das wirft ein Licht auf die Ambivalenz des Kinderwunsches. Obwohl es heutzutage möglich ist, eine Empfängnis fast hundertprozentig zu verhindern, gibt es offenbar Beziehungen und Situationen, in denen Frauen und Männer eine klare Entscheidung nicht treffen wollen oder können.
Ungeplant heißt also nicht automatisch unerwünscht. Experten schätzen, dass letztlich etwa zwei Drittel aller Kinder erwünscht und ein Drittel unerwünscht ist. Die Forschung hat es in dieser Frage allerdings nicht leicht. Denn wer gibt schon zu, dass er sein Kind nicht gewollt hat? Hinzu kommt: Die Einstellungen der Eltern ändern sich häufig im Verlauf der Schwangerschaft und während des Zusammenlebens mit dem Kind. Aus einer ursprünglichen Ablehnung kann langsam eine bejahende Haltung werden. Umgekehrt kann eine anfänglich hohe Motivation in Ablehnung umschlagen.
Welche Folgen haben die Gefühle der Eltern für die Entwicklung eines Kindes? Fest steht, dass bewusste Unerwünschtheit ebenso wie unbewusste Ablehnung häufig schwer wiegende körperliche und seelische Folgen haben. Nach Ansicht namhafter Psychoanalytiker und Psychotherapeuten spricht sogar vieles dafür, dass die Benachteiligung der Ungeliebten bereits vor der Geburt beginnt: Schon das Ungeborene spürt, ob es willkommen ist oder nicht.

Buchtipp: Häsing, Helga/Janus, Ludwig (Hg.): Ungewollte Kinder, 2001 (s. Anhang)

Thema: **RE: Stell dir vor!**
Datum: 10.2.
From: sonjan@aol.com
To: hanneb@t-online.de

Liebe Hanne,

ich fall in Ohnmacht! Ein Baby! Ich hatte mir in der Tat schon Sorgen gemacht. Dachte, das Fest hätte dir nicht gefallen, oder du wärest aus irgendeinem Grunde sauer. Aber jetzt erst mal herzlichen Glückwunsch! Auch wenn du selbst dich noch nicht so ganz freuen kannst: Ich freue mich für dich. Ich freue mich sogar ganz schrecklich!

Du wirst sehen: Ein ganz neues, wunderbares, aufregendes Leben erwartet dich. Klar, Kinder machen Mühe. Du wirst unzählige schlaflose Nächte verbringen, jahrelang nur noch klebrige Türklinken anfassen, permanent Rotznasen abputzen, Tausende von Fischstäbchen braten und, was vielleicht das Schlimmste ist, noch mal – dem Turbo-Abitur sei Dank! – zwölf Jahre zur Schule gehen. Aber was zählt das gegen die Freude? Kinder machen unwiderstehliche Komplimente, riechen gut und legen einem hinreißende kleine Liebesbriefe aufs Bett.

Darf ich es Frank schon erzählen? Der findet das bestimmt auch ganz toll.

Alles Liebe,

deine Sonja

Thema: **Chaos im Kopf**
Datum: 11.2.
From: hanneb@t-online.de
To: sonjan@aol.com

Liebe Sonja,

es wäre mir lieber, wenn die Sache erst mal unter uns bleibt. Zumindest so lange, bis ich weiß, was ich will.

Es ist nämlich so, dass ich völlig hin- und hergerissen bin zwischen Baby-Lust und Baby-Panik. Einerseits kann ich es kaum erwarten, mein Kind im Arm zu halten und meine Nase in seine kleine Halsgrube zu stecken. Schon jetzt ist mir das Wesen, das in meinem Bauch wächst, näher als jeder andere Mensch.

Andererseits mache ich mir schwere Vorwürfe: Wie konnte ich so leichtsinnig sein? Denn die Schwangerschaft ist ja kein Unfall, sondern dadurch entstanden, dass ich in letzter Zeit immer öfter die Augen zugemacht habe, wenn mein Verhütungscomputer rotes Licht gab. Nach dem Motto: Wird schon nichts passieren.

Und das ausgerechnet jetzt, wo die Leute aufs Geld sehen wie noch nie und ein kleiner Buchladen wie meiner kaum eine Chance hat, sich gegen die Konkurrenz der großen Ketten und Internet-Läden zu behaupten. Wenn ich dann noch dauernd höre, dass unsere Generation beizeiten anfangen muss, fürs Alter vorzusorgen, wird mir ganz anders. Wie soll ich das hinkriegen, wo ich doch jetzt schon jedes Monatsende knapp bin? Und wie soll ich da noch für ein Kind sorgen, geschweige denn in zwanzig Jahren Studiengebühren für seine Ausbildung hinblättern?

Und dann Heiko als Kindsvater – unvorstellbar! Unsere Beziehung ist ja ganz nett, aber nichts wirklich

Ernstes. Er jedenfalls hat immer ganz klar gesagt, dass er sich nicht als Familienvater sieht. Er verhandelt übrigens gerade mit einer Filmproduktions-Firma in Berlin – kann sein, dass er in zwei Monaten gar nicht mehr in Frankfurt lebt. Nun ja, selbst schuld, wenn ich demnächst ein Hartz-IV-Fall bin.

Blöd, dass du ausgerechnet jetzt nach Seattle gezogen bist. Ich hoffe, es gefällt dir gut und Frank ist mit seinem neuen Job zufrieden.

Ich vermisse dich und unsere Gespräche,

deine Hanne

Thema: RE: **Chaos im Kopf**
Datum: 12.2.
From: sonjan@aol.com
To: hanneb@t-online.de

Liebe Hanne,

dass ein Kind in die Lebensplanung passt, kommt meiner Erfahrung nach selten vor. Irgendwie ist der Zeitpunkt immer falsch. Jeder normale Mensch hat mindestens zehn gute Gründe parat, sich keinen Nachwuchs zuzulegen. Also wird das Kinderkriegen immer weiter nach hinten verschoben. Und wenn es endlich so weit ist, heißt es: Achtung, fertig, kinderlos!

Was soll der Blödsinn? Ich will deine Sorgen bestimmt nicht klein reden, aber du solltest auch bedenken: Unsere Großmütter haben ihre Kinder in viel schwereren Zeiten gekriegt. Und doch habe ich noch nie gehört, dass eine gesagt hätte: Ich wäre lieber kinderlos geblieben. Klar liest man jeden Tag: Steuern rauf, Renten runter. Ich bin zwar nicht mehr in Deutschland, aber die Panik schwappt sogar nach Amerika zu mir herüber, zumal Frank mir jeden Tag einen Stapel deutscher Zeitungen aus dem Büro mitbringt. „Den Deutschen fehlt der Wunsch zum Kind", lese ich jeden Tag und – gerade gestern in der „Süddeutschen": „German Angst macht unfruchtbar." Wobei sich der Autor zum Glück nicht daran beteiligt, das letzte zeugungswillige Paar mit liebevoll geschilderten Bedrohungsszenarien zu verprellen, im Gegenteil: „Alles, was Spaß macht, kostet nun einmal Geld", schreibt er und: „Leute, rechnet nicht, macht einfach. Rechnen macht arm. Machen macht glücklich."

Genauso ist es, meine Liebe! Kinder sind unsere Zukunft. Kinder zeigen einem, was wirklich wichtig ist. Kinder bedeuten einfach: mehr Leben!

Im Übrigen lassen sich Bedingungen umgestalten. Wenn man will, kann man sie passend machen. Du schaffst das schon, da bin ich mir sicher. Zur Not auch ohne Heiko. Du hast bislang doch immer alles hingekriegt.

Deine Sonja (die immer zu dir steht!)

Thema: **German Angst**
Datum: 13.2.
From: hanneb@t-online.de
To: sonjan@aol.com

Liebe Sonja,

du hast ja so Recht – einerseits: Vielleicht ist dieses Kind genau die Herausforderung, die ich brauche, ein Anstoß, meine irgendwie immer noch studentische Existenz hinter mir zu lassen, Verantwortung zu übernehmen und meinem Leben eine Richtung zu geben. Wie sagt man so schön: Man wächst mit seinen Aufgaben. Hoffentlich ist das bei mir auch so.

Andererseits habe ich das Gefühl, dass man als Eltern verdammt allein gelassen wird. Klar kriegt man vorab jede Menge Applaus – zumal jetzt, wo Zeugungspatriotismus gefragt ist: Neue Kinder braucht das Land!

Auf der anderen Seite muss man die Folgen der Kinderaufzucht doch ganz allein tragen. Ein Beispiel: Die neue Regierung schafft die Eigenheimzulage ab: Wer hat denn bislang davon profitiert? Zu zwei Dritteln waren das Familien – weil die einfach mehr Platz brauchen. Anderes Beispiel: Rot-Grün strich die Ausbildungszeiten in der Rentenversicherung. Wen trifft das denn? Doch nicht die Leute, die ein ganzes Berufsleben ununterbrochen einzahlen und sich ohne allzu große Opfer nebenbei noch eine private Alterssicherung aufbauen können! Die werden die drei Jahre schon verschmerzen. Das trifft doch Frauen, die ihre Berufstätigkeit unterbrechen oder in Teilzeit gehen, um nachmittags Vokabeln abzuhören und ihre Kinder zu Klavierstunden zu kutschieren. Also diejenigen, die nicht zuletzt aufgrund ihrer Qualifikation in der Lage sind, die zum Himmel stinkenden Defizite unseres Halbtags-Bildungssystems – selbstverständlich zum Nulltarif – auszugleichen.

Will ich mir das antun? 42 Prozent der Akademikerinnen sagen: No, thanks. Aber komisch. Irgendetwas in mir sagt: Jetzt erst recht!

Woher kommt diese Stimme, fragt sich

deine Hanne

Deutschland – kein Kinderland

Die Geburtenrate liegt in Deutschland auf einem Niveau, bei dem jede neue Generation rund ein Drittel kleiner ist als die letzte, hat das Institut für Wirtschaftsforschung (Ifo) in München festgestellt. 2003 kamen in Deutschland 706 000 Kinder zur Welt, 1964 waren es noch 1,35 Millionen gewesen.

Das Berliner Forsa-Institut untersuchte die Gründe für diesen Rückgang und kam zu folgenden Ergebnissen:

44 Prozent der 18- bis 49-Jährigen fehlt der richtige Partner zur Familiengründung.

40 Prozent der 349 befragten kinderlosen Frauen und Männer verzichteten aus Unsicherheit über ihre berufliche Zukunft auf Nachwuchs.

Bei 34 Prozent der Befragten steht der Verlust der persönlichen Unabhängigkeit im Vordergrund.

29 Prozent führten höhere Kosten an.

Selbst 75 Prozent der Kinderlosen empfinden laut der Umfrage das Klima in Deutschland als kinderfeindlich. In Geschäften, öffentlichen Verkehrsmitteln und Restaurants würden Kinder oft als störend empfunden.

Thema: RE: **German Angst**
Datum: 13.2.
From: sonjan@aol.com
To: hanneb@t-online.de

Liebe Hanne,

diese Stimme kommt aus deinem tiefsten Inneren und sie weiß: Das Kind, das in dir wächst, wird Kräfte mobilisieren, die du dir nie zugetraut hättest.

Im Übrigen solltest du bedenken: Es stimmt zwar, dass Eltern von der Gesellschaft ziemlich allein gelassen werden – was Kinderbetreuung oder einen finanziellen Ausgleich angeht. Auf der anderen Seite bringen Kinder aber auch Menschen zusammen: weil Kinder die Verbindung zur jüngeren Generation herstellen – man kriegt mit, welche Musik angesagt ist und welche Jeans gerade gar nicht gehen. Weil Eltern sich – notgedrungen – Netzwerke schaffen, allein schon, um die Betreuung irgendwie hinzukriegen oder um abgelegte Klamotten weiterzugeben. Weil Kinder uns zwingen, über Dinge nachzudenken, die wir vorher nicht für unsere Angelegenheiten gehalten haben: den Handymast neben dem Kindergarten, den Schuldenberg, die Aussichten für die nächste Generation.

Im Kleinen sieht man das doch schon jetzt: Plötzlich tauchen Themen wie Bildungsmisere in deinem Wortschatz auf. Überhaupt finde ich das ganz toll, dass wir jetzt, wo du schwanger bist, wieder viel mehr gemeinsam haben.

Nicht, dass ich dich beneidet hätte. Aber ich kam mir, seit Anna-Lisa und Milan auf der Welt sind, manchmal schon recht dürftig vor, wenn du von deinem ausgeschlafenen Erwachsenenleben berichtetest. Interessanter Job,

Gesangsstunden, Chorauftritte, aufregende Pläne, mit der Clique in smarten Bars herumhängen und bis morgens um drei Krimis lesen – das hat doch was! Während ich mit Ach und Krach meine Halbtagsstelle schaffte und ansonsten nur Milchreis und Masern im Kopf hatte.

Wirklich schade, dass wir uns ausgerechnet jetzt nicht sehen können. Das waren noch Zeiten, als wir im selben Haus wohnten und nur durch eine Zimmerdecke getrennt waren. Oft horchte ich abends beim Abendbrotmachen auf deine Schritte im Treppenhaus. Weißt du noch? Wenn du dann „auf einen Sprung" hereinkamst, hockten wir oft noch stundenlang zusammen. Auf diese Weise hast du wenigstens eine solide Ausbildung im Kinder-ins-Bett-Bringen erhalten. Jetzt müssen wir mit E-Mails vorlieb nehmen. Nun ja, besser als gar nichts.

Schreib mir bald,

deine Sonja

Thema: **Oh Baby!**
Datum: 14.2.
From: hanneb@t-online.de
To: sonjan@aol.com

Liebe Sonja,

ich war heute Morgen beim Frauenarzt: Er hat mir herzlich gratuliert und gesagt, dass ich mit fünfunddreißig im besten Alter bin. Mit dem Baby sei auch alles in Ordnung. Das hat mich wieder aufgerichtet. Denn das Gespräch mit Heiko war ziemlich herb.

Ich weiß nicht, was ich mir vorgestellt hatte: Mein Leben ist schließlich kein Hollywoodfilm und Heiko, wie gesagt, nicht der Typ, der vor Freude Purzelbäume schlägt, wenn er hört, dass er Vater wird. Trotzdem hatte ich insgeheim gehofft, dass er mich in den Arm nimmt und „Wir schaffen das schon“ oder etwas ähnlich Aufmunterndes murmelt – schließlich habe ich ja auch meine Zweifel. Stattdessen kam erst mal gar nichts. Heiko stocherte ewig lange in seinem Kartoffelgratin herum, schließlich schob er seinen Teller weg und sagte, ohne mich anzusehen: „Hanne, das musst du entscheiden.“ Das Wort „entscheiden“ hat reingehauen!

Ich habe mir jetzt vorsorglich einen Beratungstermin bei *pro familia* geben lassen.

Ziemlich fertig,

deine Hanne

PS. So toll ist mein Single-Dasein nun auch wieder nicht. Klar war ich oft froh, dass ich mich nach einem Besuch bei euch in mein sauberes und ruhiges Apartment zurückziehen konnte. Oft kriegte ich aber auch den Blues, sobald ich allein auf meinem krümelfreien Sofa hockte. Wer fragt schon nach mir? Wer braucht mich wirklich?

Thema: RE: **Oh Baby!**
Datum: 15.2.
From: sonjan@aol.com
To: hanneb@t-online.de

Liebe Hanne,

bist du verrückt? Was willst du denn bei *pro familia*? Lass dir doch bloß nicht einreden, dass es da noch was zu entscheiden gibt. Du willst das Kind doch! Stell dir mal vor, du würdest es tatsächlich abtreiben. Es ist ja nicht so, dass uns in unserem Alter reihenweise Männer über den Weg laufen, die drängeln, Verantwortung für eine Familie zu übernehmen. Das kann noch ewig dauern, bis du den Ideal-Vater triffst. Und bis dahin fängst du jedes Mal an zu heulen, wenn du an einem Kinderwagen vorbeikommst.

Trotzdem kann ich verstehen, dass du enttäuscht bist. Insgeheim sind wir Frauen gegen jede Vernunft davon überzeugt, dass das Kind ein Allheilmittel ist. Wenn das Baby erst mal da ist, wird sich schon alles finden, denken wir. Wenn der angehende Vater das anders sieht, fühlen wir uns abgelehnt. Der Wunsch nach einem Kind ist bei uns in erster Linie etwas Körperliches, fragt nicht nach Kosten und guten Gründen. Das hat auch damit zu tun, dass wir jeden Monat daran erinnert werden, dass unser Körper auch als Brutkasten zu gebrauchen ist. Bei den meisten Männern ist der Kinderwunsch, wenn überhaupt, nicht so drängend. Denn Vaterschaft ist eher eine sozial vermittelte Identität. Selbst Frank, der im Prinzip eine Familie wollte, ist mir in dieser Frage hinterhergestolpert. Wenn es nach ihm gegangen wäre, hätten wir erst einmal ein paar Jahre kinderlos zusammengelebt.

Dein Heiko hat mit dem Thema offenbar gar nichts am Hut. Vielleicht gehört er zu den Spätberufenen, die Mitte fünfzig plötzlich ihren Familiensinn entdecken. Aber das würde dir dann auch nichts mehr nützen. Jetzt mal Hand aufs Herz: Ich kenne jede Menge Frauen, die ihren Kinderwunsch aus Rücksicht auf ihre zögerlichen Männer nach hinten geschoben haben, bis es für sie zu spät war. Andere klammern sich an das Prinzip Hoffnung und suchen, wenn die sich irgendwann ins Nichts verflüchtigt, mit Ende dreißig panisch einen neuen Mann – den Zuschlag kriegen dann oft Typen, deren einzige Qualifikation darin besteht, dass sie sich nicht vehement gegen das Thema Fortpflanzung wehren. Willst du bei diesem traurigen Spiel mitmachen? Nein, meine Liebe, so hart das klingt: Je eher du Heiko aus deinem Leben streichst, desto eher hast du den Kopf frei, um über die wirklich wichtigen Dinge nachzudenken.

Tut mir Leid, aber so sehe ich das.

Deine Sonja

Thema: **Richtiger Zeitpunkt**
Datum: 20.2.
From: hanneb@t-online.de
To: sonjan@aol.com

Liebe Sonja,

den Beratungstermin habe ich abgesagt. Danke, dass du mir den Kopf zurechtgerückt hast. Es stimmt, dass ich das Baby will. Auch habe ich in der Tat große Angst, dass es irgendwann mal zu spät sein könnte. Denn das, was du über den „richtigen Zeitpunkt“ geschrieben hast, ist sehr wahr.

Genau genommen wünsche ich mir schon lange ein Kind.

Soll ich dir ein Geheimnis verraten? Wenn ich in der Nähe der Hauptwache war, habe ich es immer so eingerichtet, dass ich rein zufällig bei *Prénatal* vorbeikam. Dann habe ich mir diese ganzen faszinierenden Utensilien angeschaut und mir vorgestellt, wie ich mein Baby bade, anziehe und füttere.

Dass das Kinderhaben in der Realität nichts mit solchen Puppenmutter-Fantasien zu tun hat, weiß ich auch. Gerade deshalb habe ich mir immer gesagt: Du musst erst einmal Boden unter den Füßen, was Eigenes aufgebaut haben. Schließlich wollte ich nicht werden wie meine Mutter, die einen schweigenden Groll gegen meinen Vater hegte, weil der seine Talente entwickeln und sich auf internationalen Kongressen wichtig machen konnte. Während sie sich mit liegen gelassenen Anoraks, verhauenen Mathearbeiten, aufgeschlagenen Knien und Hundescheiße an Kinderstiefeln herumschlagen musste.

Zuerst galt es, die Buchhändlerlehre möglichst gut abzuschließen. Danach die erste Stelle. Du erinnerst dich, ich war damals mit Rainer zusammen. Mit dem hätte ich mir ein Kind vorstellen können. Aber er studierte noch und wovon hätten wir leben sollen? Irgendwann erschien mir mein Job immer dröger und ich beschloss, noch zu studieren. Kurz darauf ging die Beziehung zu Rainer kaputt.

Nach der Zwischenprüfung bekam ich die Hilfskraftstelle in der Bibliothek und lernte Ronald kennen. Der brauchte ziemlich lange, bis er seine alte Freundin verdaut hatte. Als er so weit war, begannen bei mir die

Examensvorbereitungen. Ein Baby hätte da wirklich nicht gepasst.

Nach dem Examen dann die bange Frage: Was nun? Ich lebte von der Hand in den Mund, schrieb hier einen Hörfunkbeitrag, da einen Artikel für ein Literaturlexikon und machte ein unbezahltes Praktikum nach dem anderen. Nicht der ideale Zeitpunkt für die Gründung einer Familie. Dann ergab sich ganz kurzfristig das Ding mit dem eigenen Laden. Mein Traumladen! Ich habe mich in dieses Abenteuer gestürzt und vergaß das Thema Fortpflanzung. Die Beziehung zu Ronald war über dem ganzen Stress ohnehin auf der Strecke geblieben.

Vor etwa einem Jahr fing es an, dass ich abends, wenn ich in meine leere Wohnung zurückkam, immer öfter in Katerstimmung verfiel. Irgendwie hatte ich das Gefühl, dass das Eigentliche an meinem Leben noch fehlt. Nennen wir es Bodenhaftung. Oder Verankerung. Aber damit ist es jetzt vorbei. Nie habe ich mich, im wahrsten Sinne des Wortes, so erfüllt gefühlt.

Obwohl ich absolut nicht weiß, wie das rein praktisch funktionieren soll …

Schreib mir bald wieder,

deine Hanne

Thema: **Technik und Terror**
Datum: 20.2.
From: sonjan@aol.com
To: hanneb@t-online.de

Liebe Hanne,

ich bin froh, dass du dich so entschieden hast. Alles andere wäre die größte Dummheit deines Lebens gewesen.

Jetzt zum Drumherum: Du klagst ja schon lange darüber, dass der Buchladen nicht so gut läuft. Gibt es irgendeine Idee, mit der man das Geschäft ankurbeln könnte? Sodass du wenigstens halbtags jemanden einstellen könntest, der dich vertritt? Oder könntest du dir vorstellen, dein Baby tagsüber in eine Krippe zu bringen? Andere Möglichkeit: Kennst du vielleicht eine Frau, die auch ein Kind erwartet und mit der du dich bei der Kinderbetreuung abwechseln könntest? Mit der du vielleicht sogar zusammenwohnen würdest? Wird Heiko für das Kind zahlen? Könnten dir deine Eltern Geld leihen?

Du wirst ganz bestimmt kein Fall für ALG II. Dafür bist du nicht der Typ. Mit ein bisschen Improvisationstalent kriegst du das schon hin. Zur Not kann man die Buchmesse auch mit Kinderwagen besuchen!

Und vergiss nicht: Schwerer ist oft leichter. Dann sind die Verhältnisse wenigstens klar. Denn es gibt auch Alleinerziehende *in* der Ehe!

Halt die Ohren steif,

deine Sonja

Westdeutscher Betreuungs-Notstand

Nur für 8,5 Prozent der Kleinkinder unter drei Jahren steht ein Krippenplatz bereit. Kindergärten in den alten Bundesländern entlassen ihre „Kunden" in der Regel noch vor dem Mittagessen. Hortplätze gibt es nur für 5 Prozent der Schulkinder. Die Folge: Hunderttausende Mütter müssen ihre Berufspläne in den Wind schreiben. Während kinderlose Paare zu 90 Prozent als Doppelverdiener Geld scheffeln, sind nur bei 70 Prozent der Elternpaare beide Partner berufstätig. Die Quote sinkt mit zunehmender Kinderzahl – nur noch 55 Prozent der Familien mit drei Kindern beziehen ein zweites Gehalt. Dieses ist meistens nur ein Teilzeitlohn, der größtenteils für die Betreuung der Kleinen draufgeht.
Angesichts der schrumpfenden Geburtenrate und dem sich abzeichnenden Mangel an qualifizierten Arbeitskräften werden diese Zustände zunehmend auch von Politik und Wirtschaft kritisiert. Was die Umsetzung notwendiger Gegenmaßnahmen angeht, kann von einem Durchbruch allerdings noch längst nicht die Rede sein. „Wenn wir das Tempo der vergangenen zehn Jahre weitermachen, dann brauchen wir 120 Jahre, um das derzeitige Niveau Frankreichs zu erreichen, und 304 Jahre, bis wir so weit sind wie die Dänen", hat die SPD-Politikerin Renate Schmidt im April 2005 gegenüber der Zeitschrift BRIGITTE gesagt.
Die allgemeine Zögerlichkeit hat allerdings nicht nur mit leeren Kassen zu tun. Denn das westdeutsche Familienbild ist nach wie von einer tiefen Abneigung gegen Gemeinschaftserziehung geprägt. Entsprechend sieht ein normaler Werktag in der Ideal-Familie immer noch so aus: Morgens geht Papi in die Arbeit, Mami geht mit dem

Baby zum Babyschwimmen und wenn mittags die Große aus der Schule kommt, steht das Essen auf dem Tisch. Nachmittags übt die Mutter Rechtschreibung mit der Älteren und macht mit dem Baby im Kinderwagen einen Spaziergang im Park, wo sie sich mit anderen Müttern über Giftstoffe in Beruhigungsschnullern austauscht. Abends kommt Papi nach Hause und darf stolz auf seine Familie sein. Mütter auf Dienstreisen und Väter, die vom Büro aus per E-Mail die Hausaufgaben kontrollieren, sind in diesem Szenario nicht vorgesehen.

Thema: RE: **Technik und Terror**
Datum: 21.2.
From: hanneb@t-online.de
To: sonjan@aol.com

Liebe Sonja,

ziemlich viele Fragen. Zu viele für mich im Moment. Ich bin noch völlig überrumpelt von der neuen Situation. Vielleicht sind es auch die Hormone. Jedenfalls fehlt mir die Kraft und der Weitblick, um das Organisatorische anzupacken. Für heute nur so viel:

Als Ersatz für meine eigene Arbeit müsste ich mindestens zwei Frauen engagieren. Wer außer mir selbst stellt sich schon sechs Tage die Woche in den Laden und verzichtet auf seinen Jahresurlaub? Kinderkrippe – weiß nicht. Vielleicht sehe ich das falsch, aber jeder, der nur ein einziges Mal ein Buch über Entwicklungspsychologie aufgeschlagen hat, weiß doch, wie wichtig die ersten drei Jahre sind. Eine Kinderkrippe kann doch immer nur eine

Notlösung sein, oder? Jedenfalls hält sich bei mir hartnäckig der Gedanke, dass nur aidskranke Alkoholiker ihre Kinder dort hinbringen. Stimmt schon, politisch korrekt hört sich das nicht an. Dafür scheint es aber wahr zu sein: Vor ein paar Tagen habe ich mir eine neue Brille ausgesucht und wurde von einer Frau beraten, die früher mal Erzieherin war und den Job geschmissen hat, weil sie den nicht mehr ausgehalten hat. Wir kamen ins Gespräch und sie hat von sich aus gesagt, dass hierzulande die wenigen Krippenplätze, die es gibt, von Kindern aus Problemfamilien besetzt werden. Mit sämtlichen Verhaltensstörungen, die man sich vorstellen kann.

Ich weiß, so was darf man nicht laut sagen. Aber jetzt mal unter uns: Will man das für sein Kind? Eher nicht! Aber das mit der Mütter-WG ist eine gute Idee. Ich werde darüber nachdenken.

Lass von dir hören,

deine Hanne

Thema: **Noch ein Kind?**
Datum: 25.2.
From: sonjan@aol.com
To: hanneb@t-online.de

Liebe Hanne,

ich kann mir vorstellen, dass du erschöpft bist. Tut mir Leid, dass ich so vorgeprescht bin. Vielleicht sollte ich, statt dich auszuquetschen, mal was von mir erzählen.

Glaub ja nicht, dass ich mit dem Thema „Kind“ abgeschlossen habe, bloß, weil ich nun schon zwei habe. Als ich von deiner Schwangerschaft erfuhr, fühlte ich gleich wieder so ein merkwürdiges, wehmütiges Ziehen in der Bauchgegend. Ich kriege das öfter, wenn mir eine Geburtsanzeige ins Haus flattert, wenn ich im Wartezimmer meines Gynäkologen in den Ratgeberbroschüren für Schwangere blättere oder wenn eine Freundin mit ihrem Neugeborenen vorbeikommt.

„Was wäre wenn ...?“, fragt dann, ganz vorsichtig, eine Stimme, die ganz tief aus meinem Inneren kommt. Erinnerungen tauchen auf: an die feierliche, erwartungsvolle Stimmung, die sich im Haus verbreitet, wenn der Geburtstermin näher rückt. An das Gefühl des Einsseins mit dem Leben, wenn die Hebamme einem das glitschige, zerknautschte Wesen auf die Brust legt, das nun tatsächlich auf der Welt ist. An das erste Lächeln, die erste durchgeschlafene Nacht, den ersten Schnupfen. An den Geruch von verschwitzten Kinderköpfen nach einem langen Sommernachmittag im Garten ...

Blödsinn, sagt der Verstand, zwei Kinder sind mehr als dir gut tut. Hast du etwa nicht genug von voll gesabberten Blusen, mit Karottenmus bespuckten Pullovern, Ringen unter den Augen und hormonumstellungsbedingtem Haarausfall? Würdest du nicht lieber mal wieder Tennis spielen oder tanzen gehen, statt aufs Neue Beckenbodenübungen zu machen und weitere drei Jahre Kindergarten-Elternabende zu besuchen?

Klar, sagt das Herz. Sicher wäre das schön! Endlich mal wieder schick angezogen, fit und gepflegt herumlaufen, bevor das Alter kommt und sich die erotische Tarnkappe über mich senkt. Aber andererseits: Nie habe ich mich so wohl gefühlt wie in der Zeit meiner ersten Schwangerschaft. Ich hatte seidiges Haar, eine glatte

Haut und zum ersten Mal im Leben das Gefühl, wirklich etwas zu leisten. Von einem Tag auf den anderen fühlte ich mich anerkannt und wichtig.

Gut, die Kotzerei am Anfang. Aber dann ging es mir hervorragend. Ich machte jeden Tag eine Stunde Gymnastik, kochte mir Gemüsesuppen, gönnte mir jeden Tag einen ausgiebigen Mittagsschlaf, machte lange Spaziergänge. Und ich hatte ein gutes Gewissen dabei. All das geschah schließlich für einen guten Zweck.

Und dann die erste Zeit mit Anna-Lisa. Sicher war das anstrengend. Aber andererseits: Nie habe ich mir so wenig Fragen gestellt wie damals. Immer wusste ich, was ich zu tun hatte: stillen, wickeln, Baby tragen, Windeleimer leeren, Waschmaschine füllen, Baby tragen, füttern, wickeln, Baby tragen, Wäsche aufhängen, Baby tragen und so weiter und so fort. Meine ganze Existenz hing von dem Kind ab. Niemand wollte von mir wissen, wie ich mir meine Zukunft vorstellte. Meine einzige Aufgabe bestand darin, den jeweiligen Tag zu meistern.

Vielleicht ist genau das der Grund, warum ich über ein drittes Kind nachdenke. Ehrlich gesagt weiß ich noch nicht so recht, was ich mit fünf Jahren Amerika anfangen soll.

Was sagst du dazu?

Deine Sonja

Thema: **Tolles Gefühl!**
Datum: 28.2.
From: hanneb@t-online.de
To: sonjan@aol.com

Liebe Sonja,

ich kann verstehen, dass du dich mit dickem Bauch gut gefühlt hast. Mir geht es auch so. Es ist ein tolles Gefühl, ein Kind in sich wachsen zu lassen. Ehrlich gesagt bin ich richtig stolz auf meinen Körper, dass er zu einer solchen Leistung fähig ist. Irgendein kluger Wissenschaftler hat mal den Begriff von der „Funktionslust" geprägt. Damit ist, glaube ich, die Freude daran gemeint, dass die eigene Biologie zum Zuge kommt. Dass unsere Gebärmutter, unsere Eierstöcke und unsere Brüste nicht brachliegen, sondern ihren Zweck erfüllen. Offenbar gibt es in den meisten Menschen eine tief verwurzelte Scheu vor dem Leerlauf einer sexuellen Funktion: Fruchtbar sein ist eindeutig schöner als unfruchtbar zu sein!

Ich merke vor allem, dass ich mir selbst gegenüber viel nachsichtiger geworden bin. Früher war mein erster Gedanke morgens immer: Was muss ich heute alles erledigen? Wie kann ich das schaffen? Heute fällt mir als Erstes das Baby ein und ich fühle mich unbeirrbar. Ich mache meinen Job, funktioniere weiter – klar –, aber der Druck ist weg.

Dir kann ich es ja sagen: Ich habe gestern sogar schon einen winzig kleinen Strick-Schlafsack nebst passendem Mützchen gekauft. Albern, nicht? Wo ich noch nicht einmal im dritten Monat bin.

Dass du über ein drittes Kind nachdenkst, freut mich natürlich. Allein schon, weil ich mich – wenn das tatsächlich klappen sollte – in guter Gesellschaft fühlen würde. Wir könnten dann gemeinsam in Glückshormonen baden, über Folsäuremangel fachsimpeln und die Liste der angesagten Vornamen durchgehen. Andererseits hast du dich doch so sehr auf deine Auszeit in den USA gefreut. Was ist passiert?

Liebe Grüße,

deine Hanne

Thema: **Sinn und Richtung**
Datum: 1.3.
From: sonjan@aol.com
To: hanneb@t-online.de

Liebe Hanne,

als wir noch in Deutschland waren und ich jeden Morgen in die Schule musste, habe ich immer gedacht: Wie herrlich wäre es, wenn ich Zeit hätte, *meine* Sachen zu machen! Okay, der Job als Lehrerin hatte auch seine schönen Seiten. Aber nach zwei Jahren Referendariat und alles in allem fünf Jahren Schule hatte ich genug davon.

Du warst ja oft dabei, wenn ich Pläne machte: Meine Englischkenntnisse wollte ich verbessern, amerikanische Literatur studieren, Fotos sortieren und in Alben kleben (altmodisch, aber schön!), einen PDA kaufen und mit Daten füttern, um endlich von der Sorge befreit zu sein, ich könnte eines Tages mein ohnehin unlesbares Adressbuch verlieren. Vielleicht wollte ich sogar eine Doktorarbeit schreiben.

Jetzt sitze ich in meinem Vorstadt-Bungalow zwischen meinen Umzugskisten und habe nicht einmal Lust auszupacken. Anna-Lisa ist bis 15.00 Uhr in der Schule; Milan immerhin bis 13.00 im Kindergarten. Frank ist vollkommen abgetaucht in seinem neuen Job. Klar, der braucht sich keine Fragen zu stellen – wegen ihm sind wir schließlich hier. Er hat eine Aufgabe, einen Dienstwagen, ein Büro, zwei Sekretärinnen, einen vollen Terminkalender. Er selbst sagt: Ich bin in der Tretmühle. Ich hingegen bin vollkommen am Schwimmen. Keiner will was von mir, außer einem Haufen Handwerker, die an allen Ecken des Hauses herumhämmern, pinseln, kacheln, Kabel verlegen und Dreck machen (ich werde fast wahnsinnig!).

Irgendwann wird auch das überstanden sein. Dann werde ich mit rissigen Händen in einem top-renovierten Heim herumsitzen und mich fragen, wie es weitergehen soll. Eine neue Schwangerschaft würde meinem Leben wieder Sinn und Richtung geben. Der Gedanke bringt mich richtig in Schwung.

Alles Liebe,

deine Sonja

PS. Was ich dich die ganze Zeit schon fragen wollte: Ist bei Heiko irgendwas in Bewegung gekommen?

Thema: RE: **Sinn und Richtung**
Datum: 2.3.
From: hanneb@t-online.de
To: sonjan@aol.com

Liebe Sonja,

Heiko geht in drei Wochen nach Berlin, will mich aber gelegentlich besuchen und auch zur Geburt kommen. Er war am Anfang total zu, weil er sich hereingelegt fühlte. Stimmte ja auch! Ich hatte es zwar nicht direkt darauf angelegt, schwanger zu werden, aber habe es auch nicht mit letzter Konsequenz verhindert. Unbewusst habe ich vielleicht gehofft, dass es irgendwann passiert und dass ich dann sagen kann: Ich bin unschuldig, ich wollte das nicht. Aber jetzt, wo es so ist, nehme ich mein Schicksal heldenmütig an.

Andererseits wusste Heiko, dass ich gelegentlich, kurz nach der Periode, die Warnungen von *Persona* in den Wind schlug. Wenn ihm das zu unsicher gewesen wäre, hätte er ja ein Gummi benutzen können!

Na ja, egal. Nachdem er gemerkt hat, dass ich ihn nicht um jeden Preis in Frankfurt festhalten will, ist er viel gelassener geworden. Vielleicht hat er ja vatermäßig mehr drauf, als es im Moment den Anschein hat …

Was sagt denn Frank zu deinen Plänen?

Liebe Grüße,

deine Hanne

Thema: **Funktionslust**
Datum: 2.3.
From: sonjan@aol.com
To: hanneb@t-online.de

Liebe Hanne,

gestern Abend habe ich Frank gefragt, was er von einem dritten Kind halten würde. Er war ein bisschen erstaunt über diesen Sinneswandel. Denn der Stand der Dinge war ja, dass ich mich jetzt mal um meinen eigenen Kram kümmern, vielleicht sogar noch mal etwas ganz Neues anfangen wollte. Darauf, dass dieses Neue ein drittes Kind sein könnte, wäre er nicht gekommen, aber er fand den Gedanken auf den ersten Blick recht erfreulich.

Ich fühle mich jetzt richtig beflügelt, habe mich schon dabei erwischt, wie ich in unserem riesigen Haus (180 Quadratmeter) herumlief und überlegte, welches Zimmer das Baby bekommen könnte.

Der von dir ins Spiel gebrachte Begriff „Funktionslust" trifft es, glaube ich, ziemlich genau. Wir haben ein tiefes Bedürfnis, unser biologisches Potenzial zu nutzen, weil wir es nun mal haben. (Genauso wie der Brite George Mallory den Mount Everest bestieg, „einfach, weil er da ist".) Und wir fühlen uns ganz tief in unserem Inneren bestätigt, wenn das klappt. Wobei das bei Männern manchmal groteske Formen annimmt: Die platzen doch vor Stolz, wenn sie der Großfamilie das Produkt ihrer Potenz präsentieren können.

Wahrscheinlich ist das im Sinne der Arterhaltung sinnvoll. Dann haut der frisch gebackene Vater nicht gleich wieder ab und befruchtet die Nächste! Schließlich kommt es beim Menschen – anders als bei Fröschen oder weißen Mäusen – nicht darauf an, möglichst *viele*

Nachkommen zu produzieren, sondern möglichst viele *überlebende*. Aber jetzt mal unter uns: Dieser Stolz ist doch eher rührend, steht er doch in keinem Verhältnis zur bis dato erbrachten Leistung!

Mal sehen, vielleicht wird dein Heiko auch noch von seiner Biologie übermannt, wenn es erst mal so weit ist.

Deine Sonja

Thema: RE: **Funktionslust**
Datum: 3.3.
From: hanneb@t-online.de
To: sonjan@aol.com

Liebe Sonja,

bei Heiko scheint der Fortpflanzungs- und Nestbautrieb wirklich nicht sehr ausgeprägt zu sein. Nun ja: Das biologische Erbe muss sich ja nicht bei jedem gleich stark auswirken.

Vermutlich haben die meisten Menschen das Verlangen, über den eigenen Tod hinaus Spuren zu hinterlassen. Nur kann dieser Wunsch nach ein bisschen Unsterblichkeit – Psychologen bezeichnen das als Generativität – offenbar ganz unterschiedliche Formen annehmen. Die Elternrolle ist sicher die wichtigste Art, das auszuleben. Man gibt ja nicht nur die eigenen Gene, sondern auch etwas von seiner Lebensgeschichte weiter: Familienbräuche, Einstellungen, gemeinsame Erinnerungen, Wortschöpfungen, die nur „Insider“ verstehen, ein Gemälde, das man besonders geliebt hat, das Kaffee-Service der Großtante. Offenbar gibt es aber auch Menschen, die in schöpferischer Arbeit Gelegenheit finden, kommenden Generationen etwas zu hinterlassen.

Heiko sind andere Dinge offenbar wichtiger als Ehe, Familie und ein eigenes Nest. Vielleicht hat er sogar Recht: Ob die eigenen Gene es im Einzelfall immer wert sind, weitergegeben zu werden, ist ja durchaus die Frage. Familientraditionen können beglückend, aber auch verheerend sein. Und ob die eigenen Kinder später in dem Haus wohnen wollen, das man jahrelang abbezahlt und liebevoll gepflegt hat, ist keineswegs sicher.

Jedenfalls muss ich Heikos Weigerung respektieren, so schwer mir das fällt. Schließlich habe ich auch viele Jahre lang kein Kind gewollt und bin dafür manches Mal wie ein Exot behandelt worden. Im Übrigen ist die Tatsache, dass ich das mit dem Kind jetzt allein hinkriegen muss, auch eine Herausforderung für mich.

Deine Hanne

Thema: **Unsterblichkeit**
Datum: 5.3.
From: sonjan@aol.com
To: hanneb@t-online.de

Liebe Hanne,

wenn ich dich richtig verstanden habe, ist Kinder großziehen im Grunde genommen nichts anderes als Bilder malen oder Filme drehen. Der Gedanke gefällt mir insofern, als er meine Durchschnittsbiografie adelt und mein tägliches Handeln auf eine Stufe mit den Leistungen von Picasso und Buñuel stellt.

Apropos Durchschnittsbiografie: Vorgestern bekam Anna-Lisa die Windpocken. Sie hat circa 200 Pocken, die eigentlich stündlich (!) per Wattestäbchen mit einer Lotion betupft werden wollen, was du dir bitte mal vorstellen darfst. Allein schon aus zeitlichen Gründen arbeite ich großzügig mit dem Wattebausch. Das hat leider den Nachteil, dass ich ein ausgetrocknetes, lederhäutiges Häufchen Elend vor mir stehen habe – ist also auch nicht die richtige Lösung. Es hat sie wirklich an den unmöglichsten Stellen erwischt: zwischen den Wimpern, in den Nasenlöchern, zwischen den Schamlippen etc. Die Arme tut mir so Leid! Hoffentlich geht die Sache bei Milan glimpflicher ab.

Ziemlich müde,

deine Sonja

2. Früher Abschied

Thema: **Aus und vorbei!**
Datum: 16.3.
From: hanneb@t-online.de
To: sonjan@aol.com

Liebe Sonja,

du fragst dich sicher, warum du so lange nichts von mir gehört hast. Ich konnte einfach nicht schreiben. Ich weiß überhaupt nicht, wie es weitergehen soll: Das Baby ist weg. Mein Bauch ist leer.

Heute vor zwei Wochen fing es an: Ich spürte ein Ziehen im Unterleib und kriegte so ein Kältegefühl, wie sonst manchmal kurz vor der Periode. Ich habe dem keine weitere Bedeutung beigemessen. Bin abends sogar noch zu Heiko gegangen. Irgendwann, als ich auf der Toilette war, habe ich gesehen, dass ich ein bisschen Blut verloren hatte. Ich bekam schreckliche Angst und legte mich sofort ins Bett. In der Nacht bat ich immer wieder: „Bitte, mein Kind, bleib bei mir!"

Anderntags hat Heiko mich gleich morgens zum Arzt gefahren. „Was machen Sie denn für Sachen?", hat der mich ganz locker begrüßt. Während des Ultraschalls wurde sein Gesicht dann aber ernst. Ziemlich lange ist er mit dem glitschigen Ding auf meinem Bauch herumgefahren. Als wenn er was suchen würde. Bevor er etwas gesagt hatte, war mir klar: Es ist vorbei.

In der Klinik wurde dann eine Ausschabung gemacht. Als ich aus der Narkose erwachte, fühlte ich gar nichts.

Erst Stunden später, als eine Schwester das Fenster aufmachte und das Geschrei von der Säuglingsstation in mein Zimmer drang, musste ich weinen.

Ich mache jetzt weiter wie bisher – wie ein Roboter. An Arbeit mangelt es nicht, im Laden ist in den vergangenen Wochen einiges liegen geblieben. Vielleicht fahre ich dieses Jahr zur Leipziger Buchmesse, das würde mich ablenken. Denn in meinem Inneren sieht es trostlos aus. Ich habe mein Ziel verloren. Und frage mich unaufhörlich: Warum ich? Warum mein Kind?

Es grüßt dich

deine Hanne

Fehlgeburt

Durchschnittlich jede fünfte Schwangerschaft endet mit einer Fehlgeburt. Diese kann in Form einer starken, verspäteten Monatsblutung oder – in einem späteren Stadium der Schwangerschaft – als regelrechte Geburt eines bereits vollständig ausgebildeten Kindes geschehen. Etwa 75 Prozent der Fehlgeburten passieren im ersten Schwangerschaftsdrittel.
Mit zunehmendem Alter der Mutter nimmt das Fehlgeburtsrisiko zu. Bei 40-jährigen Frauen ist es etwa dreimal höher als bei 20-jährigen.
Oft sind Fehlgeburten eine einmalige Angelegenheit. Über die Hälfte der Frauen wird danach problemlos wieder schwanger und kann das Kind austragen. Doch es gibt auch Frauen, die fünf und mehr Fehlgeburten hintereinander haben.

Es mag hilfreich sein, die Gründe einer Fehlgeburt herauszufinden, um gegebenenfalls therapeutische Schritte einleiten zu können. Auslöser können sein:

- Chromosomen-Störungen. Etwa vier Fünftel aller Fehlgeburten hängen mit einer fehlerhaften Anlage der befruchteten Eizelle zusammen.
- Eine Gelbkörperhormon-Schwäche. Ein Mangel an Progesteron sorgt dafür, dass sich die Schleimhaut der Gebärmutter nicht richtig entwickelt.
- Eine Infektion mit Viren.
- Krankheitserregende Mikroorganismen in den Genitalorganen.
- Fehlbildungen an der Gebärmutter.
- Eine Fehlfunktion der mütterlichen Abwehr.

Frauen, die eine Fehlgeburt nicht allein verarbeiten wollen oder können, finden Hilfe bei anderen Betroffenen und in lokalen Stützgruppen.

Kontakt: s. Adresse „Regenbogen" im Anhang

Buchtipps: Lothrop, Hannah: Gute Hoffnung – jähes Ende, 2004
Künzer-Riebel, Barbara/Lutz, Gottfried: „Nur ein Hauch von Leben", 2002
(s. Anhang)

Thema: RE: **Aus und vorbei**
Datum: 16.3.
From: sonjan@aol.com
To: hanneb@t-online.de

Liebe Hanne,

ich weiß gar nicht, was ich dir schreiben soll. Ich bin sehr traurig, dass dir das passiert ist. Ich kann mir vorstellen, wie du dich fühlst: Eben warst du noch „guter Hoffnung". Plötzlich liegt nichts als Ödnis vor dir. Jedenfalls erscheint es dir so.

Das tut mir so Leid! Viele Leute werden sagen: Ein Glück, dass es ganz am Anfang passiert ist. Aber für dich spielt es keine Rolle, ob es in der neunten Woche oder nach sechs Monaten geschah. Für dich war es ein richtiges Kind. Du hast es dir vorgestellt, du hast dich darauf eingestellt, du hast mit ihm gesprochen. Und jetzt ist es tot.

Lass dir bloß von niemandem einreden, dass du keinen Grund zur Trauer hast. Dass das Kind noch gar nicht richtig da war. Nimm dir Zeit für den Abschied. Es sind nicht die geweinten, sondern die ungeweinten Tränen, die krank machen, sagen die Psychologen.

Hat man dir gesagt, woran es gelegen hat?

Ich weiß, dass du am Ende deiner Kräfte bist. Bitte fühle dich nicht verpflichtet, mir zu schreiben.

Ich denke an dich,

deine Sonja

Thema: **Kraft**
Datum: 23.3.
From: sonjan@aol.com
To: hanneb@t-online.de

Liebe Hanne,

hoffentlich habe ich in meiner letzten Mail nichts geschrieben, was deinen Kummer noch vergrößert hat. Ich denke jeden Tag an dich und wünsche dir ganz viel Kraft.

Deine Sonja

Thema: **Schuldgefühle**
Datum: 3.4.
From: hanneb@t-online.de
To: sonjan@aol.com

Liebe Sonja,

deine Anteilnahme hat mir gut getan. Es ist nur so, dass ich immer noch völlig erschöpft bin.

Dabei ist es jetzt schon einen Monat her, dass ich mein Kind verloren habe. Eigentlich sollte es jetzt langsam gut sein, sage ich mir oft. Aber so funktioniert das nicht.

Unter der Woche geht es ganz gut, da bin ich beschäftigt. Aber am Wochenende sitze ich oft stundenlang untätig an meinem Fenster und starre hinaus. Immer wieder muss ich daran denken, dass ich mal kurz überlegt hatte, das Kind abtreiben zu lassen. Vielleicht hat es das gespürt und ist freiwillig gegangen.

Vielleicht hat es auch geahnt, dass es keinen richtigen Vater haben würde, und hatte keine Lust, von einer einsamen und verlassenen Mutter aufgezogen zu werden. Natürlich frage ich mich auch, ob es nicht besser gewesen wäre, sich ein wenig zu schonen. Und ob es nicht ein unverzeihlicher Fehler war, überhaupt so lange mit dem Kinderkriegen zu warten. Wer weiß, ob ich das nächste Mal nicht wieder eine Fehlgeburt habe. Die Wahrscheinlichkeit steigt ja wohl mit zunehmendem Alter.

Die Ärzte haben sich mit der Frage nach den Ursachen nicht weiter aufgehalten. Für das Klinikpersonal gehört eine Fehlgeburt offenbar zur Routine. „Das ist normal, damit hilft die Natur sich selbst", hat man mir gesagt, und: „Versuchen Sie' s halt wieder!"

Toller Tipp! Als wenn man ein Kind – wie einen kaputten Staubsauger – durch ein anderes ersetzen könnte.

Traurig,

deine Sonja

Thema: **RE: Schuldgefühle**
Datum: 4.4.
From: sonjan@aol.com
To: hanneb@t-online.de

Liebe Hanne,

natürlich könnte ich dir jetzt schreiben, dass deine Schuldgefühle unbegründet sind. Völlig klar, dass dich keine Schuld trifft. Aber, wie ich aus Erfahrung weiß, nützen logische Argumente wenig, wenn man anders fühlt. Deshalb kann ich eigentlich nur sagen: Ich hoffe, dass du irgendwann einen Sinn in dem erkennen kannst, was dir jetzt zugestoßen ist. Aber das wird wohl noch eine Weile dauern.

Du weißt, dass du immer auf mich zählen kannst.

Deine Sonja

Thema: **Wohin damit?**
Datum: 8.4.
From: hanneb@t-online.de
To: sonjan@aol.com

Liebe Sonja,

ich bin froh, dass ich dich habe, auch wenn es mir lieber wäre, wenn du nicht so weit weg wärst. Denn ich kann mit niemandem außer dir über das reden, was mir passiert ist.

Mit Heiko schon gar nicht. Er war sehr nett, insgeheim aber wahrscheinlich erleichtert. Meine Schwangerschaft hat ihn wohl doch mehr bedroht, als ich wahrhaben wollte.

Mit Leuten wie Ines unten aus dem Haus oder Silvia aus dem Chor geht es aber auch nicht. „Ich *bin* schwanger" ist immer eine interessante Nachricht. Da fällt jedem was zu ein. „Ich *war* schwanger" hingegen löst Ratlosigkeit aus. Was sollen andere dazu sagen, außer: „Ist doch nicht so schlimm, du kannst doch ein neues Kind bekommen." Im Übrigen bereue ich es sehr, dass ich überhaupt so vielen Leuten von meiner Schwangerschaft erzählt hatte. Irgendwie komme ich mir ertappt vor. Wie jemand, der große Ankündigungen macht und dann nichts davon einhält.

Das Schlimmste aber ist, dass ich jetzt nichts mehr habe, auf das ich hinleben kann. Ich wollte diesem Kind meine ganze Liebe geben. Jetzt weiß ich nicht mehr, wohin damit. Heiko ist inzwischen in Berlin. Eigentlich fehlt er mir überhaupt nicht.

Es grüßt dich

deine Hanne

Thema: RE: **Wohin damit?**
Datum: 10.4.
From: sonjan@aol.com
To: hanneb@t-online.de

Liebe Hanne,

auf eine merkwürdige Art und Weise hat mich dein Unglück angesteckt. Solange du schwanger warst, war ich ganz euphorisch. Eine Schwangerschaft hat was mit Lebensbejahung zu tun, und das überträgt sich auch auf andere. Jetzt fühle ich mich total ernüchtert. Wie ein Luftballon, aus dem langsam die Luft entweicht.

Als ich mit dem Gedanken spielte, hier in Amerika ein drittes Kind zu bekommen, erschien mir das vor allem als praktische Lösung. Ich hätte in den nächsten Jahren eine Existenzberechtigung gehabt. Ich hätte die fünf Jahre, in denen ich sowieso keinen Job habe und Frank dank

Auslandszuschlag genug für uns alle verdient, das Zusammensein mit dem Baby richtig genießen können. Wenn wir nach Deutschland zurückkommen und meine Beurlaubung abgelaufen ist, geht der Stress ja gleich wieder los. Das war natürlich attraktiv.

Jetzt, wo fürs Erste die Möglichkeit wegfällt, dass wir uns gegenseitig bestätigen und gemeinsam in mütterliche Sphären abdriften, wird mir immer deutlicher, wie egoistisch der ganze Ansatz war. Nur weil ich mit meiner neuen Freiheit nichts anzufangen wusste, wollte ich ein Kind. Was mich am meisten deprimiert: Eigentlich war das immer so.

Ich stelle jetzt mal eine ganz ketzerische Frage: Wieso fällt es vielen von uns leichter, Verantwortung für ein Kind als Verantwortung für uns selbst zu übernehmen?

Ratlos,

deine Sonja

Thema: **Verantwortung**
Datum: 11.4.
From: hanneb@t-online.de
To:sonjan@aol.com

Liebe Sonja,

ist das wirklich so?

Schaut man sich die Geburtenzahlen in Deutschland an, dann hat man das Gefühl, dass die meisten Frauen weitaus besser als ich rechnen können. Weshalb das Kinderkriegen bald nur noch für Randgruppen interessant sein wird: für die richtig Reichen, weil die ihre Kindermädchen aus der Portokasse bezahlen können, und für die ganz Armen, weil die ohnehin keinen Job haben und, zumindest solange Kinder im Haushalt leben, von der Gesellschaft mit durchgezogen werden müssen.

Für Leute wie mich hingegen – gut ausgebildet, aber beruflich noch am Kämpfen – ist Kinderkriegen ein hochriskantes Unterfangen. Trotzdem wollte ich es unbedingt. Und frage mich jetzt: War das verantwortungsbewusst?

Warum aber gehst du so hart mit dir ins Gericht? Bei dir ist doch alles in Ordnung. Frank verdient gut und gehört auch nicht zu der Sorte Mann, die ständig nach was Neuem Ausschau hält. Wo also ist das Problem? Und was meinst du mit: Eigentlich war das schon immer so?

Alles Liebe,

deine Hanne

Thema: RE: **Verantwortung**
Datum: 12.4.
From: sonjan@aol.com
To: hanneb@t-online.de

Liebe Hanne,

was ich damit meine? Ich meine damit, dass das Kinderkriegen bei mir immer auch was mit Herummogeln zu tun hatte.

Bevor ich mit Anna-Lisa schwanger wurde, schrieb ich gerade an meiner Examensarbeit. Genau genommen: Ich hätte schreiben sollen. Aber ich kriegte die Kurve nicht. Ich hatte meterweise Literatur exzerpiert, tagelang in der Unibibliothek gesessen und per Fernleihe Fachzeitschriften bestellt, Hunderte von Mark in Kopiergeräte geschmissen und ganze Nächte im Internet recherchiert. Aber als es daranging, das Ganze in den Computer zu hauen, ergriff mich eine totale Lähmung.

Nachdem ich sämtliche Fenster unserer Wohnung geputzt, auf dem Balkon einen Kräutergarten angelegt, einen PowerPoint-Kurs absolviert und mein Adressen-Verzeichnis aktualisiert hatte, kam mir damals der rettende Gedanke: Ich könnte einfach schwanger werden.

Zum Glück klappte es recht schnell. Frank, der am Anfang eher skeptisch gewesen war, ließ sich in dem Moment, wo Fakten geschaffen waren, voll darauf ein. Meine Mutter war sowieso total begeistert und stieg gleich auf den Dachboden, um die alten Strampelhöschen aus meiner Babyzeit herunterzuholen. Ich sonnte mich in meiner neuen Bedeutung: Zum ersten Mal im Leben hatte auch ich was vorzuweisen! Nach der Examensarbeit hat niemand mehr gefragt.

Die schrieb ich dann, als Anna-Lisa mit zwei Jahren endlich einen Platz in der Kinderkrippe bekommen hatte. Da hatte ich schon die Erfahrung gemacht, dass von Kindern *träumen* etwas ganz anderes ist als Kinder *haben*. Dass es sehr langweilig und einsam sein kann, den ganzen Tag mit einem Baby oder Kleinkind allein zu Hause zu verbringen. Und dass auch der Statusgewinn, den Schwangere mit dem Dickerwerden ihres Bauches erfahren, nach der Entbindung rapide wieder abnimmt: Sobald Frauen sich mit Windeln und Spucktüchern herumplagen, interessiert sich kein Mensch mehr für sie!

Die ungestörten Stunden am Schreibtisch habe ich damals richtig genossen. Ich machte mir nicht mehr so viele Gedanken wie beim ersten Anlauf, hatte meine Ansprüche reduziert. Eine Karriere an der Uni oder in einem Verlag, wie ich sie mir ursprünglich erträumt hatte, kam angesichts der familiären Umstände sowieso nicht mehr in Frage. Der familienfreundliche Lehrerinnenberuf schien jetzt die optimale Lösung zu sein. Dafür reichte eine brave Fleißarbeit mit vielen Fußnoten. Geistige Verrenkungen erschienen mir wie Zeitverschwendung.

Auch während des Referendariats und im ersten Berufsjahr war ich recht zufrieden. Ein bisschen Job, ein bisschen Mutter – von beidem nicht zu viel und nicht zu wenig –, so sah ich es jedenfalls an Sonnenschein-Tagen (an Terror-Tagen hielt ich diesen Eiertanz für die blödeste Lebensform der Welt). Dann bekam ich eine anspruchsvolle 13. Klasse und die Stimmung kippte immer öfter. Deutsch war ja nur mein zweites Fach und ich hatte es eigentlich nur gewählt, weil mir sonst nichts Besseres einfiel. Diese Jungs und Mädchen hatten aber recht schnell heraus, dass Literatur nicht meine eigentliche Passion ist. Ständig haben die mich auflaufen lassen. Es war die Hölle!

Rate mal, wie ich der entkam? Mit Hilfe der Mutterschaft natürlich. Sie liegt bereit wie ein Kostüm, in das man nur hineinzuschlüpfen braucht. Schwanger werden ist eine ganz hervorragende Möglichkeit, vor sich selbst und seinen eigenen Problemen davonzulaufen. Niemand hinterfragt das, niemand wagt das zu kritisieren.

Ich hoffe, du fühlst dich jetzt nicht angesprochen. Du hattest dir ja was aufgebaut, warst schon wer, bevor du schwanger wurdest. Um es krass auszudrücken: Du hattest dein Kind verdient und es tut mir unendlich Leid, dass du es nicht behalten konntest. Ich muss jetzt noch mal neu überlegen. Fürs Erste habe ich endlich damit begonnen, meine Sachen auszupacken.

Traurig,

deine Sonja

3. Annäherung

Thema: **Clan-Denken**
Datum: 16.4.
From: hanneb@t-online.de
To: sonjan@aol.com

Liebe Sonja,

alle Achtung! Es gehört schon allerhand Mut dazu, sich selbst so offen Rechenschaft abzulegen über die Frage „Warum will ich ein Kind?“. Zumal einen niemand dazu zwingt. Kinderkriegen gilt ja als Ausdruck eines natürlichen Bedürfnisses. Zwar weiß jeder, dass die Bedingungen für das Großziehen von Kindern heutzutage schwierig sind. Deshalb wird aber der Kinderwunsch selbst noch lange nicht hinterfragt. Der gilt als normal, seine Realisierung gar als heroische Tat. Erklärungen liefern muss allenfalls, wer *keine* will.

Ich habe das jedenfalls so erlebt. Immer wenn ich mit meinen Eltern über meine Zukunft gesprochen habe, stand die Kinderfrage im Raum. Nicht, dass sie massiv Druck gemacht hätten. An der Oberfläche gaben sie mir sogar zu verstehen: Klar ist der Beruf wichtig! Aber unterschwellig wurden mir andere Botschaften vermittelt.

Die Botschaft meiner Mutter lautete: Bildung ja, eigenständiges und unangepasstes Denken bitte nicht! Mit anderen Worten: Sei ruhig ein bisschen ehrgeizig, aber nicht allzu sehr!

Die Botschaft meines Vater war noch widersprüchlicher. Zum selbständigen Denken hat er mich ausdrücklich ermuntert, allein schon, um meine Mutter zu ärgern.

Allerdings mit dem Hinweis, dass ich damit das Terrain der Frauen verlasse: „Du bist doch eher der intellektuelle Typ", sagte er gelegentlich. Was ich hörte, war: Du kriegst nie einen Mann.

Richtig schlimm waren Familientreffen. Je älter ich wurde, desto direkter pflegten Großeltern und Tanten zu fragen: „Sag mal, wann ist es denn bei dir so weit?" Was sollte ich da sagen? Dass ich auch ohne Kinder ein recht ausgefülltes Leben hatte? Das stimmte zwar, aber auch wieder nicht. Insgeheim fühlte ich mich selbst im Wartestand. Und vor allem: ungenügend als Frau. Zumal wenn meine Geschwister mit Kleinbussen voller Nachkömmlingen anreisten und meine Cousine Elena sich erkundigte: „Soll ich die Babysachen nun noch aufheben?"

Zu allem Überfluss steht demnächst wieder so ein event an: Meine Cousine Betty heiratet in vier Wochen, irgendeinen Bankmenschen – vermutlich das, was die Amerikaner a good provider nennen.

Weiß noch nicht, ob ich mir das antue,

deine Hanne

Thema: RE: **Clan-Denken**
Datum: 17.4.
From: sonjan@aol.com
To: hanneb@t-online.de

Liebe Hanne,

nun sei mal nicht so streng mit deinen Lieben. Familien sind nun mal so. Jede Sippe kämpft um ihren Fortbestand. Auch das gehört vermutlich zu unserem biologischen Erbe.

Genauso wie der Wunsch nach einem good provider. Davon kann ich mich auch nicht ganz freimachen und du vermutlich auch nicht, sonst hättest du keinen Grund, spitze Bemerkungen über deine Cousine zu machen. Ich jedenfalls wünsche mir gute Bedingungen für meine Kinder und möchte als Quittung dafür, dass ich jahrzehntelang unbezahlte Hausarbeit geleistet habe, im Alter auch nicht in Armut leben. Und das ermöglicht ein guter Versorger nun mal eher als ein non-provider, der uns am Ende noch auf der Tasche liegt.

Seien wir doch mal ehrlich: Emanzipiert fühlen wir uns alle, trotzdem haben wir feste Vorstellungen von der Männerrolle. Spätestens wenn wir eine Familie gründen, zählt Zuverlässigkeit und Verantwortung mehr als alles andere. Dann wollen wir keinen Lebenskünstler mehr, sondern einen, der seinen Mann steht. Andernfalls schmeißen wir den Laden lieber allein.

Was die bevorstehende Familienfeier angeht: Das würde ich mir an deiner Stelle auch überlegen. Die Wunde ist einfach noch zu frisch. Stell dir vor, deine Schwester, die wir alle wegen ihrer Taktlosigkeiten lieben, platscht dir ihren Sprössling auf den Schoß: „Steht dir gut, solltest du dir auch zulegen." Nee, da lässt du dir lieber im Vorfeld eine Ausrede einfallen.

Alles Gute,

deine Sonja

Thema: **Unter Druck**
Datum: 18.4.
From: hanneb@t-online.de
To: sonjan@aol.com

Liebe Sonja,

du wirst es nicht glauben: Nicht nur die bucklige Verwandtschaft, auch die lieben Freunde können in Sachen Fortpflanzung ganz schön hartnäckig recherchieren. „Sag mal, klappt es bei euch nicht? Oder wollt ihr nicht?", erkundigten sich alle möglichen Bekannten, als ich noch mit Rainer zusammen war. Dabei dachten die Leute natürlich vor allem an unser privates Lebensglück, aber eben nicht nur: Heutzutage geht es bei der Kinderfrage ja auch immer um die Zukunft Deutschlands: die Alterspyramide, die leeren Rentenkassen: Wer sich nicht vermehren will, gilt als potenzieller Sozialschmarotzer – gerade bei Leuten, die schon Kinder haben. „Aha, meine Kinder sollen dann also später deinen Rollstuhl schieben", steht dann unausgesprochen im Raum.

Selbst danach, als ich wieder solo durch die Weltgeschichte geisterte, bin ich mehrfach gefragt worden, ob ich das Ticken der berühmten biologischen Uhr schon vernommen hätte. Als wenn Kinder in jedem Fall sein müssten, auch wenn Frau sie allein aufziehen muss.

Sicherlich haben all diese mehr oder weniger sanften Anstöße ihre Wirkung nicht verfehlt. Denn ich wollte den Erwartungen schon gern entsprechen. Gerade weil ich als intellektuelle Frau meine „männliche“ Seite ausgiebig ausgelebt hatte. Und diese Rückkehr zu meinem Ausgangspunkt wurde ja auch honoriert: Als ich endlich schwanger war, herrschte allgemeine Zufriedenheit. Als wenn ich bis dahin ein unvollständiger Mensch gewesen wäre. Selbst meine Mutter, die ich unvorsichtigerweise eingeweiht hatte, war plötzlich ganz begeistert von mir. Durch die Schwangerschaft war ihre Tochter, die sich so weit von ihr entfernt hatte, wieder zu ihr zurückgekehrt.

Jetzt, wo das nicht geklappt hat, ist sie völlig verstummt. Und ich habe ein schlechtes Gewissen. Als wenn ich ihr etwas vorenthalten hätte, worauf sie ein Anrecht hat. Dabei bin ich selbst schon traurig genug.

So weit für heute,

deine Hanne

Thema: RE: **Unter Druck**
Datum: 19.4.
From: sonjan@aol.com
To: hanneb@t-online.de

Liebe Hanne,

ich gehöre ja auch zu den Leuten, die sich gefreut haben, als sie von deiner Schwangerschaft erfuhren. Aber erstens hatte ich wirklich das Gefühl, dass ein Kind für dich genau das Richtige ist. Und zweitens: Was hätte ich sagen sollen, wo das Baby schon unterwegs war? Hättest du das gut gefunden, wenn ich dir Vorhaltungen gemacht und ernsthafte Bedenken angemeldet hätte?

Alles Liebe,

deine Sonja

Thema: **Unterstützung**
Datum: 20.4.
From: hanneb@t-online.de
To: sonjan@aol.com

Liebe Sonja,

klar wünscht man sich von einer Freundin in so einer Situation vor allem Unterstützung. Insgeheim hat es mich aber doch ein bisschen gewundert, dass niemand mal nachgefragt hat. Umso dringender stelle ich mir jetzt, wo das Baby tot ist, selbst die Frage: Aus welchen Quellen speist sich eigentlich mein Kinderwunsch?

Ich hätte mein Kind verdient, meinst du. Ich bin mir da nicht so sicher. Okay, beruflich gesehen habe ich es zu einigem gebracht, obwohl man den Laden nicht gerade als eine Goldgrube bezeichnen kann. Aber davon abgesehen: Was ist mit meinem Privatleben? Alle meine Beziehungen sind über kurz oder lang gescheitert. Vielleicht wollte ich mir bei einem hilflosen, dankbaren Wesen holen, was ich in den Armen erwachsener Partner auf die Dauer nicht fand? Vielleicht erwartete ich mir einen

Menschen, der immer da ist und immer zu mir steht, egal, was passiert? Ohne daran zu denken, dass Kinder nur eine kurze Weile bei uns bleiben und dann ihre eigenen Wege gehen. Mir erscheint es inzwischen nahe liegend, dass auch ich mit Hilfe eines Kindes meinen Problemen ausweichen wollte. Kein schöner Gedanke …

So viel für heute,

deine Hanne

Thema: RE: **Unterstützung**
Datum: 20.4
From: sonjan@aol.com
To: hanneb@t-online.de

Liebe Hanne,

in einem Punkt hast du mit Sicherheit Recht: Wenn eine Frau erst einmal schwanger ist, traut sich keiner mehr, nach dem Warum und Wozu zu fragen. Dann gilt es doch eher, die positiven Gefühle der Frau zu unterstützen, statt ihr die Schwierigkeiten, die ihr noch bevorstehen, in den düstersten Farben auszumalen.

Außerdem gibt es nicht nur bei deiner Mutter, sondern bei vielen Frauen, die selbst Kinder haben, das Bedürfnis, andere mit in das Boot hineinzuziehen. Da viele Mütter hierzulande zu ihrer Mutterschaft ein zwiespältiges Verhältnis haben, weil sie meist mit der Entscheidung gegen beruflichen Erfolg verbunden ist, dient ihnen jede Geschlechtsgenossin, die denselben Weg einschlägt, als Bestätigung. Ich will mich da nicht ausschließen. Wenn eine Freundin schwanger wird, heißt das, dass ich mich richtig entschieden habe. Das verscheucht bohrende Zweifel.

Im Übrigen muss ich zugeben: Selbst wenn du mich in unschwangerem Zustand gefragt hättest, hätte ich dich wahrscheinlich ermutigt. Denn es ist hart, einer 35-jährigen Freundin ins Gesicht zu sagen: Wenn du deinem geplanten Kind keinen geeigneten Vater bieten kannst, dann musst du deinen Kinderwunsch eben unterdrücken. Das hätte ich mich wohl nicht getraut. Ich weiß auch nicht, ob ich ein Recht dazu gehabt hätte.

Überhaupt wird mir langsam klar, dass wir das Thema „Kinderwunsch“ immer nur aus unserer Sicht betrachtet haben. Es gibt da einen blinden Fleck: Das Kind und seine Bedürfnisse. Eigentlich unglaublich!

Nachdenklich,

deine Sonja

Thema: **Quantität und Qualität**
Datum: 21.4.
From: hanneb@t-online.de
To: sonjan@aol.com

Liebe Sonja,

interessanterweise gibt es an dem Punkt einen seltsamen Konsens. Ein Kinderwunsch ist immer in Ordnung, bedarf keiner Rechtfertigung. Niemand versucht ernsthaft, eine Frau am Kinderkriegen zu hindern, die nicht die entsprechenden Voraussetzungen mitbringt: weil sie kein Geld oder keinen Partner hat, weil sie mit ihren bereits vorhandenen Kindern schon überfordert ist oder weil es ihr ganz allgemein an Lebensfreude mangelt.

Das Argument der Progressiven lautet: Niemand soll uns Frauen vorschreiben, wie wir zu leben haben („Mein Bauch gehört mir!"). Die Lebensschützer sind ohnehin der Ansicht, dass selbst heroinsüchtige Alkoholikerinnen ihre Babys bekommen sollen.

Auch in der aktuellen Demographie-Debatte geht es immer nur um Quantität: Als wenn klar wäre, dass alle Kinder, egal wie sie aufwachsen, später einen Job kriegen, die Rentenkassen füllen und Verantwortung für eine neue Familie wohlgeratener zukünftiger Steuerzahler übernehmen. Als wenn es das Phänomen der Massenarbeitslosigkeit ebenso wenig gäbe wie das der übergewichtigen, wohlstandsverwahrlosten Schulversager. Dabei liegt es doch auf der Hand, dass nur gut ausgestattete Kinder die Chance haben, sowohl zu glücklichen Menschen heranzuwachsen als auch unser Sozialsystem vor dem Kollaps zu bewahren.

Mit anderen Worten: Auf die Zahl allein kommt es nicht an. Entscheidend ist, was draus wird. Schon jetzt bewegen sich 25 Prozent der 15-Jährigen auf dem untersten Kompetenzniveau, habe ich gestern in einem Artikel zur neuesten Pisa-Studie gelesen. Wollen wir nicht erst mal denen in gut ausgestatteten Ganztagsschulen das Lesen und Rechnen beibringen, statt die Leute zu animieren, noch mehr zukünftige Arbeitslose in die Welt zu setzen? Aber das traut sich ja keiner zu sagen, oder?

Deine Hanne

Thema: RE: **Quantität und Qualität**
Datum: 22.4
From: sonjan@aol.com
To: hanneb@t-online.de

Liebe Hanne,

na ja, ganz so tabu ist das Thema nicht mehr. Inzwischen dämmert es sogar dem einen oder anderen Politiker, dass es für unser Land besser wäre, wenn mehr Menschen Kinder kriegen würden, die ihnen auch gute Lebensbedingungen bieten können.

Genau mit dem Argument wird doch das neue „Elterngeld“ begründet: Gerade hoch qualifizierte Frauen würden heute überproportional oft auf Kinder verzichten, weil sie den Einkommensverlust fürchten, heißt es. Wer verhindern wolle, dass vor allem Sozialhilfeempfänger und Besserverdienende Kinder haben, müsse dem Mittelstand Anreize geben.

Wobei ich mich frage: Ist der Glaube an die selig machende Kraft des Mittelstandes nicht reichlich naiv? Ich sehe in diesen Kreisen (in denen ich mich ja selbst bewege) ziemlich viele Neurotiker, die unfassbare Experimente mit ihren Kindern machen.

Wie dem auch sei: Wer mehr Mittelstands-Eltern will, geht davon aus, dass diese ihre Kinder besser fördern. Also mehr musikalische Früherziehung, mehr Purzelturnen, mehr Logopädie, weniger Fastfood, weniger Fernsehen und mehr gute Gespräche am Mittagstisch.

Vermutlich stimmt das sogar. Im Übrigen ist Förderung eine gute Sache – wohlgemerkt: in Maßen. Doch viel wichtiger als Bildung ist Herzensbildung. Wirklich entscheidend ist doch die seelische Mitgift, die Eltern ihrem Kind mitgeben können. Die aber hängt nicht vom

Universitäts-Diplom, sondern davon ab, ob die Eltern selbst seelisch im Plus sind.

Was uns zu der Frage zurückbringt: Woraus speist sich eigentlich unser Kinderwunsch? Müssen wir nicht eigentlich zu dem Schluss kommen, dass nur glückliche Menschen das Recht haben, Kinder in die Welt zu setzen? Dass es nicht recht ist, ein Kind die Suppe auslöffeln zu lassen, die wir uns eingebrockt haben: weil wir einen Mangel in unserem Leben mit Hilfe seiner Existenz beheben wollten? Oder – gesamtgesellschaftlich betrachtet: weil wir die Rentenkassen geplündert und Unmengen von Schulden aufgehäuft haben und jetzt jede Menge kleine Nützlinge brauchen, die für uns schuften, wenn wir alt sind?

Was meinst du?

Deine Sonja

Thema: **Glückliche Menschen**
Datum: 23.4.
From: hanneb@t-online.de
To: sonjan@aol.com

Liebe Sonja,

du hast doch bestimmt auch irgendwann mal „Das andere Geschlecht" von Simone de Beauvoir gelesen. Dort findet sich zum Thema „Mutterschaft" ein hammerhartes Zitat, das in 50 Jahren nichts an Gültigkeit eingebüßt hat:

„Kinder sind nicht Liebesersatz, Kinder sind nicht Ersatz für ein zerbrochenes Lebensziel, Kinder sind nicht

Füllmaterial für die Leere unseres Lebens. Kinder sind eine Verantwortung und eine schwere Aufgabe ... Kinder sind für Eltern weder Spielzeug noch Erfüllung ihrer Liebesbedürfnisse noch Filialen ihres unbefriedigten Ehrgeizes. Kinder sind Verpflichtungen, glückliche Menschen zu gestalten."

Ich fürchte, ich hätte unter diesen Umständen kein Recht auf ein Kind – jedenfalls im Moment nicht.

Ich weiß, das hört sich düster an. Aber mir ist halt grad so.

Deine Hanne

Thema: RE: **Glückliche Menschen**
Datum: 20.4.1998
From: sonjan@aol.com
To: hanneb@t-online.de

Liebe Hanne,

dein kleiner Ausflug in die Literatur hat ja geradewegs zum Kern des Problems geführt. Kinder als Liebesersatz, Kinder als Füllmaterial – jetzt stehen wir da wie ertappte Schulmädchen.

Ganz offenbar wünschen wir uns Kinder, weil wir uns etwas Gutes tun wollen. Was wir dabei übersehen: Ein Kind will selbst Gutes erleben. Es reicht ihm nicht, dass wir ihm das Leben schenken. Es will selbst Liebe erfahren. Die Chancen, dass es die in ausreichendem Maße bekommt, stehen schlecht, wenn es aus der Not geboren wird. Denn aus einem leeren Krug kann man nicht ausschenken.

Die entscheidende Frage lautet demnach nicht: Will ich wirklich ein Kind? Sondern: Warum will ich ein Kind? Aus einer Situation des Mangels oder aus einer Situation der Fülle? Oder, anders gefragt: Kann ich mich, so wie ich bin und mit dem, was ich zu bieten habe, einem Kind zumuten?

Ich glaube nicht, dass sich viele Menschen an den Punkt heranwagen. Insofern bin ich stolz auf uns. Sollen wir noch ein bisschen weiterbohren? Wieso glaubst du, dass du im Moment kein Recht auf ein Kind hast?

Alles Liebe,

deine Sonja

Thema: **Anmaßung**
Datum: 23.4.
From: hanneb@t-online.de
To: sonjan@aol.com

Liebe Sonja,

nun ja: Wenn ich ehrlich bin, hat es sich ja nicht notgedrungen so ergeben, dass mein Kind ohne Vater aufgewachsen wäre. Vielmehr hatte ich es mehr oder weniger darauf angelegt. Nach dem Motto: Wäre doch gelacht, wenn ich das nicht alleine schaffen würde. Eine ziemliche Anmaßung, alles in allem.

Überall in der Welt gilt es als Ideal, wenn ein Kind mit seinen leiblichen Eltern groß wird, und zwar mit beiden. Ich hingegen behauptete ohne Not: Ich allein bin wunderbar genug, um Vater und Mutter zugleich zu sein. Als wenn ein Kind dafür da wäre, dass die Mutter sich beweisen kann!

Über die Frage, ob es aus der Sicht des Kindes nicht besser gewesen wäre, wenn es einen richtigen Vater gehabt hätte, habe ich ehrlich gesagt wenig nachgedacht. Da ich nun mal keinen zur Verfügung hatte, aber trotzdem ein Kind wollte, habe ich großmütig auf ihn verzichtet. Ich hielt das für ziemlich tapfer, da ich ja die ganze Arbeit allein hätte leisten und das ganze Geld allein hätte verdienen müssen. Daran, dass das Kind vielleicht nicht so gerne eine einsame und überforderte Mutter und außerdem am liebsten etwas mehr Geld in der Familienkasse gesehen hätte, habe ich nicht gedacht. Auch hat mich die Frage nicht sonderlich beschäftigt, welche Rolle eine männliche Person für die Entwicklung meines Kindes hätte spielen können.

Jetzt würde mich aber mal interessieren, was du als Mutter, die ihren Kindern vermutlich mit Bedacht einen Vater geboten hat, davon hältst.

Sei diesmal bitte ehrlich!

Deine Hanne

Das Mutter-Kind-Modell

2003 lebten 3,24 Millionen Alleinerziehende in Deutschland. Ein Viertel aller Familien mit Kindern sind Ein-Eltern-Familien. Aufgrund der Definition, die diesem Begriff in der amtlichen Statistik zugrunde liegt, sind in dieser Zahl auch Alleinerziehende enthalten, die in einer nicht ehelichen Lebensgemeinschaft leben. In den alten Bundsländern sind das knapp 21 Prozent, in den neuen Ländern liegt der Anteil bei über 34 Prozent.

Betrachtet man nur Alleinerziehende ohne Partner, so ist jeder sechste Familienhaushalt mit Kindern unter 18 Jahren in den alten und jeder fünfte in den neuen Ländern eine Ein-Eltern-Familie.
Obwohl die Zahl der Alleinerziehenden Väter seit Jahren steigt, sind über 80 Prozent der Alleinerziehenden Frauen. Denen geht es häufig nicht gut. Wie Gudrun Neises, Professorin an der Europa-Fachhochschule Fresenius, herausgefunden hat, leiden Alleinerziehende Frauen doppelt so häufig an psychischen Krankheiten wie verheiratete Mütter. Auch nehmen sie deutlich mehr Schmerz-, Beruhigungs- und Schlafmittel sowie Medikamente gegen Stress und Depressionen. Der Grund dafür sei, dass Alleinerziehende ständig mit mehreren Anforderungen konfrontiert seien: „Da stehen die eigenen Bedürfnisse gegen die der Kinder; Geldknappheit, beengter Wohnraum, mangelnde Sozialkontakte und die kaum zu leistende Vereinbarkeit von Familie und Beruf kommen verschärfend hinzu." Bei Alleinerziehenden Vätern dagegen waren keine gesundheitlichen Unterschiede zu verheirateten Geschlechtsgenossen festzustellen.
Der „Bundesverband alleinstehender Mütter und Väter e.V." vertritt mit circa 9 000 Mitgliedern die Interessen von über zwei Millionen Ein-Eltern-Familien.

(Kontakt: s. Adresse im Anhang)

4. Allein oder gemeinsam?

Thema: **Finanzen**
Datum: 24.4.
From: sonjan@aol.com
To: hanneb@t-online.de

Liebe Hanne,

es stimmt, dass ich das Thema „abwesender Kindsvater“ verharmlost habe. Der Grund ist, dass ich es überheblich gefunden hätte, dir aus der Position der verheirateten Frau heraus Vorträge über die Bedeutung des Vaters zu halten. Weil du jetzt aber danach fragst, werde ich versuchen, ehrlich zu antworten.

Das Thema hat ja mehrere Facetten: Da ist zum einen die Frage nach den Finanzen. Die stelle ich bewusst nach vorne. Klar würden wir die Kinderfrage gern frei von solchen Überlegungen halten. Aber es ist naiv, so zu tun, als ob Kinderkriegen nichts mit Geld zu tun hätte.

Dass Kinder teuer sind, weiß jeder. Wie teuer, merkst du erst, wenn du selbst welche hast. Ein Säugling macht täglich siebenmal die Hosen voll – bis zum vierten Lebensjahr ihres Kindes geben Eltern 1 032 Euro für Windeln aus (habe ich diese Woche in ELTERN gelesen). Irgendwann braucht das Kind ein eigenes Zimmer – du ziehst in eine größere Wohnung. Ein Paar fußgerechte Kinderschuhe kostet um die 60 Euro, eine Stunde Babysitting mindestens 6. Für den anatomisch korrekten Leichtschulranzen blechst du locker 70 Euro – hinzu kommen 25 Euro für eine Turntasche und 12 Euro für das passende Federmäppchen. Später werden Beiträge für Sportvereine, Klavierstunden, Klassenfahrten, Chorfreizeiten, Sprachaufenthalte und Nike-Turnschuhe fällig. Über kurz oder lang muss ein Computer mit Internetanschluss her, was sich jeden Monat auf der Telefonrechnung bemerkbar macht. Dann kommt auch schon bald die Konfirmation und da willst du auch nicht kleckern – schließlich soll dein Kind diesen Tag in guter Erinnerung behalten.

Als Faustregel gilt: Je älter das Kind, desto teurer sein Unterhalt. Ab zehn Jahren brauchen Kinder sowieso fast genau so viel wie Große.

Ich fürchte, das reicht für heute,

deine Sonja

Thema: RE: **Finanzen**
Datum: 24.4.
From: hanneb@t-online.de
To: sonjan@aol.com

Liebe Sonja,

es liegt auf der Hand, dass sich zwei Erwachsene zusammen den Luxus der Kinderaufzucht eher leisten können als einer allein. Selbst wenn nur ein Partner erwerbstätig ist, versorgt der andere immerhin die Familie. Alleinerziehende hingegen gehen entweder arbeiten – dann geht ein erheblicher Teil des Verdienstes für Krippe, Tagesmutter, Kinderfrau und teure Dienstleistungen drauf. Oder sie bleiben zu Hause und überleben gerade mal so eben von Arbeitslosengeld oder Unterhalt. Für ihre private Alterssicherung zurücklegen können sie in beiden Fällen nichts.

Andererseits: Muss ein Kind immer nach der neuesten Mode gekleidet und mit teuren Markenartikeln ausgestattet sein? Geht es nicht oft auch billiger?

Was meinst du?

Deine Hanne

Thema: **Sorgenvolles Gesicht**
Datum: 25.4.
From: sonjan@aol.com
To: hanneb@t-online.de

Liebe Hanne,

klar übertreiben es viele Eltern. Ein Kind braucht für seine Entwicklung weder Nike-Turnschuhe noch einen Game-Cube – im Gegenteil. Viel wichtiger sind Eltern, die ihm vorlesen, mit ihm Gesellschaftsspiele machen, ihm zuhören und mit ihm schmusen (wenn es das will). Aber auch dafür müssen Zeit und Kraft da sein und auch die stehen eher in Familien zur Verfügung, in denen nicht alle Kraft in den täglichen Überlebenskampf geht.

Im Übrigen gibt es eine Grenze, was das neuerdings wieder propagierte einfache Leben angeht („Die Kunst des stilvollen Verarmens“!). Und die verläuft zwischen freiwilligem Verzicht und schlichter Not. Ich jedenfalls stelle mir das für ein Kind sehr belastend vor, wenn die Mutter wegen jedem verbaselten Turnbeutel die Krise kriegt und wegen jeder Geburtstagseinladung ein sorgenvolles Gesicht macht, weil jetzt wieder für mindestens fünf Euro ein Geschenk her muss.

Auf der anderen Seite bringt es auch nichts, wenn die Mutter so tut, als gäbe es kein Problem, denn Kinder kriegen seismographisch mit, wie es ihren Eltern geht. Wenn etwas vernebelt wird, dann zimmern sie sich Fantasiegebilde zurecht, die noch bedrohlicher als die Realität sind.

Hinzu kommt, dass Kinder die Neigung haben, alles auf sich zu beziehen. Wenn die Eltern Sorgen haben, denken sie: Ich bin schuld – weil ich immer alles verliere, weil ich so viel koste, weil ich überhaupt auf der Welt bin. Ohne mich wäre das Leben meiner Mama viel einfacher.

Vielleicht trauen sie sich gar nicht erst, von dem verlorenen Fahrradhelm oder dem geplanten Kino-Besuch mit der Klasse zu erzählen. Wenn sie nicht damit rechnen können, dass die Eltern gelassen auf Alltagsprobleme reagieren, behalten sie ihre Nöte lieber für sich oder greifen zu Notlügen. Überhaupt werden Kinder verunsichert, wenn sie merken, dass ihre Eltern hilflos sind. Sie brauchen das Gefühl, dass Mama und Papa die Dinge im Griff haben. Und sie müssen – auch wenn das nicht heißt, dass wir ihnen jeden Blödsinn finanzieren – die Chance haben, in der Gruppe der Gleichaltrigen mitzuhalten.

Damit will ich nicht sagen, dass du und dein Kind in Armut gelebt hätten. Aber leicht wäre es auf keinen Fall geworden.

Deine Sonja

Kinderkriegen kostet

Kinder haben ist teuer. Wie viel es aber genau kostet, ein Kind von 0 bis 18 Jahre aufzuziehen, weiß niemand. Denn zu Buche schlagen nicht nur die Ausgaben, die ein Kind verursacht, sondern auch die Einnahmen, die wegfallen, wenn eine Mutter auf dem Spielplatz herumsitzt, statt arbeiten zu gehen.

In einem Gutachten des Wissenschaftlichen Beirats für Familienfragen beim Bundesministerium für Familie, Senioren, Frauen und Jugend ist beim Einzelkind von rund 360 000 Euro die Rede (alte Bundesländer). Andere Studien gehen von 500 000 Euro aus. Davon übernimmt der Staat rund ein Drittel. Wobei er den Familien aus der anderen Tasche zieht, was er in die eine reintut: Das Deutsche Institut für Wirtschaftsförderung in Berlin meldet jedenfalls, dass Familien mit Kindern in den vergangenen zehn Jahren 33 Milliarden Euro mehr Steuern bezahlt haben als Kinderlose. Dieser Betrag kommt zusammen, wenn man die Mehrbelastung der Familien bei Strom-, Brennstoff- und Mehrwertsteuer im Vergleich zu Kinderlosen zusammenrechnet.

Fest steht: Von der Summe, die Kinderlose sparen, weil sie keine Kinder aufziehen, können sie sich eine hübsche kleine Wohnung oder eine ansehnliche Lebensversicherung als Altersversorgung kaufen.

In ihrem Bericht zur Familienpolitik stellt die bayerische Staatsregierung fest, dass das Pro-Kopf-Einkommen bei einer Familie mit einem Kind knapp zwei Drittel des Einkommens einer gleichaltrigen kinderlosen Familie beträgt. Einer Familie mit zwei Kindern steht je Mitglied etwa die Hälfte und einer Familie mit drei Kindern rund 40 Prozent des Pro-Kopf-Einkommens Kinderloser zur Verfügung.

Kinder machen arm, Kinder allein zu haben noch ärmer: Das Armutsrisiko von Alleinerziehenden ist mit 35,4 Prozent fast dreimal so hoch wie beim Durchschnitt der Bevölkerung. Jede vierte allein erziehende Mutter ist auf staatliche Unterstützung angewiesen.
Auf Zahlungen der Kindsväter können viele Single-Mütter nicht bauen: Nach einer Studie des Bundesfamilienministeriums erhält ein Viertel der Frauen keinen Unterhalt für die Kinder; ein Viertel bekommt die Überweisungen nur unregelmäßig.

Thema: **Platz im Leben**
Datum: 26.4.
From: hanneb@t-online.de
To: sonjan@aol.com

Liebe Sonja,

dass Kinder ihren Preis haben, war mir klar. Dass stabile Finanzen aber so wichtig für eine Familie sind, darüber habe ich noch gar nicht nachgedacht. Sonst hätte ich wohl nicht schon mal prophylaktisch auf Unterhaltszahlungen verzichtet.

Ich bin mal gespannt auf deine weiteren Ausführungen.

Seltsam: Irgendwie tun mir unsere Forschungen gut, obwohl wenig Schmeichelhaftes dabei herauskommt. Es ist ja nicht so, dass ich das mit dem Kind verwunden hätte – im Gegenteil: Ich erlebe die Tatsache, dass mein Körper das Kind nicht halten konnte, als tiefe Kränkung. Auch frage ich mich jetzt immer mehr, warum ich in die

Situation der „ungewollten“ Schwangerschaft hineingeraten bin und welchen Sinn deren jähes Ende hatte. Beides hat mich mit der Frage konfrontiert: Was will ich in meinem Leben?

Das Treffen mit der Großfamilie habe ich gecancelt. Dafür war ich aber Pfingstsonntag bei Freunden, die in Berlin-Prenzlauer Berg wohnen. Wenn ich gewusst hätte, was da los ist, wäre ich zu Hause geblieben: Als ob die kühnsten Visionen unserer Deutschland-muss-wieder-ein-Kinderland-werden-Politiker schon Realität geworden wären: Alles voll mit Schwangeren und Kindern!

Eigentlich war es total nett, wir sind spazieren gegangen, haben alle möglichen Leute getroffen und den Rest der Zeit auf der Terrasse gesessen, die Sonne genossen, Spargel gegessen, Wein getrunken und gequatscht. Trotzdem ging es mir von Stunde zu Stunde schlechter: „Alle kriegen Babys, nur ich nicht“, dachte ich die ganze Zeit und fühlte mich hundeelend. Wo ist mein Platz im Leben?

Übrigens: Auf der Rückfahrt habe ich mir überlegt: Ich könnte in meinem (und zum Teil deinem ehemaligen) Bekanntenkreis eine kleine Umfrage starten, warum andere Frauen ihre Kinder kriegen. Wahrscheinlich sind wir nicht die Einzigen, die zweifelhafte Motive haben. Was hältst du davon?

Es grüßt dich

deine Hanne

Thema: RE: **Platz im Leben**
Datum: 28.4.
From: sonjan@aol.com
To: hanneb@t-online.de

Liebe Hanne,

die Idee, anderen Müttern mal ein bisschen auf den Zahn zu fühlen, finde ich hervorragend. Wie du dir vorstellen kannst, habe ich hier noch keine geeigneten Kontakte, um einen Teil der Recherche zu übernehmen. Bislang kenne ich nur meine Nachbarinnen – nette, aber ziemlich verzweifelte middle-class-Hausfrauen, die man vornehmlich in teuren Jogging-Anzügen antrifft. Ich kann mir nicht vorstellen, dass Gespräche mit denen sehr ergiebig wären.

Dass du dir eingestehst, dass du auch gern ein „Zuhause" hättest, finde ich sehr ehrlich. Denn es ist klar, dass dich deine Heimatlosigkeit im Moment schmerzt. Statt wütend auf andere Frauen zu werden, die etwas haben, was dir fehlt, gehst du dem Problem auf den Grund. Dazu gehört Mut!

Ich kann dir deine Lage leider nicht schönreden. Es wird mir im Gegenteil immer klarer, dass dein Single-Leben auch nicht einfacher ist als mein Familien-Dasein. Klar, du kannst dich nach einer längeren Freitagabend-Party mit dem sicheren Gefühl ins Bett legen, dass du am nächsten Morgen ausschlafen kannst. Während mir nichts anderes übrig bleibt, als mich darauf einzustellen, dass spätestens um 6.45 Uhr Milans glockenhelles Stimmchen durchs Haus tönt: „Zeit zum Aufstehen!"

Und dann geht wieder einer dieser anstrengenden, chaotischen, aber auch rasend komischen und herzerwärmenden Kindersamstage los: mit Kuscheln im Bett,

Gespensterjäger-Geschichten-Vorlesen, Kakaoflecken auf der Matratze, umständlichen Brötchenhol-Aktionen, Fahrradtour bei gutem Wetter, Museum bei schlechtem, aufgeschlagenen Knien, Wutanfällen, Lachkrämpfen und Schmusestündchen auf der Bettkante.

Was ist besser: ausschlafen oder glockenhelles Stimmchen? Diese Frage stelle ich mir oft, wenn ich mir nach 14 Stunden Non-Stop-Kinderprogramm erschöpft eine Flasche Bier aufmache. Aber auch wenn ich mein Leben zwischen dreckigen Gummistiefeln manchmal verfluche: Ich votiere für das glockenhelle Stimmchen. Alles andere wäre schlicht gelogen.

Das einzig Tröstliche für dich, was mir einfällt, ist die Gewissheit, dass das nicht das letzte Wort ist. Auch du wirst eines Tages so leben, wie du es dir wünschst.

So weit für heute,

deine Sonja

Thema: **Glockenhelles Stimmchen**
Datum: 29.4.
From: hanneb@t-online.de
To: sonjan@aol.com

Liebe Sonja,

ich finde es gut, dass du ehrlich bist. Auch ich würde mich sofort für das glockenhelle Stimmchen entscheiden. Ich gehe sogar noch weiter: Ich würde gerne nachts eine kleine fieberheiße Hand halten. Ich möchte einfach gern mal für jemanden da sein.

Nicht umsonst steht ein glückliches Familienleben ganz oben auf der Wunschliste der meisten Menschen. Um uns herum ist doch alles brüchig: Das Verhältnis zu Freunden, Kollegen, Nachbarn, Verwandten steht jederzeit zur Disposition. Liebespartner kommen und gehen. Ich kann den Beruf wechseln, umziehen, aus der Kirche austreten, in eine Sekte eintreten, meinen Busen liften lassen, meinen Namen ändern, auswandern. Die einzige Beziehung, die dieser Freiheit entzogen ist, ist die zu den eigenen Kindern.

Aber was nützt das Lamentieren? Im Moment kriege ich das nicht. Einstweilen will ich die Zeit nutzen, um Klarheit über mich und meine Situation zu gewinnen. Wenigstens will ich aus dem, was passiert ist, etwas lernen. Und deshalb bin ich dir auch so dankbar, dass du dich auf das Thema einlässt.

Ich hoffe nur, dass du mit deinen Prognosen Recht behältst.

Deine Hanne

Thema: **Arbeitsteilung**
Datum: 1.5.
From: sonjan@aol.com
To: hanneb@t-online.de

Liebe Hanne,

passend zum „Tag der Arbeit“ habe ich mir ein paar Gedanken zum Thema „Arbeitsteilung“ gemacht. Denn das ist – neben den Finanzen – auch eine wichtige Facette der Frage: Allein oder gemeinsam?

Schon für ganz normale Paare wie Frank und mich ist es oft ein Drahtseilakt: Geld zu verdienen, Alltagsorganisation und Kindererziehung zusammenzukriegen und trotzdem noch Freude am Leben zu haben. Aber immerhin: Egal, wie die Arbeitsteilung aussieht – es stehen die Kraft und die Zeit von zwei Menschen zur Verfügung.

Selbst wenn der Kindsvater zu der Sorte gehört, die 60 Stunden pro Woche im Büro hockt: Morgens, während seine Frau unter der Dusche steht und sich die Haare wäscht, wird er das Baby mal eine Viertelstunde nehmen. Am Sonntagvormittag geht auch der lausigste Vater gern mit Junior in den Zoo und ermöglicht der Mutter auf diese Weise ein paar ungestörte Telefonate. Einmal in der Woche, wenn seine Frau ins Fitnessstudio geht, spielt auch der ehrgeizigste Manager ohne Murren den Babysitter. Vielleicht nimmt er sogar mal einen freien Tag, wenn das Kind Scharlach und die Mutter Brechdurchfall haben.

Ich bin keineswegs der Ansicht, dass das ausreicht. Ich finde es schlimm, dass sich viele Männer ihrem Beruf so widmen oder vielleicht auch widmen müssen, als wäre die Familie nur eine angenehme Begleiterscheinung ihres Lebens. Aber immerhin: Irgendeine Form von Unterstützung bieten die meisten. Manche legen sich sogar richtig ins Zeug.

Eine Alleinerziehende hingegen hat häufig überhaupt keine Entlastung. Egal, ob sie selbst krank ist; egal, ob bei ihr im Job die Hölle los ist; egal, ob ihre Mutter im Sterben liegt: der Kindsvater steht in der Regel nicht zur Verfügung und eine professionelle Kinderbetreuung kann sie sich meist nicht leisten.

Da ist es kaum vermeidbar, dass oft Regel Nummer eins der Kinderaufzucht verletzt wird. Sie lautet: Es muss im Moment Spaß machen. Denn ob das Kind später

Dankbarkeit zeigt und so wird, wie wir uns das vorgestellt haben, ist äußerst ungewiss!

All das gilt natürlich nicht nur für Alleinerziehende, sondern für alle Eltern. Nur dass Alleinerziehende dieselbe Leistung meist unter erschwerten Bedingungen erbringen müssen. Was die Erwartungen an einen späteren Ausgleich vermutlich in die Höhe schraubt.

Das soll dich nicht entmutigen, sondern vielmehr darin bestätigen, dass es gut wäre, erst mal nach einem netten Mann Ausschau zu halten, bevor du das Thema Familienplanung weiterverfolgst.

Es grüßt dich,

deine Sonja

Thema: **Dankbarkeit**
Datum: 2.5.
From: hanneb@t-online.de
To: sonjan@aol.com

Liebe Sonja,

das Thema Dankbarkeit interessiert mich sehr.

Mit der Erwartung, Kinder hätten gefälligst dankbar zu sein, kann ja jede Enttäuschung von Kindern über ihre Eltern im Keime erstickt werden. Bei uns zu Hause ist das jedenfalls so: Weil meine Mutter sich, wie sie selbst gern betont, „nie geschont" hat, gilt es als unanständig, wenn ich überhaupt nur erwähne, dass ich mich als Kind oft einsam, übersehen und allein gelassen fühlte. Mit anderen Worten: Nur weil meine Mutter sich nie geschont hat, muss ich sie jetzt schonen. Die Wahrheit, dass sie – Anstrengung hin oder her – leider keineswegs alles toll gemacht hat, darf auf keinen Fall hervorblitzen. Damit bekomme ich die Verantwortung für das Lebensgefühl und die Bilanz meiner Mutter zugeschoben. Tut mir Leid, aber das Paket nehme ich nicht an.

Ein Freund von mir, der von seiner Mutter wissen wollte, wer eigentlich sein „richtiger", also biologischer Vater sei, musste sich anhören, allein die Frage sei eine Unverschämtheit. Er könne dankbar sein, dass sie ihn in der schwierigen Situation, in der sie damals war, nicht abgetrieben habe!

Eine unglaubliche Anmaßung, oder? Als wären Kinder der Privatbesitz von Müttern, die allein qua Mutterschaft von jeder Nachfrage verschont und sowieso über jegliche Kritik erhaben wären. Aber das ist sowieso mein Gefühl: Die deutsche Mutter ist einerseits ein armes Hascherl. Auf der anderen Seite bietet gerade ihre ach so selbstlose Opferei eine gigantische narzisstische Befriedigung. Wehe dem, der das durchschaut und ihre Heiligkeit von ihrem selbst gezimmerten Podest herunterholt!

Was ich daran nicht verstehe: Auf Dankbarkeit besteht doch kein Anrecht, man kann sie nicht erwarten wie die Zeitung morgens im Briefkasten. Sie entsteht nicht aus Verpflichtung, sondern, wenn überhaupt, freiwillig und spontan. Und zwar nicht, weil die Eltern sich so geplagt haben – gut gemeint ist ja nicht automatisch gut gemacht. Sondern weil es zu Hause unterm Strich schön war und man ein gutes Fundament fürs Leben bekommen hat. Und darüber lässt sich nicht diskutieren: Das spürt man – oder eben nicht.

Ein Grund mehr, darauf zu achten, dass es einem als Mutter gut geht. Nicht umsonst hat irgendein schlauer

Psychiater mal gesagt: Die bekümmerte Mutter ist die Mutter allen Kummers!

Simone de Beauvoir drückt dieselbe Erkenntnis positiv aus: „Die Frau mit dem reichsten Innenleben wird dem Kind am meisten zukommen lassen und am wenigsten von ihm verlangen."

So ist es,

deine manchmal undankbare Hanne

Thema: RE: **Dankbarkeit**
Datum: 3.5.
From: sonjan@aol.com
To: hanneb@t-online.de

Liebe Hanne,

zum Glück zählen nicht alle Eltern dauernd auf, was sie für ihre Kinder getan haben. Meine Eltern zum Beispiel haben mir und meinen Geschwistern noch nie die Dankbarkeits-Pistole auf die Brust gesetzt. Das gibt uns die Freiheit, über die Jahre allmählich zu begreifen, warum sie manches getan und anderes gelassen haben. Wenn man das Gefühl hat, dass die Eltern das, was sie uns an Liebe, Geborgenheit und Unterstützung zukommen ließen, aus Großzügigkeit und Liebe gegeben haben, dann kann ehrliche Dankbarkeit wachsen.

Aber wie kriegt man das hin, jeden Tag erneut gute Eltern zu sein – ohne Hintergedanken an einen Heiligenschein, den man sich für die Plackerei verdient?

Ich habe vor einiger Zeit – leider viel zu spät – Barbara Sichtermanns Buch „Vorsicht Kind“ gelesen. Sichtermann analysiert ziemlich treffend die verschiedenen „Belastungsformen“, die mit Kindern verbunden sind: körperliche Anstrengung, ständige Unterbrechungen, Vergeblichkeit, Langeweile usw. Als Therapie empfiehlt sie immer wieder: Aufteilung der Arbeit auf verschiedene Schultern. Die Liebe zum Kind ist zerstörbar, warnt Sichtermann und folgert daraus: „Wenn du absehen kannst, dass du mit einem Kind allein lebst, dann solltest du wissen, dass du dein Kind manchmal hassen wirst.“

Das klingt hart, aber meiner (Selbst-)Beobachtung nach hat die Frau Recht. Wenn eine Mutter für ihr Kind zu viele Opfer bringt, hegt sie unweigerlich einen heimlichen Groll. Sie wird versuchen, ihn zu verbergen, aber das Kind spürt ihn trotzdem. Er äußert sich als plötzliche Ungeduld, kurz aufflackernder Zorn, Gereiztheit, Prinzipienreiterei oder einfach nur als Teilnahmslosigkeit.

Besonders bedrückend wird es für das Kind, wenn die angeblich so uneigennützige Mutter für ihre Selbstaufgabe den „wohlverdienten Lohn“ einklagt: Das Kind soll sich dankbar zeigen, und zwar zu dem Zeitpunkt und in der Form, wie die Mutter sich das vorstellt. Später wird es immer Schuldgefühle verspüren, wenn es versucht, eigene Wege zu gehen. Denn selbstverständlich möchte die Mutter, dass es so wird wie sie selbst. Zumal, wenn es sich um eine Tochter handelt!

Um das Kind nicht einer bedrückten und enttäuschten Mutter auszuliefern, ist es demnach wichtig, dass Frauen aus der Alleinzuständigkeit für ihren Nachwuchs entlassen werden. Sichtermann stellt sich vor, dass im Idealfall ein ganzes Team aus Eltern, Angehörigen, Nachbarn und bezahlten Kräften zur Verfügung steht. „Ein berufstätiger Mann, der abends mal ‚ei-ei‘ zum Kind macht und am

Wochenende eine Ausfahrt anbietet, genügt nicht", schreibt sie. Wohl wahr! Andererseits gilt: Solange die Idee mit dem Team für die meisten Mütter eine Utopie bleibt, können wir es uns schon gar nicht leisten, auf die nahe liegende Lösung zu verzichten: auf die Mitwirkung des Vaters.

Ziemlich aufgemischt, doch davon später mehr ...

Deine Sonja

Thema: **Vorsicht Kind!**
Datum: 4.5.
From: hanneb@t-online.de
To: sonjan@aol.com

Liebe Sonja,

das Buch von Barbara Sichtermann wird in meiner Buchhandlung nach wie vor gelegentlich verlangt, obwohl die erste Auflage vor fast 15 Jahren erschienen ist. Zumeist von „späten Müttern", wie ich eine geworden wäre. Ich hatte aber nie hineingeschaut – das Thema betraf mich ja nicht. Jetzt habe ich es mir mal mit nach Hause genommen und ich muss sagen: Die Frau schildert wohl recht realistisch, was auf einen zukommt.

Blöd ist nur, dass man solche Bücher, wenn überhaupt, immer erst liest, wenn das Kind schon da ist. Nicht, wenn noch Gelegenheit ist zu sagen: Wenn das so ist, dann lieber doch nicht!

Übrigens: Die meisten Mütter, mit denen ich im Rahmen unserer Recherche gesprochen habe, haben eingeräumt, dass sie sich vorher keine sehr konkreten Gedanken über das Nachher gemacht hätten. War bei mir ja auch so. Zwar waren mir die Klagen junger Mütter über mangelnden Schlaf, wenig Zeit für sich, Stress und Isolation hinlänglich bekannt. Andererseits war für mich nie nachvollziehbar, wie sich das genau anfühlt. Irgendwie dachte ich die ganze Zeit, dass man für das Glück, ein Baby zu haben, doch wohl alles andere in Kauf nimmt.

Das mit dem „heimlichen Groll“, was du in deiner letzten Mail beschreibst, wäre mir nicht in den Sinn gekommen. Das findet ja auch unter Ausschluss der Öffentlichkeit statt. Im Übrigen dachte ich wie wahrscheinlich jede Babysüchtige: Ich kriege das alles bestimmt viel besser hin!

Was meinst du mit „ziemlich aufgemischt“? Was ist passiert?

Es grüßt dich

deine Hanne

Thema: RE: **Vorsicht Kind!**
Datum: 5.5.
From: sonjan@aol.com
To: hanneb@t-online.de

Liebe Hanne,

ich habe mich in meiner letzten Mail ein bisschen hinter Barbara Sichtermann verschanzt, weil sie die Sache so klug und sachlich analysiert. Das heißt natürlich nicht, dass wir es immer so hinkriegen. Seit wir in Seattle sind und Frank mit seinen Leuten dieses komische neue Mautsystem testet, kann in meiner Familie von einer nennenswerten Präsenz des Vaters endgültig nicht mehr die Rede sein. Und das macht mich ganz schön unzufrieden.

Ein Beispiel: Letzte Woche hatte Frank vier Abendtermine. Also Tage, an denen ich die Kinder allein ins Bett bringen musste. Das ist immer ein ziemlicher Kraftakt, denn zu keiner Tageszeit sind Kinder so bedürftig und nie ist die Rivalität zwischen ihnen so heftig wie in der Stunde vor dem Schlafengehen. Wenn jeder ein Kind nimmt, läuft das viel entspannter. Und die Kinder erleben wenigstens eine halbe Stunde am Tag, dass sie beide Eltern haben.

Wegen der vier Abendtermine war ich nicht sauer, denn dass es so viele waren, ist eher eine Ausnahme. Worüber ich mich aber sehr geärgert habe, war der eine Abend, an dem Frank keinen Abendtermin hatte. Das war der Donnerstag.

Jede Mutter, die einen Manager-Job hat, hätte sich gesagt: Das muss heute klappen! Egal wie! Erstens wegen der Kinder und zweitens mit Rücksicht auf meinen Ehepartner, der ja die ganze Woche schon abends allein zuständig war (obwohl es das praktisch nicht gibt, dass eine Manager-Frau einen Mann hat, der ihr den Rücken freihält. Die haben doch dann selbst einen Top-Job, und die Kinder werden – siehe Ursula von der Leyen mit ihren sieben musizierenden Kindern – von der Tagesmutter versorgt).

Mann hingegen ficht das nicht an. Kommt an dem einzigen „freien“ Abend um 19.45 nach Hause, gibt den bettfertigen Kindern einen Gutenachtkuss und hofft auf einen anregenden Abend mit seiner Frau, den er folgendermaßen einleitet: „Tut mir Leid, bin spät weggekommen." Als wenn der als Chef keinerlei Einfluss darauf hätte, wann er wegkommt!

Frauen planen in solchen Situationen einen Sicherheitspuffer ein. Männer haben andere Prioritäten.

Ich wäre fast geplatzt vor Wut. Aber natürlich habe ich mich zusammengerissen. Bin wieder in die Ehefrauenfalle getappt: Der arme Kerl rackert sich den ganzen Tag ab und dann macht ihm seine Frau eine Szene! Das geht doch nicht!

Wie sagt Barbara Sichtermann so schön: „Die Liebe zum Kind ist zerstörbar." Bleibt hinzuzufügen: Die Liebe zum Ehemann auch! Zumal, wenn Konflikte unter den Teppich gekehrt werden.

Grüße,

deine Sonja

Moderne Arbeitsteilung

In der LBS-Familienstudie aus dem Jahre 2002 wurden 175 Paare in der Schwangerschaft und den Jahren nach der Geburt des ersten Kindes begleitet. Vor der Geburt waren die weiblichen Studienteilnehmer durchschnittlich 29,6 Stunden in der Woche berufstätig, die Männer 32,2 Stunden. Eineinhalb Jahre nach der Geburt betrug die durchschnittliche Wochenarbeitszeit der Mütter nur noch 6,6 Stunden. Bei den Männern hingegen stieg die mittlere Wochenarbeitszeit auf 40 Stunden. Vor der Geburt kümmerten sich etwa drei Viertel der befragten Männer und Frauen gleichermaßen ums Aufräumen, Putzen, Abwaschen. 40 Prozent teilten sich das Kochen. Schon vier Monate nach der Geburt zeigte sich der Trend

zur klassischen Arbeitsteilung: Etwa zwei Drittel der jungen Mütter sagten, dass sie allein fürs Putzen zuständig seien, 76 Prozent der Frauen kochten solo und nur jede Fünfte bekam vom Partner noch Hilfe beim Waschen und Bügeln.
Das trifft sogar dann zu, wenn die Mutter erwerbstätig ist. „Die fortschrittliche Haltung der Männer gegenüber dem anderen Geschlecht reicht nur so weit, wie Frauen keine Mütter sind", bemerkte die ehemalige Bundesverfassungsrichterin Jutta Limbach und forderte: „Neue Väter braucht das Land."

Thema: **Beziehungskonto**
Datum: 6.5.
From: hanneb@t-online.de
To: sonjan@aol.com

Liebe Sonja,

ob dieses Stillhalten besser ist als ein anständiger Wutanfall ist allerdings die Frage. Das kommt ja alles aufs Beziehungskonto und irgendwann wird die Rechnung präsentiert. Wirklich verbergen kann man den Ärger doch sowieso nicht.

Im Übrigen steckt hinter dem „Wut runterschlucken" ja die Vorstellung, dass Wut was Schlimmes ist. Ohne Wut, Ärger, Enttäuschung ist aber ein Zusammenleben nicht möglich: Arbeitengehen ist anstrengend, Kindererziehung nach allem, was man hört, das reinste Chaos, Freizeit ein knappes Gut, Beziehungen manchmal extrem erdrückend und ausreichend Geld gibt es in den meisten

Familien auch nicht – das sind viele heikle Punkte, über die verhandelt werden muss, und viele Gründe, wütend zu werden.

Das Wichtigste scheint mir zu sein, dass du dich nicht domestizieren lässt. Ich jedenfalls mag deine unbequeme Seite! Auf eine Freundin, die immer die Contenance wahrt, kann ich verzichten.

Alles Liebe,

deine Hanne

Scheidung – der Kinder wegen

Früher blieben Paare, wenn sie gemeinsame Kinder hatten, allein schon aus diesem Grunde zusammen. Heute werden Kinder nicht mehr als Scheidungshindernis betrachtet. 2003 waren 170 260 Kinder unter 18 von Scheidungen betroffen – 6,3 Prozent mehr als 2002. Bei der Studie „Übergang zur Elternschaft“, die im Jahr 2000 von der Landesbausparkasse in Auftrag gegeben wurde, kam heraus, dass sich junge Paare am häufigsten drei bis vier Jahre nach der Geburt des ersten Kindes scheiden lassen. Die Untersuchung mit 175 jungen Paaren ergab, dass viele von ihnen sich den vielfältigen Anforderungen und Belastungen der Elternrolle nicht gewachsen fühlen. Streitigkeiten nehmen in den ersten drei Jahren an Häufigkeit und Heftigkeit zu. Gleichzeitig reduziert sich die Zärtlichkeit und Sexualität in der Partnerschaft. Hinzu kommt, dass die meisten Paare nach der Geburt des ersten Kindes in die traditionellen Geschlechterrollen zurückfallen. 80 Prozent der Scheidungen werden von Frauen eingereicht.

Thema: RE: **Beziehungskonto**
Datum: 7.5.
From: sonjan@aol.com
To: hanneb@t-online.de

Liebe Hanne,

es tröstet mich, wenn du mich auch als Furie magst. Ich wäre froh, wenn das bei Frank genauso wäre. Der aber sagt im besten Fall „Reg dich doch nicht so auf" und stellt mich im schlimmsten Fall als krank hin, wenn ich das kriege, was er als „Zustände" bezeichnet. Nur weil ich nicht alles in mich hineinfresse. Obwohl ich das dauernd tue: 95 Prozent der Krachs, die bei uns eigentlich anstehen, finden nicht statt, weil Frank sich entzieht oder ich von vornherein die Klappe halte – aus Angst, dafür ins Unrecht gesetzt zu werden, dass ich was gemerkt und das auch noch gesagt habe. Und dann passiert es erstens, dass die Wut, die in der Auseinandersetzung mit ihm nicht rausdarf, als Distanz und Kälte alles Lebendige zwischen uns vernichtet. Und zweitens, dass sich die unterdrückte Energie im Zusammensein mit den Kindern entlädt – zumal wenn ich zu viel mit ihnen allein bin.

Gerade in den ersten zwei Jahren mit Anna-Lisa, als ich noch dachte, dass ich alles allein machen müsste, gab es zwar viele unvergessliche Glücksmomente, aber auch viele Situationen, in denen ich ausgeflippt bin.

Die ersten zwei umgekippten Saftgläser eines Nachmittags habe ich in der Regel noch mit Engelsgeduld hingenommen, aber beim dritten bin ich oft ausgerastet. 15-mal bin ich mit gebeugtem Rücken, Anna-Lisa an den ausgestreckten Armen haltend, die Treppe hinauf- und hinuntergelaufen. Beim 16. Mal bin ich dann plötzlich sauer geworden und habe das heftig protestierende Kind am helllichten Tag „zur Beruhigung“ in sein Gitterbett gesteckt. Dabei war ich es, die sich beruhigen musste! Wenn die Kleine beim „Spazierenstehen“, wie ich den täglichen Ausgang nannte, jeden Stein umdrehte, habe ich mich eine Stunde lang zu geduldigem Warten gezwungen. Aber dann habe ich sie aus heiterem Himmel angebrüllt, weil sie eine Blume abgerissen hatte.

Ich werde den Ausdruck tiefsten Entsetzens in Anna-Lisas Augen nie vergessen, als ich sie einmal an den kleinen Schultern gepackt und durchgeschüttelt habe, damit sie endlich aufhört zu schreien. Das Kind war vielleicht zwei Monate alt. Es hatte Todesangst – zu Recht, wie man seit dem Prozess um das englische Au-pair-Mädchen weiß, das in den USA einen Säugling zu Tode geschüttelt hat. Aber auch wenn es so weit nicht kommt: Kinder erschrecken sich furchtbar, wenn wir ausrasten. Und wir selbst fühlen uns hundsmiserabel. Andere Mütter sind ja angeblich immer gelassen und heiter. Nur wir selbst sind entsetzliche Versagerinnen!

Nun ja, ich weiß, dass das nicht stimmt. Aber wirklich trösten tut mich das nicht.

Deine Sonja

Thema: **Grundmuster**
Datum: 8.5.
From: hanneb@t-online.de
To: sonjan@aol.com

Liebe Sonja,

Mann schweigt, Frau schreit – das scheint ja ein Grundmuster zu sein. Wir denken immer, dass Beziehungen scheitern, wenn sich die Partner dauernd streiten, aber möglicherweise ist genau das Gegenteil der Fall.

Wir müssen also dafür sorgen, dass in unseren Beziehungen geredet, verhandelt und – wenn es sein muss – auch gestritten wird – und zwar sowohl über unsere als auch über die Themen unserer Partner. Und außerdem hinkriegen, dass wir mit unseren Kindern nicht zu viel allein sind.

Das Ideal wäre demnach ein aufregender (Ehe-)Mann, der zugleich solidarischer und konfliktfähiger Partner und hingebungsvoller Kindsvater ist. Mit anderen Worten: die eierlegende Wollmilchsau. Ich fürchte, viele von der Sorte laufen nicht durch die Gegend, noch weniger sind noch zu haben. Das ist aber kein Grund, gleich von Anfang an nicht nach ihnen zu suchen! Vielleicht steigert die Nachfrage irgendwann das Angebot …

Hoffnungsvoll,

deine Hanne

Starke Worte

„Was wir den Vätern zugute halten, sofern sie mit ihrer Familie zusammenleben: Sie kümmern sich mehr um die Kinder als früher und helfen durchaus mal im Haushalt mit. Sie sind einfach präsenter als noch vor ein paar Jahren.

Was sich nicht geändert hat: Väter haben zwar die Freuden des Wickelns entdeckt, nicht aber die des Windeleimer-Ausleerens. Sie sind überzeugt, dass ihr Kind schon mit fünf schulreif ist, aber wann die Schuleinschreibung ist, davon haben sie keine Ahnung. Sie freuen sich, dass ihr Kind so viele Freunde hat, aber dass Benjamins bester Freund Lukas schon vor zwei Jahren weggezogen ist, also warum hat ihm das keiner gesagt? Sie schaffen es zwar, zum Geburtstag des Kindes eine Stunde früher nach Hause zu kommen, doch der Kuchen scheint für sie wie von Zauberhand gebacken, die Kerzlein wie von Zauberhand gekauft. Beim Kindergeburtstag verwandeln Väter das Kinderzimmer in Drachenhöhlen – was haben die kleinen Gäste gejuchzt –, aufräumen dürfen die Mütter.

Eine Offenbarung sind Väter-Sätze wie: „Also Schatz, Benjamins Haare sind jetzt aber wirklich viel zu lang." oder: „Man müsste Laura mal die Fingernägel schneiden."

Aus: Schneider, Susanne: Mann, du fehlst uns gar nicht!, in: COSMOPOLITAN, Oktober 1998, S. 62

Thema: RE: **Grundmuster**
Datum: 10.5.
From: sonjan@aol.com
To: hanneb@t-online.de

Liebe Hanne,

du hast natürlich Recht: Wenn wir gar nicht erst nach solchen Männern suchen und von den Männern, die wir schon haben, nichts verlangen, wird auch keiner einen Grund sehen, Eifer an den Tag zu legen. Gelebte Solidarität ist nun einmal kräftezehrend. Wer nimmt das auf sich, wenn niemand entsprechende Forderungen stellt?

Eine Freundin von mir hatte zum Beispiel letztes Jahr die Grippe: 39,5 Grad Fieber. Dazu einen Einjährigen, der den ganzen Tag durch die Wohnung krabbelte. Ihr Mann, der sich gerade selbständig gemacht hatte, konnte sich angeblich unter keinen Umständen freinehmen. Genau genommen konnte er den ganzen Tag nicht einmal anrufen, um sich nach dem Befinden seiner Frau zu erkundigen. Wieso auch? Die Erfahrung hatte ihn gelehrt: Irgendwie schafft sie es immer. Tat sie auch: Allerdings hat sie ihn drei Monate später verlassen.

Viele Frauen sagen knallhart: Wenn ich schon praktisch alleinerziehend bin, dann will ich nicht noch obendrein die verkrumpelten Socken des Kindsvaters aufheben und mir als Dreingabe in die Erziehung reinreden lassen. Und schmeißen ihn irgendwann raus. Kann man auch verstehen, aber für die Kinder ist das eine Katastrophe.

Fakt ist aber: Selbst Männer, die durchaus bereit sind zu „helfen“, gehen davon aus, dass ihre Frauen immer noch ein bisschen zuständiger sind als sie. Mein Engagement ist freiwillig und in jedem Fall eine großartige

Leistung, sagen sie sich. Wenn es echt lästig wird, weil das Baby zum Beispiel ein Schreibaby ist, kann ich immer noch ihr das Feld überlassen.

Und wir Frauen machen da ziemlich lange mit. Weil wir von unseren Müttern einen Perfektionsanspruch übernommen haben, dem wir vielleicht noch gerade genügen könnten, wenn wir nicht auch noch Geld verdienen müssten. Der uns aber völlig zermürbt, wenn wir „nebenbei" arbeiten gehen: Wir wissen nun mal, dass man sich am Tag nach einer Abendeinladung noch mal bedankt, wie man angebrannte Edelstahlkochtöpfe wieder sauber kriegt, dass Weinflaschen als Mitbringsel einfallslos sind, dass die Schulranzen von Kindern gelegentlich einer Inspektion unterzogen werden müssen, wie wichtig Vorlesen ist und wie ein gesundes Mittagessen aussieht. Wenn unser Über-Ich dann noch mitteilt, dass die moderne Frau Finanzdinge nicht dem Ehemann überlässt, weil der eines Tages mit dem entsprechenden Ordner unterm Arm aus unserem Leben verschwinden könnte, dann wissen wir außerdem, welche Belege man für die Steuererklärung sammeln muss und dass eine Kinder-Unfallversicherung unverzichtbar ist. Also sammeln wir Belege, vergleichen Versicherungspolicen und kriegen dann einen Schreikrampf wegen der Flötenlehrerin, die zurückgerufen werden will, dem Pullover, der nass in der Maschine liegen geblieben ist, obwohl der Mann versprochen hat, ihn herauszunehmen, dem Telefonanruf, der mitten ins Abendessen platzt, dem Computer, der abstürzt, wenn wir gerade die Rede für den 70. Geburtstag unserer Mutter ausdrucken wollen, und dem Sohn, der mal wieder vergessen hat, rechtzeitig Futter für den Stallhasen zu kaufen.

So sieht es aus – leider. Übrigens: Dass ich das hier so schön mit dir analysieren kann, liegt nur daran, dass die

Kinder aus dem Gröbsten raus sind und ich hier in Amerika noch keine richtige Beschäftigung für mich gefunden habe. Wenn man mittendrin steckt in der Job-Familien-Perfektions-Falle sieht man alles nur als einen gigantischen Wust.

Deine Sonja

Thema: **Ermittlungen**
Datum: 12.5.
From: hanneb@t-online.de
To: sonjan@aol.com

Liebe Sonja,

hört sich nicht wirklich attraktiv an, das Eltern-Sein. Aber die andere Seite (Stichwort: „glockenhelles Stimmchen“) gibt es ja auch. Ich bin froh, wenn ich von beidem erfahre.

Heute will ich mal kurz den vorläufigen Stand der Ermittlungen durchgeben, was unsere kleine Motivforschung anbetrifft.

Wie wir schon ahnten, ist bei dieser wichtigsten Entscheidung unseres Lebens sehr viel mehr Naivität, Unlogik und Egoismus im Spiel, als wir wahrhaben wollen: Die meisten Leute kriegen Kinder, weil andere Leute auch Kinder kriegen. Aus reinem Nachahmungstrieb. Weil Kinder „nun mal dazugehören“. Weil sie „das Wichtigste im Leben“ und „eine Bereicherung“ sind. Viele erhoffen sich durch eigene Kinder auch ein schöneres Alter – vermutlich vergeblich, jedenfalls habe ich gerade gestern in der Zeitung gelesen, dass ein stabiler

Freundeskreis weit wichtiger für einen Lebensabend in Gesundheit und Zufriedenheit ist als eigene Kinder oder andere Verwandte. In der nächsten Zeit werde ich dir von dem einen oder anderen Gespräch Genaueres berichten.

Jetzt wollte ich aber noch mal nachhaken, was das Thema „Allein oder gemeinsam" angeht: Wofür sind Väter eigentlich gut – jenseits von finanziellen Erwägungen und Fragen der Arbeitsteilung? Was tun Männer, was Frauen nicht tun?

Fragt sich

deine Hanne

Hauptgründe für Kinder

In einer forsa-Umfrage aus dem Jahre 2004 gaben Frauen und Männer zwischen 18 und 49 Jahren mit Kindern bis 13 Jahre und ohne Kinder folgende Motive an:
Weil es spannend ist, Kinder aufwachsen zu sehen (86 %), weil es für mich zum Leben gehört (85 %), weil ich mir das Alter mit Kindern schöner vorstelle (59 %), weil ich Verantwortung übernehmen möchte (55 %), weil ich mich erst mit Kindern komplett fühle (42 %), weil es für die Gesellschaft wichtig ist (38 %).

Thema: **Vater und Sohn**
Datum: 17.5.
From: sonjan@aol.com
To: hanneb@t-online.de

Liebe Hanne,

ich finde schon, dass Väter sehr wichtig sind. Vorausgesetzt, sie übernehmen wirklich Verantwortung, denken über ihre Rolle nach und lassen sich auf die Gefühlswelt ihres Kindes ein.
Eine Episode aus unserem Familienleben:
Samstagnachmittag, 15.00 Uhr. Frank steht mit Milan in der Küche und backt Kuchen. Beide sind leidenschaftliche Kuchenesser, aber zu ihrem Leidwesen kriegen sie von mir nur äußerst selten welchen geboten (du kennst meine Abneigung gegen alle Arten von „Süß-Brabsch“). Also werden sie selbst aktiv.

Ich freue mich, dass Milan mit seinem Vater eine gute Zeit hat. Rühren und kneten, das sind Beschäftigungen, die einem Dreijährigen unmittelbar einleuchten. Dass die beiden zwischendurch immer mal wieder aneinander geraten, tut der Veranstaltung keinen Abbruch. Klar, Milan testet immer wieder aus, wie weit er gehen kann. Zum Beispiel, ob er mit seinen klebrigen Fingern an den Vorratsschrank darf, um sich noch ein paar Rosinen zu holen. Frank hindert ihn daran, was empörtes Geschrei auslöst.

Ich finde es gut, dass Milan seinen Vater nicht nur als Kitzel-Hochwerf-Feierabend-Kumpel erlebt, mit dem er – am Ende auf Kosten der Mutter – zweimal im Monat die Sau rauslässt, sondern auch als Grenzen setzenden Erwachsenen, so wie ich es im Alltag oft sein muss. Am Ende des Nachmittags machen beide zusammen die

Küche sauber. Ganz nebenbei hat Milan gelernt, dass Männer durchaus in der Lage sind zu sorgen, zu ernähren, aber auch zu erhalten und wieder herzustellen, ohne dass ihre Männlichkeit darunter leidet. Milans Chance, später ein kompletter Mensch zu werden, ist wieder ein Stück gestiegen.

Außerdem hoffe ich natürlich, dass bei solchen und vielen anderen gemeinsamen Aktionen, bei denen es gern auch um Campen, Fahrradreparieren, Fußball, Baumhausbauen, Kräftemessen und Rangeleien geht, eine solide Vater-Sohn-Beziehung entsteht. Damit Milan lernt, sich in seiner eigenen männlichen Haut wohl zu fühlen, und die Chance hat, mit Hoffnung und Zuversicht ins Leben zu gehen. Und damit er später einen Menschen an seiner Seite hat, mit dem er über die körperlichen Veränderungen während der Pubertät und die damit verbundenen Gefühle sprechen kann. Dass wir Mütter Probleme haben werden, mit unseren Töchtern über Pille, Tampons und die erste Liebesnacht zu reden, ist nach 35 Jahren Frauenbewegung eher unwahrscheinlich. Aber wo sind die Väter, die ihre Söhne auf den ersten Samenerguss vorbereiten und ihnen die Verwendung eines Kondoms erklären? Und wo die Söhne, die mit ihren Daddys so viel vertrauensvolle Erfahrungen gemacht haben, dass sie zu diesen Themen ihre Meinung hören wollen?

So weit für heute,

deine Sonja

Thema: RE: **Vater und Sohn**
Datum: 18.5.
From: hanneb@t-online.de
To: sonjan@aol.com

Liebe Sonja,

ich sehe schon. Für Milan ist Frank der Größte – zumindest im Moment. Und wie sieht das mit Anna-Lisa aus? Was will die von ihrem Vater?

Das interessiert mich wirklich, denn über irgendwelche intimen Themen habe ich zumindest mit meinem Vater nicht geredet.

Deine Hanne

Thema: **Vater und Tochter**
Datum: 18.5.
From: sonjan@aol.com
To: hanneb@t-online.de

Liebe Hanne,

nee, über Liebeskummer und Tampons habe ich mit meinem Vater auch nicht gesprochen. Ich glaube auch nicht, dass Anna-Lisa das später mal will. Ich glaube, ihr Papa hat einen anderen Job, wie folgende Szene zeigt.

Anna-Lisa hat sich für einen Kindergeburtstag fein gemacht. Sie trägt einen Blümchenrock, der ihr bis zu den Knien geht, eine weiße Bluse, die ich für einen Weihnachtsauftritt ihres Kinderchors anschaffen musste, schwarze Lackschuhe und sämtlichen Schmuck, der sich im Laufe ihres kurzen Lebens in ihrem „Schmuckkasten“ angesammelt hat. Stolz marschiert sie im Wohnzimmer herum. Genau genommen ist ihr Outfit ziemlich abenteuerlich.

Frank legt die Zeitung beiseite, breitet die Arme aus und zieht die Kleine an sich. „Schön siehst du aus“, sagt er anerkennend. Anna-Lisa schnurrt zufrieden, windet sich aus der Umarmung und vollführt einen Tanz auf dem Parkett. Ihr Vater findet sie schön, also ist sie schön.

Versteh mich bitte nicht falsch: Ich wäre natürlich nicht begeistert, wenn Frank unserer Tochter vermitteln würde, dass Attraktivität das Wichtigste im Leben einer Frau ist. Aber das tut er ja nicht. Zwar sieht Anna-Lisa ihren Vater insgesamt wenig, aber wenn er Zeit für sie hat, erledigen die beiden zusammen oft kleine Handwerkerarbeiten, lässt er sie am Computer spielen, geht er mit ihr im Heimatmuseum Mineralien studieren oder zeigt ihr den Sternenhimmel.

Trotzdem finde ich es wichtig, dass der erste Mann im Leben meiner Tochter sie in ihrer Weiblichkeit bestätigt. Damit sie sich darum schon mal keine Sorgen machen muss! Damit sie das notwendige Vertrauen bekommt, um vorwärts zu gehen. Denn umgekehrt gilt ja auch: Wenn ein Mädchen den bejahenden Blick des Vaters nicht bekommt, wird es sich ein Leben lang bemühen, ihn doch noch zu erhaschen – beim eigenen Vater sowieso, aber auch bei ihren jeweiligen Partnern, Chefs oder – noch schlimmer – irgendwelchen Gurus.

So, jetzt muss ich schnell noch ein paar Vorbereitungen treffen, denn heute kommt Anna-Lisas Schulklasse samt Lehrerin zu uns nach Hause, um unsere Zwergkaninchen anzuschauen. Unser ganzer Kühlschrank ist schon voll gepackt mit mehr oder weniger giftiger Limonade,

in Eile,

deine Sonja

Thema: RE: **Vater und Tochter**
Datum: 19.5.
From: hanneb@t-online.de
To: sonjan@aol.com

Liebe Sonja,

was du schreibst, leuchtet ein. Sehr sogar. Heißt das aber nun, konsequent zu Ende gedacht, dass die Kinder von Alleinerziehenden in ihrer Entwicklung automatisch gehemmt sein müssen? Dass ihre Söhne nicht lernen, mit ihren Gefühlen umzugehen und ihre Töchter sich als Frauen nicht sicher fühlen können?

Fragt sich

deine Hanne

Thema: **Positiver Störfaktor**
Datum: 20.5.
From: sonjan@aol.com
To: hanneb@t-online.de

Liebe Hanne,

die Frage war ja wohl rhetorisch gemeint, oder? Natürlich heißt es das nicht. Aber ich glaube, dass Frauen, die ihre Kinder – aus was für Gründen auch immer – ohne den leiblichen Vater großziehen, in diesem Punkt für Ersatz sorgen müssen. Das kann ein neuer Partner, der Großvater oder ein Onkel sein. Wichtig ist, dass das Kind Gelegenheit hat, nicht nur am Wochenende, sondern auch im Alltag eine intensive Beziehung zu einer gleichzeitig starken und gefühlvollen männlichen Bezugsperson zu entwickeln.

Was mich aber doch befremdet, ist die Gedankenlosigkeit, mit der viele Frauen, was die Versorgung und Erziehung ihrer Kinder anbetrifft, auf das männliche Potenzial verzichten. Es ist die Frage, ob sie dabei das Wohl des Kindes im Auge haben. Ich vermute, dass es einige heimlich ganz schön finden, das Maß aller Dinge und die Einzige im Leben ihrer Kinder zu sein.

Der Vater hat ja auch die Funktion, die Zweisamkeit von Mutter und Kind zu stören, Abstand zu ermöglichen, Trost zu spenden und die Chance für kleine Fluchten zu bieten. Kurz: die Rolle der Mutter zu relativieren. Väter und Mütter kümmern sich, wie Entwicklungsforscher herausgefunden haben, von Anfang an unterschiedlich um ihren Nachwuchs: Wenn ihr Baby weint, nehmen Mütter es selbstverständlich hoch und drücken es an ihren Körper. Männer nehmen das Kleine auch hoch, aber dann heben sie es höher und immer höher, bis das

Baby mit ausgestreckten Armen den Flieger macht, und dann wird aus dem Weinen oft ein Juchzen. Mit anderen Worten: Mütter trösten, Väter lenken ab.

Im Übrigen ist es für das Kind, spätestens wenn es ins Trotzalter kommt, mit Sicherheit gut, wenn es auch mal mit jemand anderem als der Mutter paktieren kann. Es schadet nichts, wenn es auch mal vor der Mama ein kleines Geheimnis hat.

Das auszuhalten erfordert allerdings Selbstbewusstsein, eigene – nicht kindbezogene – Interessen und eine gewisse Großzügigkeit, die nicht jeder gegeben sind – auch mir nicht immer. „Mama beck!“, rief der eineinhalbjährige Milan oft, wenn er morgens rosig und wohlriechend erwachte und ich mich zärtlich über sein Bettchen beugte. Die Mama sollte verschwinden, der Papa sollte her! Das hatte ich nun davon, dass ich ihn den lieben langen Tag versorgte. Wenn der Papa, der täglich zehn Stunden lang draußen in der Welt Anerkennung einheimste, kurz vor dem Aufbruch ins Büro zehn Minuten für ihn opferte, dann war er der king.

Stimmt: Papas ernten für einen verhältnismäßig geringen Einsatz verdammt viele Lorbeeren. Wie man weiß, kümmern sich sogar die hoch engagierten neuen Väter immer noch erheblich weniger um ihre Kinder als durchschnittliche Mütter – ob nun erwerbstätig oder nicht. Während der neue Vater gern dann besonders aktiv wird, wenn Publikum da ist, sind Frauen notgedrungen auch dann noch für ihre Kinder da, wenn sich die Kindsväter schon seit einer halben Stunde mit der Zeitung auf dem Klo befinden. Wenn uns das ärgert, sollten wir dafür sorgen, dass Männer ihren Einsatz erhöhen und wir Frauen unseren Einsatz in gleichem Maße verringern können. Statt unseren Kindern trotzig gleich den ganzen Papa vorzuenthalten. Letzteres ist eine ziemlich defensive, kinderfeindliche und masochistische Strategie! Denn so angenehm ist das Leben im Mutter-Kind-Ghetto nun auch wieder nicht.

So, nach drei Seiten und drei Gläsern Wein sollte ich jetzt langsam zum Schluss kommen. Ist ja mal wieder ein „Ulysses online" geworden. Wo doch E-Mail gemeinhin die knappe Form ist. Wahrscheinlich bin ich dafür zu altmodisch (oder schlicht und ergreifend zu einsam?). Ich bin gespannt, was bei deiner Umfrage herauskommt. Lass von dir hören – ich bin immer ganz glücklich, wenn von dir was in meinem Postkasten ist.

Diesmal war ich ja nun wirklich ehrlich. Ich hoffe, das war dir jetzt nicht zu viel!

Deine Sonja

Thema: **Vaterlose Gesellschaft**
Datum: 22.5.
From: hanneb@t-online.de
To: sonjan@aol.com

Liebe Sonja,

keine Sorge, das wird mir nicht zu viel. Wo wir schon mal dabei sind, will ich es auch genau wissen.

Zum Thema „Vaterlose Gesellschaft": Nach allem, was man hört, gab es ja mal eine Zeit, irgendwann Ende der siebziger Jahre, da wollte es das feministische Ideal, dass Männer nach erfolgreicher Zeugung abserviert und die so entstandenen Kinder – vorzugsweise Mädchen – im warmen Schoß der Frauen-WG aufgezogen wurden. Aber das waren doch Experimente, die überhaupt nur denkbar waren in den fetten Jahren, in denen die soziale Hängematte noch extrem engmaschig war und kein Mensch auf die Idee kam, dass er eines Tages auf der Parkbank landen könnte.

Heute hingegen, wo wir mit Globalisierung, Massenarbeitslosigkeit, Hartz IV und Rentenlöchern zurechtkommen müssen, würde keine halbwegs belichtete Frau – von mir mal abgesehen – freiwillig auf die Mitwirkung und finanzielle Beteiligung von Männern verzichten. Ich jedenfalls kenne keine einzige Alleinerziehende, die sich aus freien Stücken für diese Lebensform entschieden hat. Die meisten sitzen mit ihren Kindern allein, weil sich ihre Männer vom Acker gemacht haben: Weil ihnen das Familienchaos zu anstrengend wurde, weil ihre Frauen nach ihrem Geschmack zu viel an ihnen herumnörgelten, weil eine andere des Weges kam, die sie mehr bewunderte, weil einfach abzuhauen meist leichter ist, als dazubleiben, rumzustreiten, was zu verändern.

Für mich heißt das alles jedenfalls, dass ich, bevor ich mich das nächste Mal auf einen Mann einlasse, ihn unter dem Gesichtspunkt „Eignung als Vater" scannen werde. Denn gute Vaterqualitäten – allen voran Zuverlässigkeit – sind vermutlich auch gute Partnereigenschaften.

Herzliche Grüße,

deine Hanne

Vaterentbehrung

Der Psychoanalytiker Horst Petri hat sich ausgiebig mit den individuellen und gesellschaftlichen Folgen von Vaterverlust und Vaterentbehrung beschäftigt. Bezogen auf den Umgang mit dem Partner und den Kindern nennt er für beide Geschlechter: psychische Ertaubung, Gefühlskälte, Abstumpfung, eingefrorene Trauer und Bindungsverlust. Vaterverlassene Jungen reagieren häufig mit dem Casanova-Syndrom – der Abwehr von bodenloser Einsamkeit durch immer neue, flüchtige Liebesabenteuer. Vaterverlassene Frauen neigen eher zu psychosomatischen Erkrankungen sowie zu heftigen Hassgefühlen der eigenen Mutter gegenüber.
Welch drastische Auswirkungen das Phänomen Vaterlosigkeit haben kann, zeigte im Jahre 2003 auch eine Studie aus Schweden. Forscher vom Stockholmer Zentrum für Epidemiologie begleiteten mehr als 65 000 Kinder alleinerziehender Eltern acht Jahre lang und stellten fest: Das Risiko, die Jugend nicht zu überleben, war bei den Jungen aus Ein-Eltern-Familien um die Hälfte größer als bei Kindern aus intakten Familien. Bei vater- oder mutterlos aufgewachsenen Jungen war das Risiko, an einer Suchtkrankheit zu sterben, mehr als fünfmal so groß. Viermal so viele wie in der Vergleichsgruppe kamen durch Gewalt, Stürze oder Vergiftungen um. Vater- oder mutterlose Mädchen wurden doppelt so häufig Opfer von Gewalttaten oder begingen Selbstmord. Todesfälle aufgrund von Alkohol- oder Drogenmissbrauch waren bei ihnen dreimal so häufig. Aus den USA sind ähnliche Zahlen bekannt. Horst Petri folgert daraus, dass die Alleinerziehung von Kindern gescheitert ist. Wobei das Trauma der Vaterentbehrung nach An-

sicht des Psychoanalytikers selbstverständlich durch kluge Mütter, liebevolle Stiefväter und männliche Ersatzväter gemildert werden kann.

Buchtipp: Petri, Horst: Das Drama der Vaterentbehrung, 2002 und: Väter sind anders, 2004 (s. Anhang)

Thema: **Partnerqualitäten**
Datum: 24.5.
From: sonjan@aol.com
To: hanneb@t-online.de

Liebe Hanne,

gute Vaterqualitäten, gute Partnereigenschaften – schwieriges Thema. Denn viele gute Eigenschaften verflüchtigen sich peu à peu angesichts der schwierigen Rahmenbedingungen.

Dass es an gutem Willen nicht fehlt, zeigt die Tatsache, dass fast 90 Prozent der Väter bei der Geburt dabei sind. Im Kreißsaal hecheln sie noch mit, zu Hause dagegen geht den Vätern oft die Puste aus. Wenn sie Überstunden machen, um das Reihenhäuschen abzuzahlen, ist bald klar, wer nachts das brüllende Bündel tröstet: die Mutter, die Elternzeit genommen hat. Und dann lautet alsbald die Klage: Wir haben nichts mehr gemeinsam. Mama liest in ihrer knappen Freizeit Erziehungsratgeber, Papa greift zur Zeitung.

So sieht es aus.

Deine Sonja

Thema: RE: **Partnerqualitäten**
Datum: 26.5.
From: hanneb@t-online.de
To: sonjan@aol.com

Liebe Sonja,

wie weit ist die Entfremdung eigentlich bei euch fortgeschritten? Frank ist ja, meiner Erinnerung nach, auch mit viel Elan an die Sache herangegangen. Später sah ich dich dann aber immer allein auf dem Spielplatz hocken, auch als du längst wieder im Schuldienst warst und jeden Nachmittag einen Riesenstapel Aufsatzhefte auf dem Schreibtisch hattest. Wie ist das jetzt? Wahrscheinlich fühlt ihr euch beide missverstanden und überfordert.

Deine Hanne

Thema: **Vorstadt-Mom**
Datum: 26.5.
From: sonjan@aol.com
To: hanneb@t-online.de

Liebe Hanne,

als Anna-Lisa geboren wurde, war eigentlich alles in schönster Ordnung. Dass ich die meiste Zeit mit dem Baby allein zu Hause war, entsprach meinen damaligen Vorstellungen. Was nicht heißt, dass ich nicht oft frustriert war. Der Alltag mit dem Baby war mitnichten so weichgespült, wie ich mir das in meinen rosa Wunschträumen ausgemalt hatte. Jedenfalls kann ich mich noch genau daran erinnern, wie neidisch ich meinem Mann morgens oft hinterherblickte, wenn er als freier Mensch das Haus verließ, und wie sehnsüchtig ich nachmittags mit Anna-Lisa auf dem Arm am Fenster stand und auf seine Rückkehr wartete. Aber immerhin: Er kam um fünf nach Hause.

Beim zweiten Kind war alles anders: Frank war jetzt kein normaler Angestellter mit 38,5 Wochenstunden mehr, sondern gehörte zur Führungsriege der Firma. Das bedeutete außertarifliche Bezahlung, verbunden mit der Erwartung, dass er morgens als Erster kam und abends als Letzter ging. Von Männern in solchen Positionen wird ja verlangt, dass sie sich ihrem Beruf so widmen, als existierte die Familie nicht. Frank tat mir oft Leid, weil er offenkundig selbst darunter litt, dass er so wenig von den Kindern mitbekam. Andererseits litt er wiederum nicht genug, als dass er seinen Hang, immer und überall Spitzenleistungen zu bringen, gemäßigt hätte.

Berufstätige Mütter planen immer noch ein Quantum Energie für die Familie ein; Männer hingegen können damit rechnen, dass es eine Rückfallposition gibt: Alles, was sie nicht leisten, macht automatisch ihre Frau.

Auch hätte ich es aus politischen Gründen gut gefunden, wenn Frank mit seinem Konflikt in der Firma offensiver umgegangen wäre. Aber das werden wir – zumal in der momentanen ökonomischen Situation – wohl nicht mehr erleben. Männer sind extrem konfliktfähig, wenn es um Posten, Kompetenzen und Dienstwagen geht. Sobald es um ihre eigene Gesundheit oder die Bedürfnisse ihrer Familien geht, schlagen die meisten einen Haken.

Was meine Entlastung anbetraf, so hieß die Lösung „Au-pair". Das war zwar teuer, aber mit der aufstiegsbedingten Gehaltserhöhung finanzierbar. Und obwohl das teilweise auch nervig war – ein Au-pair-Mädchen ist immer auch ein Kind mehr –, fielen durch die Erweiterung unseres Teams viele Spannungen weg, die sonst aufgetreten wären. Denn inzwischen hatte ich meine Sichtermann gelesen und mir das Prinzip „Aufteilung der Arbeit auf mehrere Schultern“ zu Eigen gemacht.

Hier in Amerika ist damit erst mal wieder Schluss. Und das, obwohl Frank jetzt noch mehr weg ist. Die Kinder beklagen sich zum Teil heftig: „Ich finde das blöd vom Papa, dass er immer weg ist.“ Aber ich mag für meine Person nichts fordern, denn ich habe ja jenseits von Haushalt und Kinderkram nichts wirklich Wichtiges zu tun. Andererseits hindert mich die Tatsache, dass ich für das Wohlbefinden der Familie mehr oder weniger allein verantwortlich bin, daran, mir etwas wirklich Wichtiges aufzubauen. Ein Teufelskreis!

Wie dem auch sei: Jetzt, wo ich dem Projekt „drittes Kind“ ohnehin kritischer gegenüberstehe, finde ich, dass Franks ständige Abwesenheit ein gewichtiges Gegenargument darstellt. Die wenige Zeit, die er erübrigen kann, sollte den bereits vorhandenen Kindern zugute kommen. Einem Kind, das noch gar nicht existiert, kann man kein Unrecht tun.

Was meine Existenz als Vorstadt-Mom anbetrifft, habe ich jetzt wenigstens damit begonnen, meinen Aktionsradius zu erweitern. In den ersten Wochen hier in Seattle war ich in einer Art Schreckstarre gefangen. Wie ein Igel, der sich zusammenrollt und nicht mehr bewegt, wenn man ihn mit dem Fuß berührt. Jetzt habe ich zumindest den einen oder andere Trip in die City unternommen. Eine wirklich schöne Stadt mit hellem, glänzendem Licht und einem faszinierenden Publikum: jung, dynamisch, ziemlich trendy.

Hope to see you soon,

deine Sonja

5. Verborgene Motive

Thema: **Flucht aus dem Job**
Datum: 30.5.
From: hanneb@t-online.de
To: sonjan@aol.com

Liebe Sonja,

ich bin froh, dass du inzwischen aus deinem Mauseloch herausgekrochen bist. Vielleicht entspannt sich ja auch Franks Jobsituation, wenn er den Laden erst mal im Griff hat.

Wie verabredet werde ich heute von meinen Kinderwunsch-Gesprächen berichten.

Wie du dir vorstellen kannst, geht es bei dem Thema drunter und drüber: Erinnerungen, Klischees, Wünsche, Vorurteile, Klatsch und Tratsch – da kommt alles auf einmal. Damit wir wenigstens ansatzweise den Überblick behalten, habe ich versucht, das Material in meinem Kopf ein wenig zu ordnen. Ein ganz wichtiger Aspekt ist „Kinderwunsch und Job".

Heutzutage verzichten bekanntlich viele Frauen von Anfang an auf Kinder, weil sie Nachteile für ihre Karriere befürchten. Dies wird viel beklagt und soll mit Hilfe von einem flächendeckenden Angebot an Krippen, Horten und Ganztagsschulen bekämpft werden – so jedenfalls die Absichtserklärungen der Politiker.

Es gibt aber auch das umgekehrte Phänomen: dass Frauen auf Karriere verzichten, weil sie sich Kinder wünschen. Oder – noch extremer: dass sie sich Kinder wünschen, weil sie auf Karriere keine Lust haben.

Zu meiner Überraschung haben viele meiner Gesprächspartnerinnen spontan eingeräumt: Die Möglichkeit, Kinder zu bekommen, dient nicht selten als Vorwand, um sich beruflich gar nicht erst besonders anzustrengen, um die Folgen mangelnder Karriereplanung im Nachhinein zu vertuschen oder um ganz einfach aus ungeliebten Berufen auszusteigen.

Nur wenige gaben allerdings zu, dass dies bei ihnen selbst der Fall war. Die meisten waren fest davon überzeugt, dass sie nach einer angemessenen Familienpause auf jeden Fall wieder arbeiten wollten. Allerdings hegten viele Zweifel daran, ob das so einfach sein würde. Bei anderen Frauen sahen viele aber durchaus eine gewisse Mitschuld an dem Dilemma.

Fest steht jedenfalls: Die Insignien der Berufswelt – Status, Macht und Verantwortung – üben auf viele Frauen keinen besonderen Reiz aus. Warum sonst wollen so viele junge Mädchen Krankenschwester, Verkäuferin, Arzthelferin, Kosmetikerin oder Sekretärin werden?

Wie siehst du das?

Deine Hanne

Thema: **Berufsorientierung**
Datum: 30.5
From: sonjan@aol.com
To: hanneb@t-online.de

Liebe Hanne,

ich glaube auch nicht, dass es nur an dem Platzhirschverhalten der Männer liegt, wenn in den Vorständen der 30 deutschen DAX-Firmen genau eine Frau sitzt (und die kommt auch noch aus Holland).

Schau doch mal mich an: Ich habe zwar einen Job, in den ich jederzeit zurückkehren kann (sehr beruhigend!), aber dass ich es kaum erwarten kann, meinen Schülern so schnell wie möglich wieder den Unterschied zwischen Kausal- und Konsekutivsätzen nahe zu bringen, kann ich nicht behaupten. Und dass ich nun alles dafür tue, um irgendwann Schulleiterin zu werden, wäre auch übertrieben. Ich genieße zwar meine Auszeit hier in Seattle noch nicht wirklich, aber das ist Elend auf hohem Niveau: Eine Auszeit, für die man noch keine rechte Verwendung hat, ist immer noch besser als keine Auszeit.

Im Übrigen habe ich jede Menge Freundinnen, die in Sachen Beruf noch weniger klare Perspektiven haben als ich. Viele haben – dies nur als Beispiel – mal Sozialpädagogik studiert und dann ein oder zwei Jahre gearbeitet, sind jetzt mit den Kindern zu Hause und können sich beim besten Willen nicht vorstellen, sich später wieder mit Drogenabhängigen oder Obdachlosen herumzuschlagen. Auf die Frage, was sie nach der Familienphase machen wollen, sagen alle: noch mal was ganz anderes, am liebsten „irgendwas mit Kommunikation". Das sagt doch alles, oder? Als wenn all die Journalisten, Unternehmensberater, Psychologen und Werbetexter, die seit Jahren hart an ihrer Karriere arbeiten, nur darauf gewartet hätten, sich von Mittvierzigerinnen, die zwar jede Menge soft skills, aber keinerlei Berufserfahrung haben und im Übrigen höchstens halbtags zur Verfügung stehen, die Jobs wegnehmen zu lassen.

Ich glaube, diese Mischung aus Genügsamkeit und Größenwahn gibt es nur bei deutschen Müttern. Oder hast du schon mal eine Spanierin gesehen, die von einer Kindergarten-Bastel-Orgie zur nächsten eilt und gleichzeitig der Ansicht ist, sie hätte das Zeug zur Pressesprecherin?

Deine Sonja

Thema: **Job mit Verfallsdatum**
Datum: 1.6.
From: hanneb@t-online.de
To: sonjan@aol.com

Liebe Sonja,

zu dem Thema habe ich auch eine Geschichte beizutragen: Anneli, Bibliothekarin, verheiratet, zwei Kinder (vielleicht erinnerst du dich an sie, wir saßen damals zusammen im Meyer-Seminar), erzählt über ihre Cousine:

Ulla hatte nach dem Abitur keine Lust zu studieren, weil ihr das zu „verkopft" war. Stattdessen wanderte sie nach Australien aus, wo sie ihre Zeit damit verbrachte, zu kiffen und anderen Aussteigerinnen ihre Männer auszuspannen. Nachdem das Geld alle und sie nach Deutschland zurückgekehrt war, entdeckte sie irgend-

Amerikanische Forscher haben im Zusammenhang mit der Frage, welche Mama ihre Kinder am glücklichsten macht, den Begriff „Quality Time“ geprägt: Demnach kommt es nicht auf die Zahl der Stunden an, die eine Mutter mit ihren Kindern verbringt, sondern darauf, dass sie in der Lage ist, ihren Kindern in dieser Zeit liebevolle Aufmerksamkeit zu schenken. Mit anderen Worten: Wer mit seinem Kind nur vor dem Fernseher hängt und Chips in sich hineinstopft, tut nichts für das Kind und schon gar nichts für die Beziehung.

Kontakt: s. Adresse „Verband berufstätiger Mütter“ im Anhang

Buchtipp: Das Dschungelbuch – Leitfaden für berufstätige Mütter (s. Anhang)

Thema: RE: **Job mit Verfallsdatum**
Datum: 2.6.
From: sonjan@aol.com
To: hanneb@t-online.de

Liebes Lästermaul,

deine Geschichte hat mich echt amüsiert. Und es wäre gut, wenn Frauen wie Ulla einfach mal zugeben würden, dass sie zu Hause sind, weil sie zu Hause sein wollen. Allerdings bezweifle ich, ob man den Satz „Vergessen hat sie offenbar, dass ihr derselbe Weg offen gestanden hätte“ so stehen lassen kann. Na klar hatte deine Auswanderer-Ulla im Prinzip dieselbe Möglichkeit wie ihre Karriere-

Cousine. Auf der anderen Seite wissen wir nicht, was sie sonst noch für Päckchen mit sich herumschleppt. Wer was werden will, muss nicht nur die eigene Trägheit, sondern auch Ängste und Selbstzweifel überwinden. Offenbar ist Ullas Glauben an ihre eigenen Fähigkeiten nicht sehr ausgeprägt. Das wird Gründe haben.

Hinzu kommt, dass sowohl Ulla als auch ihre Cousine nie und nimmer dieselben Möglichkeiten hatten wie jeder x-beliebige Mann. Das ist doch der Punkt! Die eine hat die Kraft, die unvermeidliche Doppelbelastung zu schultern und sich in der Männerwelt durchzusetzen, die andere nicht. Gerade neulich habe ich gelesen: Um einen Platz in einem Unternehmen zu finden, das mehr anbietet als ein Praktikum oder ein befristetes Projekt, braucht man heute fünf bis sechs Versuche (by the way: in der Joschka-Fischer-Generation waren es nur zwei und in der Kohl-Generation klappte es bereits bei einem). Diese Zahlen sind ja schon hart genug, aber sie zeigen nicht die wahren Verhältnisse – differenziert nach Geschlechtern: Was glaubst du, wie viele Anläufe eine Frau braucht, die gleichzeitig auch noch das Thema Familie und Kinder auf die Reihe bringen will? Die entscheidenden Weichen werden ja alle in der so genannten rush-hour des Lebens, also zwischen 27 und 30 gestellt. Kein Wunder, dass da manche aus der Kurve fliegt. Junge Männer mit Rücken frei haltender Gattin zu Hause haben in diesem ohnehin schon knallharten Spiel naturgemäß die besseren Karten. Das ist doch die Riesensauerei!!!

Deine Sonja

Thema: **Glasdecke**
Datum: 5.6.
From: hanneb@t-online.de
To: sonjan@aol.com

Liebe Sonja,

zu dem, was du schreibst, passt die Geschichte meiner Freundin Heike.

Heike gibt unumwunden zu, dass sie sich bewusst in die Mutterschaft geflüchtet hat. Schon bevor sie an jene berühmte Glasdecke gestoßen war, die verhindert, dass Frauen ganz nach oben gelangen, hat sie sich gesagt: Die Beule hole ich mir nicht!

Als ich sie kennen lernte, war Heike eine ehrgeizige Romanistik-Studentin. Französisch und Spanisch sprach sie besser als die meisten ihrer Professoren; ihre Seminararbeiten wurden grundsätzlich mit „sehr gut" bewertet. Heike liebte Bibliotheken, Wissen und Forschung. Ihr Berufsziel stand schon zu Beginn des Studiums fest: Sie wollte später an der Uni arbeiten.

Heike legte ein glänzendes Examen ab und wurde von einem Professor, der sich viel auf seine Frauenfreundlichkeit einbildete, gefragt, ob sie bei ihm promovieren wolle. Allerdings könne er ihr auf absehbare Zeit keine Stelle als wissenschaftliche Hilfskraft anbieten – die war nämlich schon von einem männlichen Doktoranden besetzt.

Heike überlegte, ob sich das lohnen würde, und kam zu dem Schluss, dass nicht. Bei den wissenschaftlichen Hilfskräften stellten die männlichen Studenten schon die Mehrheit, obwohl 95 Prozent der Romanisten weiblich sind. Unter den Assistenten, Dozenten und Professoren wurde es ganz dünn.

Heike war klar: Sie würde sich ohne stützende Seilschaften ganz allein durchbeißen müssen. Und wozu? Um an ihrem 40. Geburtstag zwar als Dr. habil., aber ohne Job, ohne Mann und ohne Kinder dazustehen! Auf dieses Rattenrennen hatte sie keine Lust. Stattdessen machte sie jede Menge unbezahlte Praktika und begann dann als „Freie" für ein Privatradio zu arbeiten. „Saublöde Themen, ständige Anmache", schimpfte sie jedes Mal, wenn wir uns trafen. Kurze Zeit später lernte sie Sven kennen, einen Feuilletonredakteur bei einer Tageszeitung. Sie wurde schwanger, heiratete und bekam eine Tochter. Als das Kind drei Jahre alt war, ging die Ehe in die Brüche. Heike lebt jetzt mehr recht als schlecht vom Ehegatten-Unterhalt. Was sie später mal macht, wenn ihr Mann nicht mehr zahlen muss, weiß sie nicht. Die Frage, wovon sie im Alter leben will, wird erst gar nicht gestellt.

Heikes Beispiel stimmt mich nachdenklich. Zeigt es doch die Wechselwirkung von schlechteren Berufschancen und Mutterschaft. Solange Jobs rar sind, Frauen aufgrund ihrer Sozialisation in der männlichen Wissenschaftskultur fremdeln, Männer lieber andere Männer einstellen und Kindergärten vielerorts um 14.00 Uhr schließen, kapitulieren viele Frauen und kriegen entweder keine Kinder (40 Prozent der Akademikerinnen entscheiden sich so) oder suchen einen Ausweg in der privaten Kuschelecke. Solange aber Frauen so reagieren, wird sich in der Arbeitswelt und der Gesellschaft nie etwas ändern. Schlimm, nicht wahr?

Deine Hanne

Thema: RE: Glasdecke
Datum: 7.6.
From: sonjan@aol.com
To: hanneb@t-online.de

Liebe Hanne,

ich kann gut verstehen, dass viele Frauen sich entmutigen lassen und zu der Ansicht gelangen, dass ihre traditionelle Rolle nicht die schlechteste ist. Kinderkriegen als Ausweg, wenn sich das ursprüngliche Berufsinteresse langsam zerreibt – so ging es mir auch ein bisschen.

Deshalb bleibt trotzdem wahr: Kinder sind kein Ersatz für eigene Wege. Wenn eine Frau Mutter wird, weil sie persönlich in einer Sackgasse steckt, rächt sich das irgendwann. Solange das Baby noch klein und abhängig ist, kann man die innere Stimme, die an die ursprünglichen Ziele erinnert, vielleicht noch übertönen. Später meldet sie sich dann aber umso lauter. Hinzu kommt, wie Heikes Beispiel zeigt, dass Mutterschaft keinen dauerhaften Schutz vor materieller Not bietet.

Zuletzt sollten wir uns gelegentlich eine andere schlichte Wahrheit vor Augen führen. In der Regel kriegen auch Männer ihr Geld nicht hinterhergeschmissen. Auch sie sind im Beruf von Prinzipien wie Tempo und Leistung, Konkurrenz und Disziplin, Kampf und Risiko bestimmt. Auch sie sind – heute mehr denn je – von Kündigungen bedroht. Das wird manchmal vergessen, wenn Frauen die täglichen acht oder mehr Stunden Erwerbsarbeit ihres Mannes mit ein paar geringschätzigen Randbemerkungen vom Tisch wischen. Als wenn sich die Jungs den ganzen Tag einen Jux machen würden!

Sicher ist für Männer im Berufsleben vieles einfacher. Sie kommen leichter rein, werden besser bezahlt, in der Wissenschaft werden sie öfter zitiert, ihrer Leistungen werden höher bewertet, sie haben bessere Aufstiegschancen, können durch Imponiergehabe manche Unfähigkeit überdecken, haben im Hintergrund meist eine Erledigerin, die ihnen die Zumutungen des Alltags abnimmt. Und sie haben mehr Möglichkeiten, sich psychisch zu schützen: weil ihnen die Machtmechanismen vertraut sind, weil die vorgefundenen Strukturen nicht im Widerspruch zu ihrer Sozialisation stehen, weil sie in der Regel die besseren Verdränger sind.

Dennoch bedeutet der Beruf auch für sie ein Abschneiden persönlicher Fähigkeiten, eine mehr oder weniger große Einengung des Lebens. Nur dass sie nun endgültig keine Alternative haben. Wenn ein Mann beim Gerangel um höhere Posten mal den Kürzeren zieht, muss er die Zähne zusammenbeißen und weitermachen. Kein Mensch würde ihn ernst nehmen, wenn er sich mit dem Argument „Meine Kinder brauchen mich" ins Privatleben zurückziehen würde. Seien wir doch mal ehrlich: Ein Mann, der sich vor dem Kindergarten mit anderen Männern zum Frühstück verabredet, würde auf Befremden stoßen. Während es viele Mütter unterm Strich ganz gemütlich finden, mit ihresgleichen zusammenzuhocken und darüber zu reden, was es Neues bei IKEA gibt: Keine ragt heraus, keine hat mehr Macht, alle haben sich gern. Da ist die Arbeitswelt doch deutlich ruppiger!

Präparieren wir also unsere Töchter für die Härten der Erwerbstätigkeit. Erziehen wir unsere Söhne zu einfühlsamen und rücksichtsvollen Mitmenschen, damit das Berufsleben für Männer und Frauen menschlicher wird. Wählen wir nur noch Parteien, die für gut ausgestattete Kinderkrippen und Ganztagsschulen sorgen! Und verändern wir die Welt der Arbeit, indem wir uns nicht wegekeln lassen!

Deine Sonja

Thema: **Macht der Bilder**
Datum: 14.6.
From: hanneb@t-online.de
To: sonjan@aol.com

Liebe Sonja,

zum Thema „Kind und Beruf“ gäbe es bestimmt noch viel zu sagen. Gerade dieses Schlingern, was du bei dir beschreibst, ist ja typisch für weibliche Biografien: Aus dem durchrationalisierten Berufsalltag flüchten wir uns in die Mutterschaft. Aus der Perspektive einer Rund-um-die-Uhr-Zuständigkeit für kleine Kinder erscheint dann wiederum das Büro als ein Hort der Selbstbestimmung. Ist ja auch wahr: Einen so diktatorischen Arbeitgeber, wie kleine Kinder es sind, würde sich heutzutage kein Angestellter mehr bieten lassen.

Heute will ich aber ein anderes Thema beleuchten. Ich nenne es: Die Macht der Bilder.

Viele Frauen haben mir beim dritten oder vierten Glas Wein erzählt, dass das Thema „Kinderwunsch“ in ihrem Kopf mit bestimmten Szenen verknüpft ist. Dabei handelt es sich in der Regel um Seifenoper-Versatzstücke, über die man sich nur kaputtlachen könnte, wenn nicht klar wäre, dass sie unser Handeln mitbestimmen.

Viele Fantasien ranken sich um dicke Bäuche. Frau stellt sich vor, wie sie im wahrsten Sinne des Wortes Raum einnimmt. Schwiegermama drückt der tapferen werdenden Mutter ein Kissen in den Rücken, der fürsorgliche Ehemann bringt ein Glas Multivitamin-Saft, die Schwägerin erkundigt sich mit wissendem Blick nach Sodbrennen und Senkwehen. Ach, tut das gut, endlich mal im Mittelpunkt zu stehen!

Andere malen sich aus, wie sie ihren neidischen Kolleginnen nach erfolgreicher Entbindung eine Audienz in der Klinik gewähren und huldvoll Glückwünsche und Geschenke entgegennehmen.

Eine Frau hat sich vorgestellt, wie sie mit ihrem Baby im Arm in der Kirche einzieht: Das Taufkleid wirft reizende Falten; die frisch gebackene Mutter (sie selbst) – Hüterin des Lebens, Königin! – lächelt mild; die Großmütter wischen sich verstohlen die Tränen aus den Augenwinkeln, die Orgel dröhnt.

Andere sehen sich im Blümchenkleid inmitten ihrer heranwachsenden Söhne beim Frühstück auf der Terrasse ihres Rama-Landhauses: „Mama, hast du noch einen Schluck von deinem wundervollen Kaffee?"

Alle Frauen, mit denen ich gesprochen habe, wussten natürlich, dass solche Auftritte so niemals stattfinden: weil wir im entscheidenden Augenblick einen Wadenkrampf kriegen; die Kolleginnen mit Abschlüssen und Bilanzen beschäftigt sind, statt unsere Gebärleistung zu bewundern; der Täufling in letzter Minute die Windeln voll scheißt; der Ehemann ein Morgenmuffel ist und unsere erwachsenen Kinder sowieso im Ausland leben werden.

Allen war außerdem klar, dass solche Szenen, selbst wenn sie zustande kämen und perfekt über die Bühne gingen, keine Entschädigung für all die Jahre, Monate und Tage wären, an denen wir als Mutter kein Publikum haben und niemand uns mit Liebe und Fürsorge umgibt.

Und trotzdem sind die Bilder mächtig. Die Fernsehwerbung lebt von ihnen, das Vorabendprogramm ist voll davon. Sie helfen Frauen, ihre reale Bedeutungslosigkeit zu kompensieren. Sie suggerieren uns: Mit einem Kind bist du jemand. Eine verlockende Botschaft! An die Dinge, mit denen Männer ihre Macht demonstrieren, kommen die meisten von uns nicht heran: Autos, große Büros, riesige Schreibtische, dicke Brieftaschen, eifrige Sekretärinnen. Aber wir haben etwas anderes: unsere Gebärmacht. Wir können einen lebendigen Menschen produzieren und uns diesen vor den Bauch hängen.

Ich weiß, das hört sich jetzt ziemlich überspannt an. Aber was Wahres ist schon dran, oder?

Deine Hanne

Thema: RE: **Macht der Bilder**
Datum: 18.6.
From: sonjan@aol.com
To: hanneb@t-online.de

Liebe Hanne,

jede möchte eine Rolle spielen, und wenn sonst nichts klappt, dann steht Frauen immer noch der vorgezeichnete weibliche Weg offen.

Ich hatte dir ja schon geschrieben, wie wichtig und beachtet ich mich als Schwangere fühlte. Umso stärker war der Absturz, als sich herausstellte, dass das allgemeine Interesse sehr schnell nachlässt, sobald das Kind da ist. Kinderlose Freunde kommen kaum noch zu Besuch, weil ihnen das nichts bringt – schließlich kann man sich mit Blag am Hals in der Regel nicht mehr als 20 Sekunden am Stück unterhalten. Leute, die selbst Kinder haben, finden die Nachkommen anderer Leute begreiflicherweise nur mäßig spannend. Solche Treffen kommen meistens nur aus einem einzigen Zweck zustande: um gemeinsam die Zeit totzuschlagen.

Selbst bei meinen Eltern und Schwiegereltern beschränkte sich das Engagement bald auf wenige Tage im Jahr: Ostern, Weihnachten, Geburtstage, halt die Anlässe, wo Kinder mit ihrer Spontaneität und Freude („glänzende Kinderaugen") eine Bereicherung darstellen – auch Großeltern wollen vor allem etwas von ihren Enkeln haben.

Wie du weißt, wohnten meine Schwiegereltern eine Zeit lang bei uns um die Ecke. Glaubst du, dass meine Schwiegermutter sich damals, als Milan Tag und Nacht schrie, Frank 12 Stunden täglich im Büro war und ich vor Schlafmangel Depressionen hatte, auch nur ein einziges Mal den Kinderwagen geschnappt und das Kind für zwei Stunden aus dem Haus geschafft hätte? Um Himmels willen! Dann hätte sie mir ja das Leben erleichtert. Dann hätte ich mich am Ende mal in Ruhe unter die Dusche stellen und ein paar dringend nötige Anrufe erledigen können. Und genau das galt es zu vermeiden. Ihr hatte damals, als sie die kleinen Kinder hatte, ja auch niemand das Leben erleichtert! Warum sollte es mir besser gehen als ihr?!

Vor Anflügen von schlechtem Gewissen schützte sie die Ansicht, das Problem mit dem schreienden Säugling sei hausgemacht. Wenn ich das Kind nur richtig behandeln würde, dann würde es schon aufhören. Selbst schuld, wenn ich ihre Ratschläge nicht annahm!

Ich höre lieber auf, denn ich merke gerade, dass ich stinksauer werde.

Deine Sonja

Thema: **Riesenwut**
Datum: 22.6.
From: hanneb@t-online.de
To: sonjan@aol.com

Liebe Sonja,

in dir steckt ja eine Riesenwut. Weiß Frank eigentlich davon? Wie verhielt er sich in diesen Großfamilien-Angelegenheiten? Dass wir beide darüber reden, ändert ja noch nichts. Du überlegst doch, ob du ein drittes Kind kriegen sollst. All diese Dinge, die in unseren E-Mails aufs Tapet kommen, müssten wohl mal zwischen euch besprochen werden.

Deine Hanne

Thema: **Statussymbole**
Datum: 26.6.
From: sonjan@aol.com
To: hanneb@t-online.de

Liebe Hanne,

da hast du sicherlich Recht. Bei uns gäbe es einiges zu beackern. Zumal falls wir wirklich noch ein Kind wollen. Aber mit negativen Gefühlen kann Frank nichts anfangen. Wenn ich mich aufrege, fühlt er sich um etwas betrogen, worauf er angeblich einen Anspruch hat: auf Ruhe, Frieden und Harmonie. Unnötig zu betonen, dass auch die liebevollen Gefühle schwinden, wenn Wut, Ärger, Neid und all die anderen Gefühle des Lebens nicht zugelassen werden – ein zuverlässiges Verhütungsmittel by the way! Irgendwann stellt sich das Thema „drittes Kind“ dann gar nicht mehr.

Was das angeht, befinde ich mich im Übrigen in einer merkwürdigen Situation: Ich werde die Geister nicht mehr los, die ich gerufen habe. Frank hat an der Idee Geschmack gefunden und fängt immer wieder davon an: Milan sei jetzt schon so groß, noch mal so ein Rundkopf, das wäre doch schön, nichts sei lustiger als ein Dreijähriger, zwei Kinder seien spießig, drei Kinder machten schon was her, wofür renne er jeden Morgen in dieses verdammte Büro?

Ich weiß gar nicht, was ich davon halten soll. Einerseits finde ich das scharf. Ich glaube, das macht jede Frau an, wenn ihr Mann ein Kind von ihr will. Obwohl das gar nichts mit ihr selbst oder der Beziehung zu tun haben muss. Er kann sie ja, im Extremfall, als eine Art Gefäß benutzen. Wie sagte Milan neulich so schön: „Nicht wahr, Papa, Männer sind dafür da, dass in den Bäuchen von Frauen Babys wachsen!“

Andererseits frage ich mich: Was soll das Argument, drei Kinder machten schon was her? Geht es jetzt darum, dass wir mit Hilfe eines weiteren Kindes aller Welt beweisen, dass wir bessere Menschen sind? Und was bedeutet die Feststellung, dass Milan schon so groß ist? Ein drittes Kind wäre in drei Jahren genauso groß. Heißt das, dass ich jetzt bis ultimo Kinder gebären muss, nur, damit wir immer was Kleines im Haus haben? Und was heißt das für die Beziehung zu unseren Großen? Sind die etwa weniger liebenswert, nur weil sie sich nicht mehr so dankbar abknutschen lassen?

Deine Sonja

Thema: RE: **Statussymbole**
Datum: 27.6.
From: hanneb@t-online.de
To: sonjan@aol.com

Liebe Sonja,

das Argument „Drei Kinder machen was her" ist ja entwaffnend ehrlich: Das Kind als Demonstration sozialer Macht und als Quelle von mehr Ruhm – na toll! Offenbar werden Kinder nicht nur von Frauen dazu benutzt, sich eine Position zu sichern, sondern dienen auch ihren Vätern als Statussymbol. Obwohl Männer nun wirklich andere Möglichkeiten haben.

Was du über eure Ehe schreibst, klingt im Übrigen nicht gut, aber das weißt du ja selbst. Es ist ja schon anstrengend, die eigenen Zustände gut oder weniger gut aushalten zu können. Es macht ja keinen Spaß, sich zu ärgern. Es ist schlimm, wenn man vor Angst nicht schlafen kann. Es kostet Kraft, Trauer zuzulassen oder Wut zu haben. Und viel Mut, all diesen Gefühlen auf den Grund zu gehen: Warum bin ich verärgert? Woher kommt diese Trauer? Was genau macht mir Angst? Schön wäre dann, wenn jemand da wäre, der dann „da" wäre. Ein Mensch, der diese Gefühle akzeptiert, auch wenn er sie nicht teilt. Weil sie zum Leben gehören und nicht dadurch verschwinden, dass man sie nicht haben will.

Letztlich wollen wir doch alle nur angenommen werden. Nicht nur mit unseren praktischen und guten Seiten. Sondern mit allen Gefühlen des Lebens. Also auch mit den unfertigen, unklaren, unlogischen und schwierigen.

Bis demnächst,

deine Hanne

Thema: **Bastelei**
Datum: 28.6.
From: sonjan@aol.com
To: hanneb@t-online.de

Liebe Hanne,

ja, das ist der schwierige Punkt bei uns: Wir funktionieren sehr gut, viel Streit gibt es nicht, aber auch nicht viel Begegnung. Ein weiteres Kind würde diesen Zustand des verbissenen Nebeneinanderherwurschtelns wahrscheinlich noch zementieren.

Aber genau das ist andererseits auch die Verlockung. Ich wäre beschäftigt und hätte eine Ausrede: Dafür, dass sich in der Beziehung nichts tut, und dafür, dass ich mit meiner Freiheit nichts angefangen habe. Denn der Trick ist ja der: Kaum kriegt man ein Kind, braucht man nicht mehr an sich selbst zu arbeiten. „Ich bin Mutter", sagt man dann. Das reicht: Mutter.

Dabei bin ich zum ersten Mal seit langer Zeit an einem Punkt, wo ich etwas Neues wagen könnte. Etwas Neues, das – wie alles Neue – auch ein Wagnis ist. Wird es gelingen? Oder werde ich scheitern? Und da merke ich: Offenbar ist es viel leichter, Verantwortung für ein anderes Leben zu übernehmen, als für das eigene. Aber immerhin durchschaue ich die Angelegenheit jetzt. Immer wenn ich die Versuchung spüre, sage ich mir: Diesmal werde ich die Herausforderung annehmen! Wenn ich es schaffe, können wir die Kinderfrage ja noch mal stellen.

Einfach ist es nicht, aus der Situation hier was zu machen. Mit meinem Status legal alien not allowed to work darf ich ja offiziell gar nicht arbeiten. Manchmal finde ich es ungerecht, dass wir Frauen unsere Biografie so oft neu erfinden müssen. All diese Abschiede und Neuanfänge immer. Die Bastelei hat zwar auch ihren Reiz, aber sie ist auch sehr verunsichernd ...

Aber jetzt ist erst einmal Urlaub angesagt. Heute in zwei Wochen geht es los: im Mietwagen ganz langsam die Pazifikküste hinunter bis nach Los Angeles (zurück mit dem Flugzeug). Als Bonbon für die Kinder werden wir am Ende zwei Tage in Disneyland verbringen. Kein sehr originelles Programm, zumal in den Sommerferien, wo der halbe Kontinent unterwegs sein wird, aber ich finde, als Neu-Yankees müssen wir uns erst einmal die basics reinziehen. Ich freue mich jedenfalls sehr. Was hast du denn für Reisepläne?

Deine Sonja

Thema: RE: **Bastelei**
Datum: 30. 6.
From: hanneb@t-online.de
To: sonjan@aol.com

Liebe Sonja,

ich könnte richtig neidisch werden. Was werdet ihr für einen Spaß haben! Amiland ist doch wie geschaffen für Familienurlaub. Ihr werdet in einem tollen Schlitten herumkurven, Unmengen von Diet-Coke trinken, tonnenweise Fastfood essen und euch am Ende bei Mickey und Donald amüsieren. Während ich verlassen und kinderlos im verregneten Frankfurt herumsitze.

Die Aussicht, allein in die Ferien zu fahren, reizt mich jedenfalls überhaupt nicht. Früher hat mir das nichts ausgemacht, aber jetzt fühle ich mich nicht danach. Vielleicht entscheide ich mich in letzter Minute für eine organisierte Radtour – da ist man den ganzen Tag beschäftigt und vor allem in einer Gruppe unterwegs.

Wie geht es dir denn inzwischen in deiner neuen Nachbarschaft?

Deine Hanne

Thema: **Nachbarschaft**
Datum: 1.7.
From: sonjan@aol.com
To: hanneb@t-online.de

Liebe Hanne,

stimmt: Ich habe ganz vergessen, dir von unserer house-warming-party zu erzählen. Dabei hat sich herausgestellt, dass einige meiner Nachbarinnen gar nicht so langweilig sind, wie sie aussehen. Jeder macht hier Yoga – vielleicht sollte ich mich auch mal damit beschäftigen. Eine besucht einen Kurs in creative writing an der Uni – das interessiert mich sehr. Eine andere hat ihre Kinder auch auf der Schule, die Anna-Lisa besucht, sodass wir uns in Zukunft abwechseln können: Die eine bringt die Kinder zur Schule, die andere fährt sie zum Schwimmkurs und so weiter.

Dass du keine Lust hast, allein wegzufahren, kann ich gut verstehen. Kannst du nicht irgendwen besuchen? Du kennst doch tausend Leute in tausend interessanten Städten. Apropos: Was macht denn deine Umfrage?

Deine Sonja

Thema: **Sinn des Lebens**
Datum: 1. 7.
From: hanneb@t-online.de
To: sonjan@aol.com

Liebe Sonja,

wozu renne ich jeden Morgen in dieses verdammte Büro? Du schreibst, dass Frank sich das fragt und nicht zuletzt damit seinen Wunsch nach einem weiteren Kind begründet. Damit steht er keineswegs allein da: „Ich wollte etwas haben, für das es sich zu leben und zu arbeiten lohnt", sagte ein Freund von mir, der bei einer großen Software-Firma arbeitet. Eine Bekannte, die sich vor ein paar Jahren als Krankengymnastin selbständig gemacht hat, gab zu: „Ich brauche einfach jemanden, für den ich da sein kann." Häufig hörte ich auch Sätze wie: „Dann weiß man, wo man hingehört" oder – ganz schlicht: „Ich brauche was zum Liebhaben."

All diese treuherzigen Bekenntnisse hätte ich vor einigen Monaten auch noch gebracht. Im Übrigen erscheint es mir nach wie vor legitim, Freude am Zusammenleben mit dem eigenen Nachwuchs zu haben. Wenn die Eltern gut drauf sind, sind meist auch die Kinder zufrieden. Problematisch ist allein dieses „brauchen". Wenn es uns nicht gelingt, mit uns selbst und in unseren Beziehungen zu Erwachsenen ein ausgefülltes Leben aufzubauen, dann ist die Gefahr sehr groß, dass wir unsere Kinder benutzen, um das Loch zu stopfen.

Was meine eigene Person anbelangt, so habe ich inzwischen erkannt, dass mir nicht in erster Linie ein Kind, sondern ganz allgemein ein Gegenüber fehlt. Ich liebe meine Arbeit, meine Gesangsstunden, meinen Chor, stundenlanges Krimilesen auf meiner Couch, kurz: mein ganzes selbstbestimmtes Erwachsenen-Leben. Ich habe eine schöne Wohnung und einen großen Freundeskreis. Ich kann mich aber auch sehr gut allein beschäftigen. Und trotzdem verspüre ich einen Mangel. Ich habe niemanden, in dem ich mich widerspiegeln kann und der sich in mir widerspiegelt. Niemanden, der zu mir gehört mit allem Drum und Dran. Genau genommen brauche ich einen Mann.

Nicht, dass ich bislang wie eine Nonne gelebt hätte. Im Gegenteil: Bis Heiko nach Berlin ging, hatte ich, wie du weißt, fast immer irgendwelche Beziehungen. Aber die waren, rückblickend betrachtet, sehr unverbindlich. Man hat eine gute Zeit miteinander verbracht, Spaß gehabt, ein paar Interessen geteilt, manchmal sogar den Alltag gemeinsam bewältigt. Aber man hat sich nicht aufeinander eingelassen. Wenn es anstrengend oder langweilig wurde, hat man sich getrennt. Ganz schön traurig, das alles.

Deine Hanne

Starke Worte

Wer stellt sich bei der Kinderfrage Pubertätspickel vor? Die Kinderfrage kommt in Gestalt eines zum Auffressen niedlichen Säuglings oder Kleinkinds daher. Die Kinderfrage hat Kulleraugen, weichen Flaum auf dem Kopf, einen Po zum Anbeißen und ein Lächeln zum Dahinschmelzen. Die Kinderfrage bleibt immer Bonsai oder Yorkshireterrier. Sie hat nichts mit Schulpflicht oder Windpocken oder Nachhilfeunterricht oder Ladendiebstahl gemein. Niemals verirren sich ausgeraubte Vogelnester, 41 Grad Fieber, Schwangerschaften vor dem 14. Lebensjahr und Zigaretten in die Kinderfrage. Und schon gar nicht lautstarke Diskussionen, Türenknallen und Durchwühlen des elterlichen Portemonnaies. Die Kinderfrage hat vor allem keine Beine, mit denen sie weglaufen kann. Die Kinderfrage kann noch gar nicht laufen oder nur besonders putzig im Windelgang. So ist sie gut unter Kontrolle. Deshalb will man doch auch ein Kind, oder? Damit man endlich mal was Eigenes hat. Damit das Leben endlich einen Sinn hat.

Aus: Seul, Shirley: Goodbye, Baby, 2003 S. 122 (s. Anhang)

Thema: RE: **Sinn des Lebens**
Datum: 3.7.
From: sonjan@aol.com
To: hanneb@t-online.de

Liebe Hanne,

da hast du wohl Recht. Ich sehe dich als einen Menschen, der auf bewundernswerte Weise in der Lage ist, seinen Innenraum selbst zu füllen. Und dennoch bin ich froh, dass du gemerkt hast, dass es kein Zeichen von Schwäche ist, wenn man auf andere angewiesen ist.

Jeder von uns braucht eine Liebesbeziehung. Um sich fallen zu lassen, um aufzutanken, um sich selbst zu spüren. Das hat nicht notwendigerweise was mit einem Abgeben der Erwachsenen-Verantwortung zu tun. Wichtig ist nur, dass dieser lebenswichtige Andere kein Kind ist. Kinder sind eine Bereicherung und wir haben selbstverständlich das Recht, das Zusammensein mit ihnen zu genießen. Aber sie sollten keine Notwendigkeit sein.

Dass das nicht immer einfach zu realisieren ist, weiß ich auch. Was glaubst du denn, woran es bei dir liegt, dass du dich nie richtig einlässt? Das muss doch irgendwo herkommen!

Was mich anbetrifft, so fühle ich mich zwar in der Beziehung zu Frank aufgehoben. Ich merke aber auch, dass das seine Grenzen hat. Ein Mann kann nicht ständig das auffüllen, was wir uns selbst nicht geben können. Jeder muss selbst schauen, dass er sein Leben nicht verschwendet.

Im Gegensatz zu dir habe ich nämlich nicht gelernt, mir selbst zu genügen. Im Gegenteil: Ich merke, dass ich oft lieblos mit mir umgehe und darauf angewiesen bin, dass andere das wieder gutmachen. Was natürlich oft nicht klappt.

Deine Sonja

Thema: **Wie meine Mutter**
Datum: 4. 7.
From: hanneb@t-online.de
To: sonjan@aol.com

Liebe Sonja,

du fragst nach den Gründen für mein Scheitern in Beziehungen. Die sind sicherlich vielfältig. Vor allem wird das Problem von Jahr zu Jahr größer, weil ich mit jedem Jahr Single-Dasein anspruchsvoller werde. Aber es gibt bestimmt auch Ursachen, die weit zurückliegen. Vielleicht hat mein Dilemma damit zu tun, dass meine Eltern mir kein Modell dafür mitgegeben haben, wie man auf eine wärmende und befriedigende Art zusammen sein kann.

Meine Mutter war immer eine einsame Frau, die meiner Meinung nach nicht zuletzt deswegen ein Kind nach dem anderen bekommen hat, weil sie in ihrer Ehe unglücklich war. Da die Rolle der Ehefrau nicht hielt, was sie sich davon versprochen hatte, stürzte sie sich umso leidenschaftlicher in die Rolle der aufopfernden Mutter. Was nicht heißt, dass wir Kinder besonders viel Zuwendung bekommen hätten. Dafür waren wir viel zu viele und vor allem war dafür ihre eigene Bedürftigkeit viel zu groß. Überhaupt hatte ihr Engagement nur sehr bedingt mit uns zu tun. Die Mutterschaft diente meiner Mutter vor allem als Vorwand, die Sexualität aufzugeben – konsequenterweise endete das Ganze mit einer Scheidung. Ich glaube, die sexuellen Highlights ihres Lebens waren die Geburten. Richtigen Sex hat sie in ihrem tiefsten Inneren immer verabscheut.

Natürlich hätte ich bis vor kurzem nie gedacht, dass ich meiner Mutter ähnlich bin. Schließlich bin ich alles andere als ein Opfer. Ich sehe mich als emanzipierte Frau, so abgedroschen das Wort klingt.

Dachte ich jedenfalls. Dann fiel mir vor ein paar Wochen Nancy Fridays Buch „Wie meine Mutter" in die Hände. Das Buch ist ziemlich dick und ich habe gerade erst angefangen, darin zu lesen, aber die Grundidee ist schon klar: Wir sind unseren Müttern viel ähnlicher, als wir uns eingestehen mögen. Genau genommen sind wir wie sie.

Aber jetzt habe ich genug von mir geredet. Wieso meinst du, dass du oft lieblos mit dir selbst umgehst?

Deine Hanne

Thema: **Innere Meckerziege**
Datum: 4.7.
From: sonjan@aol.com
To: hanneb@t-online.de

Liebe Hanne,

damit meine ich, dass ich es mir selbst nicht recht machen kann: Wenn ich morgens das Haus aufräume, das Mittagessen plane, Anna-Lisas eingetrockneten Füller wieder zum Schreiben bringe und Überlegungen anstelle, wie wir Milans vierten Geburtstag feiern könnten, kritisiert meine innere Stimme: Was soll dieses ganze Herumorganisieren? Das bringt doch nichts. Du läufst vor deiner eigentlichen Arbeit davon. Du solltest deine Zeit auf etwas verwenden, was dich weiterbringt.

Wenn ich umgekehrt alles stehen und liegen lasse und mich stattdessen vor meinen Computer setze, ist es auch wieder nicht in Ordnung: Wer nicht mal sein Familienleben auf die Reihe bekommt, braucht es in der Arbeitswelt gar nicht erst zu versuchen, stichelt mein Gewissen und legt gleich noch einen nach: Du verdienst ja nicht einmal Geld!

Wie ich es auch mache: Gemessen an meinen eigenen Maßstäben ist es immer verkehrt. Kein Wunder, dass ich mich oft mutlos, kraftlos und leer fühle. Und überglücklich bin, wenn eins der Kinder auf mich zugerannt kommt, seine Arme um mich schlingt und mir ins Ohr flüstert, ich sei die liebste Mama von der Welt.

Wohlgemerkt: Es gab schon Phasen, wo ich mit meiner Situation im Reinen und heilfroh war, wenn die Kinder ihrer Wege gingen. Es gibt aber auch Phasen, wo ich ganz klar zugeben muss, dass ich die Kinder mindestens genauso brauche wie sie mich. Gerade in Zeiten des Übergangs, wie im Moment, spüre ich das.

Neulich zum Beispiel, als ich vor lauter Selbstzweifeln und Lebensangst nachts nicht schlafen konnte, habe ich mich dabei erwischt, dass ich richtig froh war, als Milan aufwachte und weinte. Auf diese Weise gab es wenigstens einen Grund für mein Wachsein. Ich tröstete das Kind, tat, was zu tun war, ging mit dem guten Gefühl, gebraucht zu werden, ins Bett zurück und schlief sofort ein.

Das zugleich Wunderbare und Erschreckende ist ja: Kinder haben ein unstillbares Bedürfnis, den Erwartungen ihrer Eltern zu entsprechen. Das berührt uns und macht uns froh, birgt aber die Gefahr, dass Kinder ausgebeutet und in ihrer eigenen Entwicklung beeinträchtigt werden.

Genug der Selbstzerfleischung: Ich merke, dass ich, was meine „Kindersucht" betrifft, auf dem Weg der Besserung bin.

Was mich interessiert: Worin besteht denn die angebliche Ähnlichkeit zwischen dir und deiner Mutter?

Fragt sich

deine Sonja

Thema: **Kind statt Mann**
Datum: 5.7.
From: hanneb@t-online.de
To: sonjan@aol.com

Liebe Sonja,

die Ähnlichkeit besteht darin, dass wir beide von Männern nichts erwarten: Sie nicht mehr, ich noch nie. Und dass wir Gefahr laufen, uns an Kindern schadlos zu halten. Sie tatsächlich, ich beinahe.

Es ist der Unglaube, der uns verbindet. Wo sie schlechte Erfahrungen gemacht hat, habe ich es erst gar nicht dazu kommen lassen. An aufmerksamen, Anteil nehmenden Männern, die sich im Zweifel auch mal an mein Bett gesetzt und einfach nur zugehört hätten, bin ich immer vorbeigegangen (ganz davon abgesehen, dass mir wenige begegnet sind). Freundliche und offene Männer, die Mitleid zeigen könnten (was – damit geht es schon los – die Fähigkeit zu leiden voraussetzt!), entsprachen nicht dem, was ich kannte und für möglich hielt. Ich konnte sie nicht würdigen, da ich nach dem suchte, womit sich meine Mutter zufrieden gegeben hatte.

Mein Interesse haben immer nur die Autarken geweckt: Männer, bei denen klar war, dass sie ihre Probleme allein regeln und der Ansicht sind, dass sie eigentlich niemanden brauchen. Männer, die emotionale Anforderungen scheuen und Beziehungen eigentlich nur zwecks angenehmer Freizeitgestaltung eingehen. Männer, die sich eigene Schwächen nicht eingestehen und deshalb andere Menschen, die Unsicherheiten erkennen lassen, umgehend mit Ratschlägen zum Schweigen bringen. Männer, bei denen man sich nicht ausheulen kann und die selbst niemanden um Hilfe bitten.

Nie wäre ich auf die Idee gekommen, von einem Mann mehr zu erwarten, als dass er eine nette Verzierung in meinem Leben sein könnte. Genügsam wie ein syrischer Goldhamster bin ich durchs Leben gewetzt. Nicht aus der Angst, sondern aus der Gewissheit, enttäuscht zu werden.

Aber jetzt ist Schluss mit der Bescheidenheit. Ich will eine Beziehung, die mich seelisch satt macht. Ganz schön unverschämt für eine 35-Jährige. Hat nicht mal irgendein Witzbold in Amerika ausgerechnet, dass eine Frau in meinem Alter eine größere Chance hat, sechs Richtige im Lotto zu tippen, als noch einen Mann abzukriegen? Und dann noch Ansprüche stellen! Dabei gehe ich sogar noch weiter: Meiner müsste außerdem noch das Zeug zu einem guten Vater haben. Denn ein Kind möchte ich eigentlich immer noch. Irgendwann mal, wenn ich an meinem Leben die notwendigen Nachbesserungen vorgenommen habe.

Ich wünsche euch einen wunderschönen Urlaub,

deine Hanne

Thema: **Faul und gefräßig**
Datum: 3.8.
From: sonjan@aol.com
To: hanneb@t-online.de

Liebe Hanne,

vor der Abreise konnte ich auf deine Mail nicht mehr antworten. Wenn eine vierköpfige Familie in Urlaub fährt, ist unglaublich viel zu tun und ich frage mich jedes Jahr, ob sich der Aufwand lohnt. Zumal diesmal buchstäblich alles an mir hängen geblieben ist – von der Anschaffung diverser Sonnencremes über die Zustell-Unterbrechung der Zeitung bis zur Buchung der Motels. Jetzt, nach der Rückkehr, wo sich Berge schmutziger Wäsche in der Küche türmen und im Hausflur sandige Taucherbrillen herumfliegen, stellt sich dieselbe Frage schon wieder. Zumal die Landung nicht gerade weich war.

Ich habe mir nämlich am Tag unserer Rückkehr, als ich mit einem vollen Wäschekorb die Treppe herunterkam, den Fuß verknackst. Statt auf die darunter liegende Stufe, bin ich einfach ins Leere getreten. So etwas passiert nur, wenn alles drunter und drüber geht.

Ich weiß, jeder hat Hektik, wenn er aus dem Urlaub zurückkehrt, allein schon, weil der Kühlschrank leer und der Anrufbeantworter zugetextet ist. Mit Kindern kommt aber erschwerend hinzu, dass das Leben, kaum hat man die Haustür aufgeschlossen, sofort weitergehen muss: „Mami, wo ist mein Badeanzug?“, kreischt Anna-Lisa, sobald wir die erste Tasche ins Haus getragen haben. „Kann Olivia heute bei uns schlafen?“, erkundigt sie sich, nachdem sie sich fünf Minuten nach unserer Rückkehr bei ihrer Freundin zurückgemeldet hat.

Während du den Badeanzug aus der dreckigen Wäsche angelst, steht Olivia schon in der Tür – Kakaokochen ist angesagt. Milan wird bei der Wiederinbesitznahme der Sandkiste von einer Wespe gestochen, Anna-Lisa hat keine einzige Unterhose mehr (schnell die Waschmaschine angeworfen!), Milan vermisst sein Kuscheltier. Der Gatte kümmert sich derweil um seine eigenen Habseligkeiten und entflieht zum Friseur: Schließlich muss er den letzten Ferientag für derartige Erledigungen nutzen – wenn er erst einmal sein Büro betreten hat, kommt er zu nichts mehr.

Jetzt liege ich zur Strafe faul und gefräßig auf meinem Bett – Beine hoch, Laptop auf dem Bauch – und die liebe Familie muss sehen, wie sie klarkommt.

Deine Sonja

Thema: RE: **Faul und gefräßig**
Datum: 3.8.
From: hanneb@t-online.de
To: sonjan@aol.com

Liebe Sonja,

faul und gefräßig – das würde ich gern mal sehen! Vermutlich kannst du es kaum erwarten, dich wieder nützlich zu machen. Aber mal abgesehen davon, dass du recht unsanft gelandet bist: Wie war denn der Urlaub?

Was mich angeht, freue ich mich, dass du wieder erreichbar bist. Unsere E-Mails haben mir gefehlt. Und um die Radtour habe ich mich auch noch nicht gekümmert. Keine rechte Lust.

Grüße,

deine Hanne

Thema: **Spaß**
Datum: 4.8.
From: sonjan@aol.com
To: hanneb@t-online.de

Liebe Hanne,

trotz allem: Der Urlaub war klasse! Wie du schon vermutet hattest, kam bei dieser Reise der Fun-Charakter des Kinderhabens besonders zur Geltung. Bei uns Erwachsenen hinterlassen Pseudo-Erlebnisse wie Hearst-Castle, Universal-Studios und Disneyland ja schnell ein schales Gefühl und ich muss zugeben, dass ich mich anfallsweise nach good old Europe gesehnt habe. Aber die kindliche Neugier und Begeisterungsfähigkeit wirkten so ansteckend, dass sie mich meistens mitgerissen haben.

Übrigens: Hast du mal daran gedacht, statt der Radtour durch die deutschen Lande einen kleinen Trip nach Seattle zu machen? Erstens ist die Stadt faszinierend (tolle Musikszene, Unmengen Kaffeehäuser), zweitens ist das Umland fantastisch (Berge und Wasser wie in Norwegen, bloß im Winter nicht so kalt) und drittens würde das uns beiden gut tun: Endlich mal wieder mit einer Freundin schwätzen, kichern, lästern, trinken, Klettertouren machen und shoppen – das wär's doch!

Überleg mal,

deine Sonja

Thema: **Kopfentscheidung?**
Datum: 4.8.
From: hanneb@t-online.de
To: sonjan@aol.com

Liebe Sonja,

das ist die Idee! Warum bin ich da nicht gleich draufgekommen? Na ja, war vielleicht höflicher, erst einmal eine Einladung abzuwarten. Wie dem auch sei: Ich habe große Lust, sie anzunehmen.

Was den Termin anbetrifft, schlage ich irgendwann nach der Buchmesse vor. Nicht, dass ich da unbedingt hinmuss, aber du weißt ja, zum „Oktoberfest der Intellektuellen“ habe ich immer die Bude voll. Wie wäre es mit der zweiten Novemberwoche? Dann ist es in Deutschland eklig kalt und eine kleine Luftveränderung würde mir bestimmt gut tun.

„Genug der Selbstzerfleischung“, schriebst du neulich. In letzter Zeit habe ich manchmal gedacht: Warum können wir nicht einfach Kinder kriegen, wie unsere Großmütter das taten? Einfach das Selbstverständliche tun, ohne endlose Seelenforschung zu betreiben? Wenn andere unsere Mails lesen würden, dann würden die bestimmt sagen: Wieso argumentieren die so hin und her? Was soll die Vernünftelei? Wieso entscheiden die das nicht mit dem Bauch? Aber ich gelange immer wieder an denselben Punkt: weil Kinderkriegen heute nicht mehr Schicksal ist!

Solange man Kinder nicht zuverlässig verhindern konnte, bekamen die Frauen halt welche. Aber das ist vorbei. Seit es Verhütungsmittel gibt, müssen wir uns aktiv entscheiden und für die Folgen die Verantwortung übernehmen. Auch wenn wir den Verlust an Spontaneität beklagen: Wenn wir heute schwanger werden, dann müssen wir dazu stehen, dass wir es wollten. Sonst bauen sich unsere Kinder zwanzig Jahre später vor uns auf und fragen: Mami, warum hast du das gemacht? Obwohl du keinen Mann hattest, obwohl deine Beziehung so schlecht lief, obwohl du gar keine Zeit hattest, obwohl du sowieso schon mit deiner Kraft am Ende warst?

Alles Liebe,

deine Hanne

Thema: RE: **Kopfentscheidung**
Datum: 5.8.
From: sonjan@aol.com
To: hanneb@t-online.de

Liebe Hanne,

ist das wirklich vorstellbar, dass Kinder ihre Eltern eines Tages zur Rede stellen und sie fragen: Warum hast du mich gekriegt? Ist nicht jedes Kind, egal wie es aufgewachsen ist, erst mal froh, dass es überhaupt lebt?

Trotzdem ist es unser Job, für möglichst gute Bedingungen zu sorgen. Und das beginnt mit der Aufgabe, für uns selbst zu sorgen. Damit unsere Kinder nicht dafür herhalten müssen, unsere emotionalen Defizite zu kompensieren. Echte Mütterlichkeit ist ja wohl, dass wir den Kindern geben können, ohne dafür gleich wieder nehmen zu müssen. Wenn wir aber selbst nicht satt sind, knuddeln wir die wehrlosen Kleinen aus eigener Bedürftigkeit.

Und nicht aus einem Übermaß an Glück und innerem Reichtum.

Deine Sonja

Thema: **Nachnähren**
Datum: 5.8.
From: hanneb@t-online.de
To: sonjan@aol.com

Liebe Sonja,

alles richtig, aber was tut man, wenn man feststellt, dass man noch Hunger hat? Keinen vorübergehenden Heißhunger, sondern ganz grundsätzlich? Darf man dann nie Kinder kriegen oder kann man sich irgendwie nachnähren?

Was mich angeht, müsste ich erst mal damit anfangen, meine eigenen Gefühle ernst zu nehmen und mehr auf sie zu hören. Wenn ich daran denke, wie du dich in deinen inneren Dialogen selbst herabwürdigst und beschimpfst, sehe ich auch bei dir einen ziemlichen Trainingsbedarf.

Alles Liebe,

deine Hanne

Thema: RE: **Nachnähren**
Datum: 9.8.
From: sonjan@aol.com
To: hanneb@t-online.de

Liebe Hanne,

ich freue mich schrecklich auf deinen Besuch. Der Termin passt uns hervorragend. Wegen uns kannst du so lange bleiben, wie du willst. Wegen mir sowieso und Frank ist wahrscheinlich froh, wenn ich was habe, was mir gute Laune macht. Für weniger als acht Tage lohnt die Reise auf keinen Fall – allein schon wegen des Jet-lags.

Am Samstag ist Milan vier geworden. Das Hauptgeschenk war ein großes Bett. Plötzlich sah das Kinderzimmer so normal aus. Milan war ganz stolz, aber mir gab es einen Stich ins Herz. Jahrelang habe ich mich über Gitterbettchen gebeugt und jetzt soll das plötzlich vorbei sein – am Ende für immer?

Komisch: Mir ist vollkommen klar, dass ich besser kein weiteres Kind bekommen sollte, aber die Gefühle befinden sich mit den guten Einsichten nicht immer im Einklang. Gerade neulich habe ich wieder geträumt, ich sei schwanger.

Urlaubszeit! Frank geht wieder ins Büro, die Nachbarn sind alle verreist, die Kinder langweilen und streiten sich. Ich schimpfe, tröste, blase Plantschbecken auf, drehe Kassetten um, schmiere Stullen, flicke Fahrräder, koche, wasche, wische, komme zu nichts „Richtigem" und vermisse einen erwachsenen Gesprächspartner. So ist es halt und ich muss mir minütlich vor Augen halten, dass das sinnvoll ist, was ich tue.

Was mich aufrichtet, ist der Gedanke an deinen Besuch. Was du über die emotionale Nachsorge sagst, stimmt bestimmt. Heute Mittag habe ich mich gleich hingesetzt und meinen Kindern ohne schlechtes Gewissen ewig lange vorgelesen, obwohl ich mit dem Computerkram immer noch nicht weitergekommen bin. Schluss mit den schlechten Gefühlen! Schließlich haben wir Mütter uns die Strukturen, in denen wir zurechtkommen müssen, nicht ausgedacht.

Hast du noch weitere Kinderwunsch-Gespräche geführt?

Deine Sonja

Psychodynamische Bedeutung des Kinderwunsches

Welche Funktion der Kinderwunsch für Einzelne oder Paare hat, wurde vor allem von der Psychoanalyse und der an ihr orientierten psychosomatischen Gynäkologie untersucht. Eine wichtige Rolle wird in diesem Zusammenhang der stufenweisen Entwicklung der Geschlechts- und Ich-Identität zuerkannt. Entsprechend werden fünf zunehmend „reifere" Bedeutungsebenen von Schwangerschaft, Geburt und Elternschaft unterschieden. Auf welcher dieser Ebenen der Kinderwunsch überwiegend angesiedelt ist, hängt davon ab, inwieweit und zu welchem Zeitpunkt Störungen der Entwicklung stattgefunden haben.

- Auf der frühesten, narzisstischen Ebene (auf der es vor allem um den Selbstwert geht) kann ein Kind aufgrund von Verschmelzungs- oder Harmoniesehnsüchten gewünscht werden, zur Stabilisierung des eigenen beeinträchtigten Selbstwertgefühls oder auch als eine „Wiedergeburt" des eigenen Selbst. Ein Kind kann Minderwertigkeitsgefühle kompensieren, Statusgewinn versprechen oder bei der Bewältigung von Todesfällen bedeutsamer Bezugspersonen helfen.

- Im Zusammenhang mit der oralen Ebene (auf der vor allem die Befriedigung körperlicher Bedürfnisse wie Essen und Trinken eine Rolle spielt) kann der Kinderwunsch den Wunsch nach Versöhntwerden – als Schwangere wie als Mutter – signalisieren. Darüber hinaus kann ein Kind auch gewünscht werden, um Situationen oder Konflikte zu vermeiden, denen sich die Person nicht gewachsen fühlt.
- Auf der analen Ebene (deren Thema Kontrolle, Macht und Besitz vs. Auslieferung und Hergeben ist) kann Kinderwunsch als Wunsch nach Macht, nach Kontrolle über einen anderen Menschen gesehen werden, ebenso als Ausdruck der Konkurrenz mit der eigenen Mutter. Hier finden sich Motive, wie den Partner über ein Kind an sich zu binden oder auch Minderwertigkeitsgefühle in Bezug auf die eigene Weiblichkeit zu kompensieren.
- Die Bedeutung des Kinderwunsches auf der urethralen Ebene (auf der Wettstreit, Rivalität und Stolz, aber auch Loslassenkönnen eine Rolle spielen) liegt vor allem darin, durchsetzungsfähiger und aktiver (auch im sexuellen Bereich) sein zu wollen sowie die eigenen Fähigkeiten, ein Kind in die Welt zu setzen und es großzuziehen, anderen demonstrieren zu wollen.
- Auf der sexuell-genitalen Ebene (auf der eine weitgehende psychosexuelle Reife erreicht ist) drückt der Kinderwunsch die Bereitschaft aus, die bisherige Paarbeziehung zu erweitern, etwas gemeinsam mit dem Partner und für den Partner „in die Welt zu set-

zen" und dafür die Verantwortung gemeinsam zu übernehmen. Das Kind wird auf dieser Stufe als Individuum mit eigener Persönlichkeit und eigenen Rechten gewünscht, nicht so sehr als etwas, das man für sich selber haben möchte.

Zitiert nach: Gloger-Tippelt, Gabriele/Gomille, Beate/Grimmig, Ruth: Der Kinderwunsch aus psychologischer Sicht, 1993, S. 57 f. (s. Anhang)

Thema: **Gegenwelt**
Datum: 15.8.
From: hanneb@t-online.de
To: sonjan@aol.com

Liebe Sonja,

heute habe ich meinen Flug gebucht: Hinflug ab Frankfurt, 10.11., 11.40 Uhr, an Seattle 18.22 Uhr; Rückflug ab Seattle, 21.11., 10.45, an Frankfurt, 22.11., 8.40. Ich freue mich schrecklich.

Das mit den Kinderwunsch-Gesprächen betreibe ich nur noch, wenn es sich ergibt. Neulich zum Beispiel war ich eines Sonntagmittags oben im fünften Stock. Du kennst ja die Leute.

An der Wohnungstür steht „Uli, Annegret, Carolin und Felix Gabler", damit man gleich weiß, dass hier Kinder wohnen und dass es bei den Gablers total demokratisch zugeht.

Wobei die ein merkwürdiges Demokratie-Verständnis haben müssen. In der Wohnung sieht es nämlich original aus wie in einem Kindergarten: Sämtliche Fenster und Türen sind mit Fenstermalfarbe und Aufklebern dekoriert. Das Badezimmer ist voll gestopft mit Tigerenten-Zahnbürsten, Tigerenten-Zahnputzbechern und Tigerenten-Zahnspangen-Aufbewahrungsdosen. Selbstverständlich darf in der Wohnung nicht geraucht werden, dafür werden alle Räume mit progressiven Kinderliedern beschallt: „Dann flog sie, oh Pardon, auf dem Besenstiel davon …"

Genug gelästert! Eigentlich wollte ich mir nur ein Fahrrad von denen leihen und dann bin ich hängen geblieben. Wir tranken Tee, sprachen so über dies und das, unter anderem über Ulis Job. Wie du wahrscheinlich weißt, macht er Steuerprüfungen bei Großunternehmen, was zugleich entsetzlich öde und ausgesprochen stressig sein muss. Jedenfalls landeten wir nach kurzer Zeit beim Thema „Kinder" und da tauchte ein Kinderwunsch-Motiv auf, das ich schon öfter gehört hatte und das entfernt mit dem Thema „Kinder als Sinn-Mittelpunkt" zu tun hat: die Idee, dass Kinder uns eine Art Gegenwelt bieten.

Gerade Leute wie Uli, die viel arbeiten, sehen sich oft als beschädigt an und erhoffen sich vom Umgang mit Kindern so etwas wie Heilung. „Kinder sind so herrlich unbefangen, sinnlich, chaotisch und spontan", jubeln sie bei jeder Gelegenheit. O-Ton Uli: „Wenn ich nach Feierabend nicht zu meinen ‚Kids' nach Hause kommen könnte, würde ich dieses ganze Leben überhaupt nicht aushalten."

Was soll man davon halten? Einerseits ist nicht von der Hand zu weisen, dass Kinder unbefangen, sinnlich, chaotisch und spontan sind. So gesehen wäre es durchaus ein

Schritt in die richtige Richtung, wenn wenigstens der Nachwuchs dieser Leute nicht dauernd für Eigenschaften kritisiert würde, die er qua Kindsein nun mal haben muss.

Andererseits wird wieder deutlich, dass die meisten Eltern für ihre Erziehungs-Bemühungen etwas zurückhaben wollen.

Das führt im Extremfall zum Phänomen des Mittfünfzigers, der nichts lustiger findet, als Kinderfeste zu besuchen, auf denen man auf Hüpfbällen herumhoppeln und sich ein Clownsgesicht schminken lassen kann. Nun ja! Jeder wie er mag! Schlimm finde ich allerdings, dass heutzutage keiner mehr das sein will, was er ist: Eltern wollen wie Kinder sein, Kinder wollen wie Erwachsene sein (siehe die monströse Mini-Playback-Show im Fernsehen), Großeltern jetten lieber in der Weltgeschichte herum, statt sich um ihre Enkel zu kümmern ...

Jetzt bin ich richtig in Fahrt geraten. Bevor diese Mail endgültig in eine Predigt ausartet, mache ich lieber Schluss,

deine Hanne

Thema: RE: **Gegenwelt**
Datum: 18.8.
From: sonjan@aol.com
To: hanneb@t-online.de

Liebe Hanne,

den Vormittag in Gablers Tigerenten-Club kann ich mir lebhaft vorstellen. Und ich glaube, du hast Recht. Die Weigerung, die Elternrolle zu spielen, hat nichts mit

Kinderliebe und viel mit eigenen Defiziten zu tun. Denn Kindern gibt es Sicherheit, wenn sie erleben, dass es zwischen den Generationen Unterschiede gibt. Wenn Eltern darauf achten, dass sie einen eigenen Raum haben, den man nicht mit Fingerfarben beschmieren und mit Tigerenten zumüllen darf, dann geben sie ihren Kindern eine wichtige Erfahrung für ihr späteres Leben als Partner mit. Komisch: Unsere Eltern wussten das, aber in unserer Generation ist dieses Wissen weitgehend verloren gegangen.

Hinzu kommt ein fundamentales Missverständnis: Wenn Kinder chaotisch sind, heißt das noch lange nicht, dass sie sich chaotische Eltern wünschen. Kinder brauchen Eltern, die ihren Alltag sinnvoll strukturieren, zuverlässig sind, kurz: ihnen helfen, das ganze komplizierte Leben zu bewältigen. Spontan und impulsiv sind Kinder selber.

Die Kunst besteht also darin, den Kindern einerseits das Ausleben ihrer Spontaneität zu ermöglichen und andererseits vernünftige Grenzen zu setzen. Mit anderen Worten: sie so wenig wie möglich, aber so viel wie nötig einzuschränken. Für einen Bauklötze schmeißenden Papa ist in diesem Szenario kein Platz.

Im Übrigen glaube ich, dass der Jubel über die wunderbare Spontaneität der Kinder im Großen und Ganzen Lippenbekenntnisse sind, mit denen sich die Leute interessant machen wollen. Nicht umsonst kommen sie meistens von Männern, die in der Regel wenig Zeit mit ihrem Nachwuchs verbringen. Eine Kissenschlacht am Sonntagnachmittag als Ausgleich zur geregelten und reglementierten Berufswelt – klar ist das lustig. Spätestens am Montagmorgen im Büro werden dann wieder Kalkül, Effizienz und planes Zweckdenken gepflegt.

Wir sollten uns nichts vormachen: Wir alle sind, wie Sichtermann sich ausdrückt, „mehr oder weniger irreversibel mit der Moral des ‚Zuendebringens' geimpft". Nichts hassen die meisten Erwachsenen mehr als Pläne, die über den Haufen geschmissen, Vorgänge, die abgebrochen, Ziele, die nicht erreicht werden.

Das bedeutet für unser Thema: Ein Kind ist nicht die Lösung, um dauerhaft Lebendigkeit zu spüren. Wer von der Stumpfsinnigkeit seines Jobs genervt ist, sollte lieber den Job wechseln, statt sich ein Kind zuzulegen. Zumal das Kind irgendwann groß wird und als Ausgleich nicht mehr zur Verfügung steht. Wir sollten nicht vergessen: Die Bereicherung, die ein Kind darstellt, ist eine erfreuliche Dreingabe auf Zeit. Sie sollte nicht der Grund für seine Existenz sein.

Übrigens: Sind es wirklich nur die Beschädigungen des Erwachsenseins, denen Eltern mit Hilfe eines Kindes entkommen wollen? Oder spielt nicht auch die eigene Kindheit eine Rolle?

So viel für heute,

deine Sonja

Starke Worte

Die Zeugnisse öffentlicher Symbolik, in denen die neue familiäre Identität sinnfällig wird, haben deutlich zugenommen. Heute leisten Mütter das Bekenntnis zu ihrem Kind wie einen Fahneneid – unaufgefordert an allen möglichen Orten des öffentlichen Lebens. Sie tun dies im Supermarkt, wo sie ohne Not so laut mit ihrem Kind sprechen, dass es die Kundschaft und auch noch die Mitarbeiter hinten in der Leergutannahme mitbekommen.

„Lea! Wir beide haben doch etwas ausgemacht!", hört man sie rufen.
Sie fangen an, ihre Kinder als Textansager für den Anrufbeantworter zu entdecken. Zum gleichen Bündel einer neufamiliären Identitätsabbildung gehört auch das Ritual, ohne Ansage Cedric oder Celine ans Telefon zu befördern – und den Anrufer durch Einschalten der Raumlautsprechertaste zu nötigen, wiederum über lange Einheiten hinweg pädagogisch korrekt auf das Kind einzugehen. Oft werden Kinder dem Gesprächspartner einfach aufoktroyiert. Deutlich ist auch der Trend Spätgebärender, anderer Leute E-Mail-Briefkästen damit zu verstopfen, dass sie in höchstens zweiwöchigem Abstand speicherkapazitätsraubende Farbfotos ihres Nachwuchses nebst regelmäßigem Update in alle Winde vermailen. Und bald landet man bei der geeigneten optischen Repräsentationsform: Machte man sich früher noch über den bourgeoisen Brauch lustig, wird jetzt das Familienfoto als Glückwunschkarte zum Christfest inszeniert. Selbst der Hund muss mit aufs Foto – und grüßt mit: „Schöne Weihnachten wünschen Dieter, Moni, Raffael und Ombra."

Aus: Hecht, Martin: Yannick, Patrick, Frederic – Jonas, Justin, Julius. Reden über das eigene Kind: Die neue Eltern-Generation und die Entdeckung des Kindes als Statussymbol, in: Süddeutsche Zeitung vom 22.10.2001

gerne Kind. Ich fand es zu Hause immer gemütlich, aber vermutlich hat das meine Selbständigkeit nicht sehr gefördert. Als ich zum Studieren nach Frankfurt ging, war ich anfangs sehr unglücklich. Fast jedes Wochenende bin ich nach Hause gefahren. Ich habe meine dreckige Wäsche mitgebracht und mich gefreut, meine Eltern und meine Brüder wieder zu sehen und mit der Familie im Garten Apfelkuchen zu essen. Wie dem auch sei: Von dem Tag an, an dem ich mein Elternhaus verlassen hatte, lebte ich auf das Ziel hin, irgendwann eine eigene Familie zu gründen. Damit alles wieder so wird wie früher.

Ob ich mir und meinen Kindern damit einen Gefallen getan habe, weiß ich nicht. Eigentlich ist die Frage auch müßig, denn ich habe mich ja nicht bewusst für diesen Weg nach vorne zurück entschieden. Ich hielt mich – im Gegenteil – für völlig autonom.

Um aber auf das Thema „Wie gehen wir mit unseren Kindern um?“ zurückzukommen: Eigenständig ist unser Erziehungsverhalten vermutlich erst, wenn wir manches so machen, wie unsere Eltern es vorgelebt haben. Und manches ganz anders. Um Muster zu erkennen, müsste man sich aber intensiv mit dem eigenen Kindsein beschäftigen: mit den Verletzungen genauso wie mit dem, woran man sich gern erinnert.

Deine Sonja

Thema: **Ablösung**
Datum: 22.8.
From: hanneb@t-online.de
To: sonjan@aol.com

Liebe Sonja,

du schreibst, du wolltest dir die Vergangenheit (wieder-) holen. Was mich mal interessieren würde: Hat das denn funktioniert?

Im Übrigen glaube ich, dass für eine halbwegs realistische Bestandsaufnahme eine Grundvoraussetzung erfüllt sein muss. Und die heißt Trennung. Ohne eine erfolgreiche Ablösung können wir die Menschen, die unsere Kindheit maßgeblich gestaltet haben, nicht nüchtern, differenziert und vor allem ohne Schuldgefühle betrachten.

Stattdessen fallen wir im Gegenteil von einem Extrem ins andere: Wenn unser Zorn die Oberhand gewinnt, lehnen wir unsere Eltern in Bausch und Bogen ab. Das hat zur Folge, dass wir das, was gut war, weder würdigen noch unseren eigenen Kindern zugänglich machen können.

Meistens verhält es sich aber genau umgekehrt. Wer kann es sich schon leisten, den Tatsachen ins Gesicht zu sehen? Da meldet sich sofort eine innere Stimme, die uns seit dreißig Jahren einbläut: Sie haben doch getan, was sie konnten (das stimmt ja auch, aber ändert das etwas an der Tatsache, dass wir – wenn es denn so war – trotzdem zu kurz gekommen sind?). Und vor allem: Da droht der endgültige Verlust der Illusion, dass wir vielleicht doch eines Tages bekommen könnten, wonach wir uns immer gesehnt haben: Einfühlung, Anteilnahme, Anerkennung.

Selbstverständlich war ich, was meine Person anbetrifft, ebenso wie du davon überzeugt, dass ich längst erwachsen sei. Ich ging davon aus, dass ich die Sehnsucht nach unbedingter Liebe schon lange aufgegeben hatte. War ich nicht mit 18 ausgezogen, wohnte ich nicht 300 Kilometer entfernt? Im Gegensatz zu meiner Mutter hatte ich meinen Beruf, verdiente mein eigenes Geld, sah ich Sex als echte Bereicherung und nicht als möglichst zu vermeidendes Übel an.

Im Gegenteil! Genau das ist der Punkt. Entweder ich mache es wie meine Mutter – siehe meinen Umgang mit Beziehungen – oder ich mache es extra ganz anders. Aber ich bin immer auf sie bezogen.

Beim Kinderwunsch wird das besonders deutlich. Denn er stellt immer auch eine Rückkehr dar. Ohne es mir einzugestehen, hoffte ich, mit Hilfe der Schwangerschaft den Abstand zwischen meiner Mutter und mir zu verringern. Die widerspenstige Tochter als werdende Mutter – das hätte vielleicht die ersehnte Nähe gebracht.

Und die längst fällige Ablösung bis auf weiteres verhindert. Vielleicht hat es doch seinen Sinn, dass das nicht funktioniert hat.

Ich freue mich auf unser Wiedersehen,

deine Hanne

Teenager-Mütter

Die Zahl der Schwangerschaften bei jungen Mädchen unter 18 ist hoch: Die Geburtenzahlen liegen bei knapp 5 000 jährlich. Hinzu kommen 7 500 Abbrüche (Zahl aus dem Jahr 2002). Was sind die Ursachen?
Eine Studie der Bundeszentrale für gesundheitliche Aufklärung über Jugendsexualität aus dem Jahr 2001 zeigt, dass 80 Prozent aller Jugendlichen verhüten. Und die Teenager gehen auch später als allgemein angenommen miteinander ins Bett: Nach wie vor haben nur die Hälfte aller Mädchen schon mit 15 erste Sexualkontakte gehabt, bei den Jungen trauen sich sogar weniger als ein Drittel in diesem Alter „richtig" ran.
Die *pro familia* plant jetzt eine Studie, die auch die Möglichkeit mit einbezieht, ob sich nicht immer mehr Mädchen schon in jungen Jahren Kinder wünschen.
Fachleute denken schon lange über einen Zusammenhang zwischen schlechten Chancen im Leben und dem Kinderwunsch nach. Denn Mädchen, die keine Lehrstelle kriegen oder von Arbeitslosigkeit bedroht sind, könnten Mutterschaft durchaus als Mittel betrachten, endlich eine Aufgabe zu haben – und damit ihr Selbstwertgefühl zu stärken.
Einen ähnlichen Zusammenhang hatte die Kinder- und Jugendpsychiaterin Margarete Berger schon vor Jahren festgestellt. Sie untersuchte Mütter, die bei der Geburt ihrer Kinder zwischen 13 und 18 Jahre alt waren, und fand heraus, dass bei 52 Prozent der frühen Mütter die eigene Mutter nach der Geburt oder noch vor dem dritten Lebensjahr gestorben war. Auch bei den in äußerlich intakten Familien Aufgewachsenen hatten 46 Prozent der jungen Mütter um das 14. Lebensjahr he-

rum den Vatedurch Tod oder Scheidung verloren. Diese Ergebnisse legen die Vermutung nahe, dass sich junge Mütter teilweise auch deshalb Kinder wünschen, weil sie auf diese Weise ihre eigene Kindheit „reparieren" möchten.

Thema: **Noch mal erleben**
Datum: 25.8.
From: sonjan@aol.com
To: hanneb@t-online.de

Liebe Hanne,

du fragst, ob das mit dem (wieder-)holen funktioniert. Die Antwort lautet: nicht wirklich. Klar macht es Spaß, Weihnachten die Krippe aufzubauen, die schon früher bei uns zu Hause unter dem Tannenbaum stand. Klar ist es schön, mit den eigenen Kindern die Bücher noch mal zu lesen, die man als Kind geliebt hat. Aber als Verantwortliche für das Gelingen des Weihnachtsfestes oder als Vorleserin ist man in einer anderen Rolle als damals, als man sich von Vater und Mutter ein schönes Weihnachtsfest bescheren oder vorlesen ließ. Fest steht jedenfalls: Selbst Kind sein ist etwas ganz anderes ist als ein Kind haben.

Um es an einem Beispiel zu zeigen: Ich erinnere mich gut an das wohlige Gefühl, wenn ich als Kleinkind aus der Badewanne gehoben und in ein riesiges kuscheliges Badetuch gewickelt wurde. „Macht die Mama rubbeli", pflegte meine Mutter beim Abtrocknen zu trällern und ich fühlte mich vollkommen geborgen und im Einklang mit der Welt.

Wenn ich jetzt selbst meinen Sohn aus der Badewanne hebe, so hülle ich ihn ebenfalls in ein großes Badetuch und singe ganz automatisch „macht die Mama rubbeli". Dann schnurrt er zufrieden und kuschelt sich zurecht – jedenfalls eine Zeit lang. Vor meinem geistigen Auge sehe ich eine endlose Folge von weiblichen Vorfahren mit in Badetüchern gehüllten Kindern, die immer kleiner werden, je mehr sie zurück in die Familiengeschichte reichen. Wie auf diesen Reklametafeln, wo eine Frau eine Packung Persil hochhält, auf der wieder eine Frau abgebildet ist, die eine Packung Persil hochhält ... Ein tröstlicher Gedanke, dass neben Kränkungen und Verletzungen offenbar auch Tröstliches und Heilendes von einer Generation zur nächsten weitergegeben wird.

Nur ändert das nichts an der Tatsache, dass ich mein Kindgefühl nicht noch mal erleben kann. Ganz einfach deswegen, weil ich jetzt die Mutter bin. Dem Kind widerfährt etwas, dem es sich hingibt, ohne einen Gedanken an die Zukunft zu verschwenden. Wohingegen ich jetzt die Verantwortung trage und schon die nächsten Arbeitsschritte planen muss.

Während ich also die kleinen Speckfalten an Hals und Armen trockentupfe, fällt mir der Milchreis ein, der in der Küche auf dem Herd steht und hoffentlich nicht anbrennt. Dann schießt mir durch den Kopf, dass ich noch die Mutter von Anna-Lisas Schulfreundin anrufen muss, wegen der Tombola für das Schulfest. Außerdem muss ich unbedingt einen Termin beim Orthopäden machen – der Kinderarzt meint, mit Anna-Lisas Hüfte könnte etwas nicht in Ordnung sein. Und dann fängt typischerweise Milan an zu jaulen, weil sein Beinchen mal ganz kurz hervorgelugt hat – entgegen seinen extrem tyrannischen Spielregeln, die besagen, dass der ganze

Körper eingehüllt sein muss. Und dann beschimpft er mich als „ganz blöde Mama“.

Warum kann dieses Kind nicht mal zufrieden sein, denke ich in solchen Situationen und merke, wie Müdigkeit und Frust in mir hochkriechen. Ich gebe mir solche Mühe, meinem Sohn eine großzügige und fürsorgliche Mutter zu sein, und er stellt nicht enden wollende Forderungen. Das Kind kommt mir manchmal so maßlos vor!

Aber wo steht geschrieben, dass Kinder von Natur aus Maß halten können? Es ist mein Job, ihm Grenzen zu setzen und notfalls sein Indianergeheul auszuhalten. Wenn ich nicht die Kraft habe, seine berechtigten Forderungen zu erfüllen und seine unberechtigten zurückzuweisen, dann ist das ein Zeichen dafür, dass ich überfordert bin. Dann sollte ich darüber nachdenken, wie ich mir Entlastung verschaffen kann.

Apropos: Ich wollte heute eigentlich mal mit einem Babysitter-Service Kontakt aufnehmen, damit Frank und ich mal wieder ausgehen können.

Alles Liebe,

deine Sonja

Thema: **Von Sehnsucht und Aussichtstürmen …**
Datum: 25.8.
From: hanneb@t-online.de
To: sonjan@aol.com

Liebe Sonja,

um deine „rubbeli-Geschichte" beneide ich dich ein bisschen. Nicht um den tyrannischen Milan – versteht sich! Sondern um deine Erinnerung. Die Szene zeigt doch, dass deine Mutter noch Kraft übrig hatte. Statt sich auf die notwendigen Verrichtungen zu beschränken, konnte sie ein Liebes-Spiel daraus machen. Bei uns hingegen musste alles immer zack-zack gehen.

Nicht ohne Grund sehne ich mich immer noch danach, mal aufgehoben zu werden. Mein Vater hat mich einmal, als ich als kleines Mädchen am Ostseestrand verloren gegangen war, bei einem Aussichtsturm der Rettungsschwimmer abgeholt, nachdem ich dort ausgerufen worden war: „Wir haben hier eine kleine Hanne gefunden." Vermutlich hat er sich so erschrocken, dass seine Tochter plötzlich weg war, dass er mir nicht – wie sonst in unserer Familie üblich – die Schuld für die Umstände gegeben hat, die ich ihm machte. Stattdessen hat er mich in eine große Decke gehüllt und zu unserem Strandkorb zurückgetragen. Und das musste dann fürs ganze Leben reichen!

Unnötig zu betonen, dass ich weiß, dass der Wunsch nach dem Aufgehoben- und Getragenwerden kindlich ist und dass ich bezweifle, ob ich diesen Service auf Dauer wirklich annehmen könnte. Denn Männer, die zur Kategorie der Frauenretter gehören, neigen ja oft zur Besserwisserei und Bevormundung. Und doch gibt es diesen Wunsch nach einer starken Schulter zum Anlehnen …

Um aber noch mal auf deine „rubbeli-Geschichte“ zurückzukommen: Neben der schönen Erinnerung handelt ihr zweiter Teil ja auch von Überforderung: Du hast manchmal einfach nicht die Kraft, Milan in seine Schranken zu weisen.

Und da frage ich mich: Wie kommt es eigentlich, dass die Mütter unserer Generation oft schon mit einem oder zwei Kindern am Rande der Nervenkrise sind, während viele Frauen früher scheinbar mit links und ohne sich zu beklagen drei, vier und mehr Kinder aufgezogen haben? Und das zu einer Zeit, in der es noch keinen Pizza-Service gab!

Wie haben die das gemacht? Was ist heute anders?

Deine Hanne

Thema: RE: **Von Sehnsucht und Aussichtstürmen ...**
Datum: 26.8.
From: sonjan@aol.com
To: hanneb@t-online.de

Liebe Hanne,

deine Aussichtsturm-Geschichte hat mich sehr berührt. Es ist schön, dass dein Vater dich wenigstens in dieser Situation nicht enttäuscht hat. Da hat er offenbar mal was kapiert. Und es ist schlimm, dass das fürs Leben reichen musste!

Andererseits weißt du auch, dass du gerade wegen diesem „viel zu wenig“ eine starke Frau geworden bist. Klar war das keine freiwillige Entscheidung, sondern Zwangsautonomie. Aber aus einem Mangel an Geborgenheit kann Selbständigkeit entstehen – und um die beneide ich dich.

Überhaupt finde ich, dass wir bei der Frage „Was hat mir gemangelt?" nicht stehen bleiben sollten. Klar dürfen wir die stellen – müssen wir sogar! Aber anschließend sollten wir uns auch fragen: „Was habe ich stattdessen bekommen?" Und: „Was kann ich von dieser Stärke an meine Kinder weitergeben?" (möglichst ohne ihnen gleichzeitig den Mangel angedeihen zu lassen).

Dass du dir deine Sehnsucht nach einem Beschützer eingestehen kannst, ist übrigens auch ein Zeichen von Stärke. Niemand kann 24 Stunden am Tag kämpfen! Und es ist schon unglaublich, wie viele Männer sich heutzutage darauf ausruhen, dass ihre toughen Frauen nicht nur den traditionellen Frauenkram, sondern selbstverständlich auch noch den traditionellen Männerkram schultern! Gerade neulich, als unser alkoholabhängiger Nachbar die Kinder zum wiederholten Male angeschrieen hat, weil sie angeblich zu viel Lärm im Garten machten, hätte ich mir gewünscht, dass Frank seine kleine Familie mal wie ein Löwe oder meinetwegen wie ein Steinzeitmensch verteidigt. Aber nix da – keine Lust auf Konflikte. Jedes Mal, wenn uns irgendwer blöd kommt, muss ich unsere Außengrenzen verteidigen.

Über die Frage, wie die Frauen früher Haushalt und Kindererziehung bewältigt haben, habe ich auch schon nachgedacht. Versagensgefühle beschleichen mich, wenn ich daran denke, dass meine Mutter immer ausgeglichen, heiter und geduldig war. Wie diese gotischen Madonnen im Georgs-Kloster auf der Prager Burg – weißt du noch (mir kommt es vor, als wenn unsere Prag-Reise Jahrzehnte zurückliegt)?

Aber vielleicht täuscht mich meine Erinnerung?

Deine Sonja

Thema: **Wie war es wirklich?**
Datum: 1.9.
From: hanneb@t-online.de
To: sonjan@aol.com

Liebe Sonja,

in Wahrheit ist deiner Mutter wahrscheinlich auch ab und zu der Geduldsfaden gerissen. Kein Mensch ist immer heiter und ausgeglichen. Geht gar nicht! Vielleicht hat sie seltener herumgebrüllt, als du das mit deinen Kindern tust. Aber das kann auch Gründe haben, die nicht so vorbildlich sind: Vielleicht musste sie ständig dem „Über-Mutter-Klischee" entsprechen, das da lautete: Mütter sind engelsgleich.

Wenn du dich an keinerlei mütterliche Ausrutscher erinnern kannst, dann hat das wahrscheinlich auch damit zu tun, dass du ihre vorübergehende Ungeduld, Gereiztheit oder Kälte nicht als ihr Problem, sondern immer als deins gesehen hast. Weil du, wie alle Kinder, vollkommen abhängig warst und dir deshalb nicht erlauben konntest, auf deine Eltern irgendetwas kommen zu lassen.

„Kinder glauben, dass ihre Eltern vollkommen sind, und wenn irgendetwas nicht stimmt, ist es ihre Schuld", schreibt Nancy Friday. Am allerwenigsten können wir unsere Mütter in Frage stellen: „Wir werden aufgezogen im Glauben, dass Mutterliebe sich von allen anderen Arten der Liebe unterscheidet. In ihr gibt es keinen Irrtum, Zweifel oder die Ambivalenz gewöhnlicher Zuneigungen. Dies ist eine Illusion."

Das bedeutet: Auch unsere Kinder werden, wenn wir dem nicht entgegensteuern, hundertprozentig an uns glauben. Irgendwann, wenn die Illusion der vollkommenen Liebe nicht mehr haltbar ist, werden sie uns dafür hassen. Was können wir tun?

Deine Hanne

Thema: Re: **Wie war es wirklich?**
Datum: 7.9.
From: sonjan@aol.com
To: hanneb@t-online.de

Liebe Hanne,

wahrscheinlich ist es besser, wenn unsere Kinder so früh wie möglich lernen, dass wir sie zwar lieben, aber nicht ausschließlich, immer gleich und vollkommen. Nicht, indem wir bei Bedarf unserem Ärger Luft machen, wie progressive Mutter-Kind-Experten neuerdings propagieren. Das geht manchmal – Mütter sind auch Menschen –, sollte aber nicht dauernd passieren. Sondern indem wir dafür sorgen, dass er möglichst gar nicht erst entsteht. Am besten, wir kriegen nur so viele Kinder, wie wir gut gelaunt versorgen können. Und wir versuchen, die Opfer an Zeit, Kraft, Sexualität und persönlicher Entwicklung, die im Rahmen der Kinderaufzucht gebracht werden müssen, in Grenzen zu halten. In der Beziehung könnten wir uns einiges von den Französinnen abgucken. Die kämen nie auf die Idee, ungeschminkt und schlecht frisiert in ausgeleierten T-Shirts mit schlecht sitzendem BH darunter in PEKiP-Kursen herumzuhocken, nur weil sie Mütter geworden sind.

Wenn wir uns nicht übernehmen und von Anfang an zugeben, dass unsere Liebe nicht über die menschlichen

Fähigkeiten hinausgeht, wird sich ihr Groll wahrscheinlich in Grenzen halten. Hoffentlich!

Ich kann mich in der Tat kaum an echte Wutausbrüche meiner Mutter erinnern. Wahrscheinlich aus den Gründen, die du genannt hast. Wohl erinnere ich mich aber daran, dass ich mich dauernd mehr oder weniger sanft unter Druck gesetzt fühlte. Heute frage ich mich, ob das nicht ihre Art war, versteckte Aggressionen auszuleben. Fest steht: So wie es Kinder gibt, die von ihren Eltern zu wenig Aufmerksamkeit kriegen, gibt es auch das Umgekehrte: Kinder, die nie wirklich in Ruhe gelassen werden. Zu denen gehöre ich.

Ständig saß meine Mutter bei den Hausaufgaben neben mir. Jeden zweiten Tag räumte sie den Schulranzen aus – angeblich, damit ich keinen unnötigen Kram mit mir herumschleppte. Sonntagnachmittags nahm mich mein Vater auf Waldläufe mit, damit ich meine Muskeln trainierte. Mit fünf Jahren wurde ich bei der Jugendmusikschule angemeldet. Zweimal im Jahr luden meine Eltern zu einem Hauskonzert ein, bei dem wir Kinder vorspielen mussten. Dauernd entfernte meine Mutter irgendwelche Flusen von meinen Kleidern und ständig rannte sie mit Spangen hinter mir her, weil mir angeblich die Haare ins Gesicht hingen.

Ich glaube nicht, dass all das, obwohl es sicherlich gut gemeint war und ich es überwiegend sogar genossen habe, mein Vertrauen in meine eigenen Fähigkeiten und in das Leben überhaupt gestärkt hat. Lächelt der Papi? Stimmt die Mami mir zu? Bin ich okay? Als Kind war ich auf eine diffuse Weise davon überzeugt, dass irgendetwas nicht gut genug an mir sein musste, sonst müssten meine Eltern ja nicht dauernd etwas mit mir anstellen. Hinter jeder Ecke und vor allem in der bösen Welt außerhalb unseres Gartenzauns vermutete ich eine Gefahr, denn warum sonst musste ich ständig gewarnt, vorbereitet und gerettet werden? Im Übrigen habe ich auf diese Weise nicht gelernt, Misserfolge zu bewältigen und Probleme selbst zu lösen.

Jetzt merke ich, dass das Thema Eigenständigkeit ansteht. Nicht zuletzt, weil es meinen eigenen Kindern mit Sicherheit auch nicht gut tut, wenn sie mein Ein und Alles sind. Wenn ständig zu viel Gewicht auf Geringfügigkeiten gelegt wird, zerrt das an der Lebenskraft.

Apropos. Eine Freundin aus Zürich hat mich angerufen und gefragt, ob ich einen Reiseführer über Seattle schreiben will. Sie arbeitet als Lektorin für einen Schweizer Verlag, der offenbar eine Autorin sucht. Ich bin ganz aufgeregt. Das wäre doch mal was anderes! Natürlich habe ich auch Angst, dass ich das nicht schaffe. Was meinst du?

Deine Sonja

Thema: **Blödsinn**
Datum: 10.9.
From: hanneb@t-online.de
To: sonjan@aol.com

Liebe Sonja,

„Blödsinn" würde ich jetzt am liebsten schreiben und dir per E-Mail auf die Schulter klopfen. Natürlich schaffst du das!

Aber jetzt mal ernsthaft: Bei mir gehen paketeweise Reiseführer über den Ladentisch und ich kann dir sagen: Die meisten sind grottenschlecht. Da du gut beobachten kannst, witzig schreibst und noch dazu diszipliniert bist, kannst du es nur besser machen! Das reicht für den Anfang, oder?

Wichtig erscheint mir allerdings, dass du dir den Stoff in überschaubare Portionen einteilst, also in Woche 23 arbeitest du zum Beispiel einen Spaziergang zu den wichtigsten Sehenswürdigkeiten aus, in Woche 24 recherchierst du das Hotelangebot, in Woche 25 hast du drei Arzttermine und außerdem das Schulfest deiner Tochter, also planst du nichts ein, und für Woche 26 nimmst du dir die Restaurant-Tipps vor. Sonst verlierst du den Überblick und die Aufgabe kommt dir größer vor, als sie in Wahrheit ist.

Nur Mut,

deine Hanne

Thema: **Veränderung der Mütterarbeit**
Datum: 11.9.
From: sonjan@aol.com
To: hanneb@t-online.de

Liebe Hanne,

vielen Dank, dass du mir Mut gemacht hast. Ich habe gleich angerufen und zugesagt.

Heute will ich auf einen Aspekt zurückkommen, den du neulich angesprochen hast: Warum sind die meisten Mütter heute viel gestresster als die Mütter früher, obwohl sie viel weniger Kinder und dafür viel mehr Wäschetrockner, Mikrowellen, Geschirrspüler und Tiefkühlkost haben?

Zum einen haben wir ja schon festgestellt, dass das Mutterideal früher nicht vorsah, dass eine Mutter gestresst war. Diese Frauen mussten, egal wie sie sich wirklich fühlten, glückliche Mutter spielen. Ein Umstand, der bekanntlich zu allen möglichen typisch weiblichen Psychomacken führte.

Hinzu kommt aber, dass es viele Frauen damals tatsächlich leichter hatten. Denn sie mussten sich für ihr Dasein als Hausfrau und Mutter nicht dauernd rechtfertigen – schließlich war das der Normalfall.

Zum Dritten haben sich die Anforderungen, die an Kindererziehung gestellt werden, in den vergangenen Jahren drastisch erhöht.

Früher war eine Mutter eine gute Mutter, wenn ihre Kinder gut ernährt waren, in anständigen Klamotten durch die Gegend liefen und wussten, wie man einen Diener oder Knicks macht. Geordnete Verhältnisse waren das Wichtigste – ob die Kinder auch glücklich waren, hat niemand gefragt. Heute wird die Versorgung der Familie mit Essen und Kleidung als selbstverständlich angesehen, die eigentliche Aufgabe der Mutter besteht in der Förderung der Kinder. Um es polemisch auszudrücken: Der Putzteufel ist out, es lebe die Fachfrau für Pädagogik, Psychologie und alternative Medizin.

Eine zweischneidige Geschichte: Was auf der einen Seite eine Aufwertung bedeutet, kann schnell in Überforderung ausarten. Denn wenn was schief geht – Sohn benimmt sich schlecht im Landheim, Tochter kriegt Essstörungen –, dann ist ja klar, wer Schuld hat.

So weit für heute,

deine Sonja

Thema: RE: **Veränderung der Mütterarbeit**
Datum: 12.9.
From: hanneb@t-online.de
To: sonjan@aol.com

Liebe Sonja,

zu diesem Thema habe ich ein sehr interessantes Zitat in Elisabeth Beck-Gernsheims Klassiker „Die Kinderfrage" gefunden:

„Das Kind darf immer weniger hingenommen werden, so wie es ist, mit seinen körperlichen und geistigen Eigenheiten, vielleicht auch Mängeln. Es wird vielmehr zum Zielpunkt vielfältiger Bemühungen. Möglichst alle Mängel sollen korrigiert werden (nur kein Schielen, Stottern, Bettnässen mehr), möglichst alle Anlagen sollen entwickelt werden (Konjunktur für Klavierstunden, Sprachferien, Tennis im Sommer und Skikurs im Winter). Ein neuer Markt entsteht, mit immer neuen Programmen für das allseitig zu fördernde Kind. Und schnell nehmen die neuen Möglichkeiten den Charakter neuer Pflichten an. Denn die Eltern können nicht nur, nein: sie sollen nun auch das Kind mit Zahnspangen und orthopädischen Einlagen, mit Skikurs und Sprachferien versorgen."

So weit die Analyse. Bleibt die Frage, ob dieser ganze Reparaturbetrieb unterm Strich ein Fortschritt ist?

Einerseits denke ich noch mit Grausen daran, dass mein Bruder irgendwann im Laufe seiner Schulkarriere anfing zu stottern, weil er von dem Druck, der auf ihm lastete, völlig terrorisiert war. Auf diesen Hilfeschrei hat damals aber keiner reagiert, nach dem Motto: Das wächst sich aus.

Andererseits erinnere ich mich, dass wir Kinder sehr frei aufwuchsen: Wenn wir unsere Schularbeiten gemacht hatten, sind wir einfach rausgegangen und haben auf der Straße mit den Kindern gespielt, die wir antrafen. Heute wäre das allein schon wegen der vielen Autos zu gefährlich. Vor dem Haus hatten wir eine wilde Wiese, auf der wir stundenlang Buden aus den Weihnachtsbäumen vom Vorjahr gebaut, Lagerfeuer gemacht und uns kleine Gärten angelegt haben. Wo gibt es heute noch solche Plätze?

Wir blieben damals jedenfalls weg, bis die Straßenlaternen angingen. Niemand wusste, wo wir waren – natürlich hatten wir kein Handy dabei. Das war auch gut so, denn oft spielten wir stundenlang selbstvergessen auf einer Lichtung im Wald, prügelten uns mit Kindern aus der nahe gelegenen Barackensiedlung und einmal musste sogar die Feuerwehr kommen, weil wir am Bahndamm gekokelt hatten.

Bei schlechtem Wetter klingelten wir bei unseren Freunden – ohne Termin und meist ohne Wissen unserer Eltern. Oft brauchten wir auch gar nicht zu klingeln, was günstig war, denn viele Eltern legten damals Wert auf eine ungestörte Mittagspause – irgendeine Kellertür oder Gartentür stand immer offen. Keiner brachte uns, keiner holte uns ab. Kein Mensch rechnete damit, dass irgendein Psychopath seinen Kindern was tun könnte.

Gut oder schlecht? Vermutlich ist Kindheit nicht wirklich besser geworden, sondern nur anders. Letztlich erfüllt die heutige Elterngeneration – genauso wie die Generation davor – nur die Aufgaben, die der Zeitgeist von ihnen verlangt.

Deine Hanne

Thema: **Optimierungswahn**
Datum: 12.9.
From: sonjan@aol.com
To: hanneb@t-online.de

Liebe Hanne,

Kindheit ohne Überwachungskamera – das hört sich ziemlich gut an.

Zumal ja beide Seiten was davon hatten. Ihr Kinder konntet was ausprobieren und gute und schlechte Erfahrungen dabei machen. Deine Mutter konnte viele Stunden ungestört ihrer Hausarbeit nachgehen, Briefe schreiben, die Zeitung lesen oder eben Mittagsschlaf halten.

Heute würde sie die gewonnene Zeit damit verbringen, ihr Leben zu optimieren. Pimp your family-life ist ja das neue Credo unserer Zeit: Elternzeitschriften, Ratgeber aller Art, Fernsehsendungen, Elternabende, Faltblätter in Arztpraxen – überall bekommt man Tipps, ständig mischen sich irgendwelche Experten in Erziehung und Haushaltsführung ein. Wobei die Anregungen, mit denen man allenthalben konfrontiert wird, in der Regel nicht von der Art sind, dass man sie ignorieren könnte. Geschärftes Bewusstsein geht ganz allgemein mit dem Zwang einher, aus den gewonnenen Erkenntnissen auch Konsequenzen zu ziehen. Wenn wir nur den leisesten Verdacht haben, dass wir bislang etwas falsch gemacht oder vernachlässigt haben, dann bedeutet das sofort und unabweisbar: Informationen einholen und vergleichen, Termine machen, Maßnahmen ergreifen, bisherigen Kurs korrigieren. Kurz: mehr Arbeit.

Früher ging man mit dem Kind zum Arzt, wenn es krank war. Heute absolviert man mit jedem Kind neben den aktuell notwendigen Arztbesuchen eine ganze Serie von Vorsorge-Untersuchungen – mitsamt den sich daraus ergebenden Terminen bei Logopäden, Ergotherapeuten und anderen Fachleuten. Für uns hatte eine dieser „Us" zur Folge, dass ich mit Milan bis heute dreimal täglich zehn Minuten Fußgymnastik machen muss, wobei ich schon stolz bin, wenn wir das einmal täglich hinkriegen.

Früher ging man mit seinem Kind zur Impfung; heute muss man sich erst einmal in eine äußerst kontrovers geführte Debatte einarbeiten, ob das überhaupt richtig ist. By the way: Hast du schon vom allerneuesten Eltern-Wahnsinn gehört? Hier in Amerika gehen progressive Eltern mit ihren kids zu Pustelpartys, wo sie ihre Sprösslinge mit den anderen kleinen Gästen in dieselbe Trillerpfeife blasen und am gleichen Lutscher lutschen lassen, damit sie „richtige" Windpocken kriegen und so ihre seelischen und körperlichen Abwehrkräfte stärken. Und wer sitzt dann eine Woche später an der Bettkante? Mama natürlich!

Früher kaufte man seiner Tochter einen Badeanzug; heute sollte es schon einer sein, der UV-Strahlen wegfiltert. Früher schickte man sein Kind in den Kindergarten; heute nimmt man nicht nur dreimal im Jahr an Elternabenden teil, sondern beteiligt sich an der Gestaltung des Sommerfestes, bastelt im Herbst Laternen, backt Kuchen für die Weihnachtsfeier und näht selbstverständlich ein ganz kreatives Karnevalskostüm.

Fortschritt? Weiß nicht! Ich glaube, in jeder Generation gibt es Eltern, die etwas zu geben haben, und solche, die in erster Linie selbst bedürftig sind. Wobei sich, wie wir inzwischen wissen, Bedürftigkeit sowohl als Vernachlässigung als auch in einer Überversorgung der Kinder äußern kann. Erstere lassen ihre Kinder den ganzen Tag allein vor dem Fernseher hocken, weil sie weder Zeit noch Kraft haben, sich um sie zu kümmern.

Letztere scheuchen ihre Sprösslinge zu Ballett-Stunden und rufen bei der kleinsten Ungerechtigkeit die Lehrerin an, weil sie sonst nichts zu tun haben.

Alles ziemlich kompliziert also. Aber das macht nichts. Wenigstens führt dieser E-Mail-Wechsel dazu, dass ich mal wieder meinen Kopf benutze.

Deine Sonja

Was Kinder wirklich brauchen

Meterweise Erziehungsratgeber in den Buchläden, unzählige Elternkurse und Fernsehsendungen wie die „Super-Nanny“ spiegeln vor allem eins: eine große Erziehungs-Unsicherheit. Dabei könnte alles viel einfacher sein, wenn sich Eltern auf das Wesentliche konzentrieren würden, statt ihre Energie in lückenlose Vollwerternährung, perfekt eingerichtete Kinderzimmer und den Besuch von Babyschwimmkursen zu stecken. Denn wenn die Grobrichtung stimmt, können Väter und Mütter in concreto ruhig mal was auslassen oder falsch machen. Kinder sind extrem robust – vorausgesetzt, sie wachsen im richtigen Klima auf. Was aber ist das richtige Klima? Die Kölner Erziehungswissenschaftlerin Sigrid Tschöpe-Scheffler nennt fünf Säulen einer guten Erziehung: „Die erste Säule ist das Vertrauen als Ausdruck einer bewussten, zugewandten Liebe. Zweitens: Achtung, also der Respekt vor dem Anderssein meines Kindes. Drittens: Mitbestimmung, das bedeutet, es seinem Alter entsprechend in Entscheidungen einzubeziehen. Die vierte Säule ist die Struktur: Eltern müssen nicht nur Grenzen setzen, sondern Kontinuität bieten, einen regelmäßigen Tagesablauf etablieren, das Jahr durch Rituale strukturieren usw. Die fünfte Säule heißt

Förderung. Zu jeder Säule gibt es eine Schattensäule: Überbehütung, Missachtung, Bevormundung, Chaos, Überforderung. Zwischen diesen Polen bewegen sich Eltern. Wer sein Erziehungsverhalten überdenken will, muss sich fragen: Welche Säule wird in unserer Familie ausreichend gelebt, wo müssen wir etwas ändern? Wo herrscht zu viel Bevormundung, zu wenig Kooperation? Zu viel Chaos und zu wenig Struktur?“ (BRIGITTE, – 17/2005)

Buchtipp: Tschöpe-Scheffler, Sigrid: Die fünf Sünden der Erziehung, 2003 (s. Anhang)

Thema: **Ratlos in Seattle**
Datum: 14.9.
From: hanneb@t-online.de
To: sonjan@aol.com

Liebe Sonja,

da du mich um meine unbeobachtete Kindheit beneidest, muss ich noch mal auf die Kehrseite zurückkommen: „Gelegentlich musst du wegen unbegründeten (!) Schreiens in der Küche schlafen“, lese ich in einem Tagebuch, das meine Mutter über mein erstes Lebensjahr geführt hat. Mit anderen Worten: Statt wie die von zahllosen Eltern-Ratgebern psychologisch geschulte Mutter von heute rund um die Uhr zu stillen, zu tragen, zu schuckeln und den kleinen Blähbauch zu massieren, damit ja das kindliche Urvertrauen keinen Knacks bekomme, wurden schreiende Babys damals unbekümmert in Räume abgeschoben, wo die Eltern sie nicht hörten.

Demselben Tagebuch entnehme ich, dass ich als Kleinkind einen Großteil des Tages im Laufstall verbracht habe, wo ich mir aus Langeweile gelegentlich in die Hosen machte, was mir mit Hilfe von „Klapsen“ ausgetrieben wurde. Als Schulkind musste ich mir morgens selbst mein Frühstück machen, weil meine Eltern es vorzogen, den Tag in Ruhe zu beginnen, wenn die Kinder aus dem Haus waren. Den Schulweg bewältigten wir, egal ob es stürmte oder schneite, mit dem Fahrrad. Auch nachmittags wäre kein Mensch auf die Idee gekommen, uns zu unserer Pfadfindergruppe oder zum Schwimmkurs zu kutschieren. Apropos: Der Schwimmunterricht (Motto: Schwimmen oder absaufen) fand bei jedem Wetter im drei Kilometer entfernten Freibad statt.

In den Sommerferien wurden wir in Kinderheime, Zeltlager oder zu Verwandten geschickt – meine Eltern hatten erkannt, dass Urlaub mit Kindern gar kein richtiger Urlaub ist. Eins dieser Kinderheime wurde von sadistischen Nonnen geleitet und war so schrecklich, dass ich nach kurzer Zeit nicht mehr in der Lage war, an den gemeinsamen Mahlzeiten im Speisesaal teilzunehmen. Tagelang lag ich mit Fieber im Bett und wurde noch Jahre später von quälenden Erinnerungen an die Misshandlungen geplagt, denen die Kinder dort ausgesetzt waren. Meine Eltern sahen aber keine Veranlassung, mich vorzeitig abzuholen, fragten später auch nie nach und schickten meine jüngere Schwester im nächsten Jahr gleich noch einmal dorthin.

Manchmal fuhren meine Eltern auch während der Schulzeit – im Frühling – weg, weil es dann noch nicht so heiß und außerdem billiger war. Ein blutjunges und völlig überfordertes Au-pair-Mädchen passte dann auf uns auf. Oft waren meine Eltern just an meinem Geburtstag weg. Ich erinnere mich daran, dass ich darüber sehr traurig war. Ich wäre allerdings nie auf die Idee gekommen, mich deswegen zu beklagen. Schließlich war mir klar, dass meine Bedürfnisse im Vergleich zu den Interessen meiner Eltern keine Bedeutung hatten.

Klar hat diese robuste Einstellung meiner Eltern im Nachhinein auch Vorteile: Schließlich wurden wir auf diese Weise auf die vielen Neins des Lebens vorbereitet und gezwungenermaßen sehr früh selbständig. Andererseits erinnere ich mich daran, wie einsam und wertlos ich mir als Kind oft vorkam. Und ich kann mich des Eindrucks nicht erwehren, dass meine Eltern aus der Not eine Tugend machten: Sie wären gar nicht in der Lage gewesen, sich in uns einzufühlen. Dann hätten sie sich ja auch in sich selbst einfühlen müssen. Und dann wären viele Tränen geflossen! Stattdessen ging ihre Energie in stilles Leid und unterdrückte Gekränktheit. Und das kostet verdammt viel Kraft!

Was bedeutet das alles für unsere Generation? Machen wir es besser als unsere Eltern? Oder erziehen wir eine Generation von kleinen Egoisten heran?

Ratlos,

deine Hanne

Thema: **Kleine Egoisten**
Datum: 18.9.
From: sonjan@aol.com
To: hanneb@t-online.de

Liebe Hanne,

du stellst da eine Frage, mit der ich mich täglich herumschlage. Manchmal habe ich schon das Gefühl, dass wir es unseren Kindern zu leicht machen.

Wahr ist auf jeden Fall, dass eine Rund-um-die-Uhr-Versorgung im Hotel Mama nicht automatisch den Bedürfnissen des Kindes dient, sondern häufig vor allem den Eltern nützt. Erstens, weil sich viele Eltern, wie wir schon festgestellt haben, mit Hilfe ihrer Kinder für ihre eigene karge Kindheit entschädigen. Und zweitens, ganz banal, weil es für Eltern in concreto oft unbequem ist, ihren Kindern etwas abzuschlagen, ihnen kleine Pflichten aufzuerlegen, ihren Protest und – noch schlimmer! – ihre Tränen zu ertragen. Die weit verbreitete Schonhaltung den Kindern gegenüber soll vor allem die Nerven der Eltern schonen.

Ich selbst habe als Kind am eigenen Leib erlebt, dass übertriebene Zuwendung zwiespältige Gefühle auslöst. Zum einen ist es angenehm, im Zentrum der Aufmerksamkeit zu stehen; zum anderen hat die ständige Beachtung aber auch terroristische Züge. Meine Eltern haben sehr jung geheiratet und sind zehn Jahre jünger als deine. Entsprechend wurden sie vom Förderzwang, den deine Soziologin so treffend beschreibt, voll erwischt.

Mal abgesehen von dem bereits erwähnten Druck und dem Mangel an Selbständigkeit, der damit verbunden war, sehe ich inzwischen auch, dass sich meine Mutter in der Rolle der Profi-Pädagogin gefiel. Das kam ihrem

Drang nach Selbstdarstellung enorm entgegen, zumal sie keinen „richtigen“ Beruf hatte, in dem sie sich hätte wichtig machen können.

Ständig fiel bei uns am Tisch der Satz: „Ist schon toll, was wir so alles ermöglichen!“ Es reichte offenbar nicht aus, es zu tun, es musste hervorgehoben werden! Gern wurde tadelnd und voller Selbstgerechtigkeit über andere Familien geurteilt, die weniger Kasperle-Vorführungen, Laternenumzüge, Hauskonzerte, Krippenspiele, Bastelnachmittage und Plätzchenback-Aktionen „ermöglichten“.

Wie dem auch sei. Im Vergleich zu dem, was Eltern heute bringen müssen, war das, was meine Eltern in die Kindererziehung investiert haben, noch bescheiden.

Interessant ist allerdings die Tatsache, dass sich die Erwartungen an die Mutterrolle ausgerechnet in einer Zeit so erhöht haben, in der immer mehr Frauen einem Beruf nachgehen. Einerseits ist Erziehung (ich rede nicht von der Hausarbeit, die kommt ja noch hinzu), wenn man sie ernst nimmt, heutzutage ein Fulltimejob. Andererseits wird uns Müttern dauernd gepredigt, dass das keine echte Lebensaufgabe mehr sein kann. Stimmt ja auch, aber ein Dilemma ist es doch. Eine Gemeinheit, genau genommen.

Ebenfalls ratlos,

deine Sonja

Das „Gebratene-Tauben-Syndrom"

„Wenn man mal eine Kleinigkeit von seinen Kindern will, stöhnen sie, als schicke man sie zum Arbeiten in den Steinbruch", stellte Doro Kammerer in der Zeitschrift Eltern for family fest (7/1998). Dahinter stecke das „Gebratene-Tauben-Syndrom", erkennbar an folgenden Symptomen:
Schwach ausgebildetes oder gänzlich fehlendes Verantwortungsgefühl für die eigenen Klamotten, Schul- und Spielsachen. Das Kind hält keine Ordnung, verliert ständig etwas und selbst im schlimmsten Chaos empfindet es nicht den Wunsch aufzuräumen. Selbst ein Fünfer oder Sechser wird nur mit einem Achselzucken zur Kenntnis genommen.
Totales Angewiesensein auf Mutter/Vater als Zeitansage, Terminkalender und Mahnbüro. Ganz typisch: Sätze wie „Warum hast du mich nicht daran erinnert, dass ...?" oder: „Hab ich morgen Zeit?"
Heftige Allergie gegen Alltagserfordernisse. Zu Fuß gehen, Geschirr wegräumen oder das Fahrrad reparieren zu müssen ruft bereits starke Abwehrreaktionen hervor.

Thema: **Wettbewerb**
Datum: 22.9.
From: hanneb@t-online.de
To: sonjan@aol.com

Liebe Sonja,

vermutlich hat der massenhafte Einstieg der Frauen ins Berufsleben den Druck sogar noch verstärkt. Denn er hat einen unseligen Wettbewerb zwischen Doppelrollen- und Familienfrauen hervorgebracht, der auf beiden Seiten die Anforderungen in die Höhe treibt:

Wenn die Doppelrollen-Frauen vorexerzieren, wie man spielend vom Stillen in die Vorstandssitzung wechselt, dann kontern die Nur-Mütter: Wir lieben unsere Kinder eben so sehr, dass wir dafür sogar unsere Karriere geopfert haben. Und da die Nur-Mütter durch ihr bloßes Zuhausesein schon unter Beweis stellen, wie wichtig ihnen die Kinder sind, müssen die erwerbstätigen Mütter in ihren wenigen Stunden zu Hause ganz besonders auf ihre Sprösslinge eingehen: Denn Qualität geht bekanntlich vor Quantität.

Ist schon verrückt, wie Frauen sich für alles, was sie tun oder lassen, dauernd rechtfertigen müssen, findest du nicht auch? Und das keineswegs nur vor männlichen Tribunalen, sondern vor allem vor ihren Geschlechtsgenossinnen. Das hat wohl damit zu tun, dass die Lebensmodelle für uns Frauen so unbefriedigend sind. Wenn wir mehrheitlich zufrieden wären, könnten wir uns ja gegenseitig in Ruhe lassen.

Schade eigentlich,

deine Hanne

Starke Worte

„Es gibt nicht nur den Krieg der Mütter gegen die Nichtmütter, es gibt auch den Krieg der nicht berufstätigen Mütter gegen die berufstätigen Mütter und den Krieg der ganztags berufstätigen Mütter gegen die halbtags berufstätigen Mütter und, ganz wichtig, den Krieg der alleinerziehenden Mütter gegen die Mütter mit Mann. Es gibt den Krieg der verheirateten Mütter gegen die ledigen.
Und außerdem gibt es jede Menge kleiner Kriege. Den der Stillmütter gegen die Flaschenmütter, der Fertigkostmütter gegen die Kochbackmütter, der Alternativschulsystemmütter gegen die Normalschulmütter, den der Mütter, die ihre Eltern für die Kinderversorgung engagieren, gegen die Mütter, die ihre Eltern bewusst ausschließen, den der Einzelkindmütter gegen die Mehrkindmütter, den Krieg der Computermütter gegen die Bauklötzemütter und so weiter und so weiter. Gemeinsam ist den Kriegen, dass sie von verunsicherten Statistinnen mit unbarmherziger Härte und gnadenloser Intoleranz geführt werden. Gemeinsam ist ihnen, dass es weder Siegerinnen noch Besiegte noch Frieden gibt. Die Opfer: Frauen und Kinder. Die Täter?“

Aus: Seul, Shirley: Goodbye, Baby. 2003, S. 15 (s. Anhang)

Thema: Re: **Wettbewerb**
Datum: 26.9.
From: sonjan@aol.com
To: hanneb@t-online.de

Liebe Hanne,

ich bin gerade dabei, einen Plan zu machen, was wir alles unternehmen können, wenn du hier bist. Nicht ganz ohne Eigennutz: Erstens habe ich ernsthaft vor, mich mit dir zu amüsieren. Zweitens kann ich unsere Erfahrungen dann gleich für mein Buch verwenden. Ich habe nämlich den Vertrag schon unterschrieben. Jetzt wird es ernst. Am 1. Juni nächsten Jahres habe ich Abgabetermin.

Das mit der Konkurrenz zwischen Nur-Müttern und Nebenbei-Müttern stimmt genau. Ich kann das insofern beurteilen, als ich beide Modelle ausprobiert habe. Ich erinnere mich sowohl an den Fördertrieb nach Feierabend, mit dem man beweisen will, dass man trotz Beruf eine gute Mutter ist. Ich kenne aber auch das Bedürfnis der Nur-zu-Hause-Mutter, die Kinderarbeit aufzublähen, um die eigene Existenz zu legitimieren. Unbewusst helfen dabei sogar manchmal die Kinder mit. Ein Nachbarskind von uns hat eine Neurodermitis entwickelt, kurz bevor die Elternzeit der Mutter zu Ende ging. Da war dann ja klar, dass an einen Wiedereinstieg nicht zu denken war.

Wenn wir das mal durchschaut haben, können wir eigentlich damit aufhören, uns gegenseitig dauernd Fallen zu stellen. Und stattdessen etwas nüchterner auseinander tüfteln, was Kinder wirklich brauchen und was in die Kategorie „übertriebene Fürsorge“ fällt.

Also, in Zukunft gilt: Nur-Hausfrauen, hört auf, eure Kinder dauernd mit teuren Lernspielen zu fördern, und gönnt euch eure Tasse Kaffee zwischendurch. Ihr braucht euch nicht zu schämen, wenn ihr mittags gemütlich mit dem Nachwuchs beim Essen sitzt – etwas Besseres könnt ihr euren Kindern gar nicht antun. Freut euch, wenn ihr beim Vokabelabhören gleich noch eure verstaubten Englischkenntnisse aufpoliert – so was wird in der Wirtschaft als Synergie-Effekt bezeichnet! Karrierefrauen, ihr seid auch dann noch gute Mütter, wenn ihr die Tagesmutter eine Stunde länger in Anspruch nehmt und nach Feierabend erst einmal eine Stunde Squash spielen geht, bevor die „Qualitätszeit“ beginnt. Wenn ihr für das Buffet bei der Klassenparty mal Brezeln vom Bäcker statt selbst gebackene Nussecken beisteuert, so ist das auch kein Beinbruch – wer weiß, vielleicht finden eure Kinder die Brezeln sogar besser.

Eine neue Gelassenheit und weniger Gift und Geifer zwischen Nur-Müttern, Teilzeit-Müttern und allen anderen Arten von Müttern wäre ein echter Fortschritt! Denn schließlich leisten Frauen – egal wie sie leben – sehr viel: Sie arbeiten in der Schulkonferenz mit, pflegen ihre alten Schwiegereltern, begraben totgefahrene Katzen, organisieren die Tombola für die Schulhofrenovierung, bereiten den Kindergottesdienst vor, verkaufen Kuchen beim Schwimmwettkampf der Kinder, pflegen Freundschaften und Traditionen, bleiben nach Trennung und Scheidung bei ihren Kindern und geben auch dann nicht auf, wenn die Tochter mit 12 einen Fahrradunfall hat und sich seitdem nicht mehr konzentrieren kann.

Frauen versagen eigentlich nur in einem Punkt: Sie machen sich ständig selbst und gegenseitig klein.

Damit muss jetzt mal Schluss sein, findet

deine Sonja

Thema: **Gräben**
Datum: 29.9.
From: hanneb@t-online.de
To: sonjan@aol.com

Liebe Sonja,

was zwischen verschiedenen Müttern vielleicht noch möglich ist, erscheint mir zwischen Frauen mit und ohne Kindern kaum erreichbar. Zwischen Müttern und Nicht-Müttern tun sich wirklich Gräben auf und es erscheint mir fast schon als politische Leistung, dass wir beide uns so freundschaftlich austauschen. Das liegt vermutlich daran, dass ich keine Überzeugungs-Kinderlose, sondern eher eine Mutter-im-Wartestand bin.

Das weißt aber nur du – in der Öffentlichkeit bin ich eine von jenen 42 Prozent Akademikerinnen, die sich zum Schaden unseres Vaterlandes der Fortpflanzung verweigern und deshalb tendenziell für jedes Übel verantwortlich sind: von den steigenden Rohölpreisen bis hin zur islamistischen Bedrohung. Jedenfalls habe ich das Gefühl, dass mir der Wind mit jedem Tag, an dem unser Land tiefer ins Rentenloch rutscht, schärfer ins Gesicht bläst. Immer ungenierter werde ich gefragt, warum ich eigentlich keinen Nachwuchs habe – und das, obwohl ein dazugehöriger Vater nicht in Sicht ist. Kinderlosigkeit wird, wie meine ebenfalls kinderlose Freundin Petra neulich feststellte, neuerdings als moralischer Makel gesehen: Sie fühle sich, als sei sie desertiert, als sei die Mutterschaft ein Militärdienst, dem sich nur moralisch minderwertige Subjekte entziehen.

Als wenn die Frauen, die Kinder kriegen, das für die Rentenversicherung täten. Da lache ich doch drüber: Alle Mütter, die ich kenne, haben ihre Söhne und Töchter entweder zufällig gekriegt, weil es sich so ergeben hat. Oder sie haben sich dafür entschieden, weil sie sich selbst etwas Gutes tun wollten.

Als wenn wir damit rechnen könnten, dass all diese Zehnjährigen, die vormittags in überfüllten Klassen und nachmittags in ihren mit Playstations voll gestopften Kinderzimmern verblöden, später einen Job kriegen und fleißig Sozialversicherungsbeiträge zahlen. Die eine Hälfte fällt schon von Anfang an ins soziale Netz und die andere Hälfte macht sich bauernschlau selbständig (für den eigenen Vorteil reicht der Grips immer!).

Als wenn das überhaupt was nützen würde, wenn jetzt plötzlich jede Frau – aidskranke Heroinsüchtige eingeschlossen – pflichtschuldigst ihre zwei Kinder kriegen würde. „Läuft ein demographischer Prozess ein Vierteljahrhundert in die falsche Richtung, dauert es ein Dreivierteljahrhundert, um ihn zu stoppen“, schreibt Herwig Birg in seinem neuen Buch „Die ausgefallene Generation“. Da werden wir uns was anderes einfallen lassen müssen: ein neues Rentenversicherungssystem zum Beispiel!

Aber wieso rege ich mich eigentlich so auf? Ich weiß ja, dass du diesbezüglich auch skeptisch bist.

Also nichts für ungut,

deine Hanne

Thema: RE: **Gräben**
Datum: 2.10.
From: sonjan@aol.com
To: hanneb@t-online.de

Teuerste,

ich mag das, wenn du dich so aufregst – das weißt du doch.

Aber jetzt mal ernsthaft: Natürlich geht es bei der Kinderfrage immer zuallererst um private Lebensentscheidungen. Interessant ist aber die Frage, warum dieser Krieg so erbittert geführt wird, dass jedes Scheinargument herbeigezerrt werden muss.

Letztlich liegt das wohl daran, dass die meisten Frauen nach wie vor wählen und auf einen entscheidenden Teil des Lebens verzichten müssen: entweder Kinder kriegen und die Karriere sausen lassen oder das Schwergewicht auf den Beruf legen und kinderlos bleiben. Der Verlust, der mit der jeweiligen „Wahl" verbunden ist, macht wütend und diese Wut reagieren wir bei den Frauen ab, die sich anders entschieden haben. Je unsicherer wir uns selbst sind, desto zähneknirschender verteidigen wir unsere Entscheidung. Nicht zuletzt, um unsere eigenen Zweifel zu übertönen.

Hinzu kommt die angespannte Wirtschaftslage: Die Leute, die Kinder aufziehen, sind zu Recht indigniert darüber, dass sie horrende Rentenbeiträge zahlen, ohne selbst auf eine anständige Rente hoffen zu dürfen, plus die künftigen Rentenversicherungs-Zahler aufziehen, die dann später die jetzigen Kinderlosen mitfinanzieren dürfen. Die ohne Kinder sehen es nicht ein, dass sie noch viel mehr in die Rentenversicherung einzahlen, da sie ja mehr verdienen, dass sie darüber hinaus mit ihren ebenfalls höheren Steuerzahlungen die Kindergärten, Schulen und Universitäten für die Blagen anderer Leute und nicht zuletzt die grassierende Jugendarbeitslosigkeit finanzieren und noch dazu dauernd als verantwortungslose Egoisten hingestellt werden.

Mich beschäftigt aber (da du auf die vielen Kinder hingewiesen hast, die vor ihren Playstations verblöden) nach wie vor die Frage: Welcher Einsatz ist nun eigentlich für die Kinder das Beste?

Fest steht, dass übertriebene Fürsorge, die sich letztlich aus den Bedürfnissen der Mütter nach Gebrauchtwerden speist, mehr schadet als nützt – das Thema hatten wir ja schon. Allerdings bleibt, wenn man den übertriebenen Anteil abzieht, immer noch genug zu leisten. Das Wissen, dass es Kindern gut tut, wenn sie von einem einfühlsamen Erwachsenen gefördert und unterstützt werden, kann man nicht einfach beiseite schieben – nur weil dies in der heutigen Arbeitswelt mit ihren Forderungen nach Flexibilität und Mobilität schwierig zu organisieren ist.

Überhaupt macht mich das fertig, dass wir neuerdings dauernd eingeredet kriegen, dass der Spagat zwischen Windelnwechseln und Aktenwälzen nur eine Frage von Planung und Organisation ist. Dass wir wegen der Kinderaufzucht unter keinen Umständen unser Leben ändern sollen. Am besten, wir machen es wie die Französinnen, die ihre Kinder angeblich alle mit drei Monaten entweder zu einer Tagesmutter oder in die Krippe schaffen (und sich dann gut sitzende BHs und schicke T-Shirts kaufen). Denn am tollsten sind Eltern, denen man gar nicht anmerkt, dass sie Kinder haben.

Da wird uns weisgemacht, dass wir selbst schuld sind, wenn wir der rückständigen Ansicht sind, dass regelmäßige Mahlzeiten im Familienkreis wichtig sind; da wird es mehr oder weniger als unser Hobby betrachtet, dass wir die Schularbeiten der Kinder nachsehen; da werden wir milde belächelt, wenn wir im Advent mit unserem Nachwuchs am Adventskranz sitzen und vorlesen (hat die sonst nichts zu tun?); da wird es als übertriebene Rücksicht hingestellt, wenn wir zögern, Kleinkinder morgens um sechs aus dem Bett zu zerren, damit wir pünktlich im Büro sein können.

Wenn wir stattdessen aber alles so machen, wie es die neue No-problem-Ideologie vorschreibt, und 15 Jahre später nehmen die Kinder Drogen oder schneiden sich die Pulsadern auf, weil sie nie erfahren haben, dass sie ihren Erzeugern etwas bedeuten, dann sind mit Sicherheit die Eltern schuld und niemand sonst.

Ebenfalls wütend,

deine Sonja

Thema: **Seiltanz**
Datum: 3.10.
From: hanneb@t-online.de
To: sonjan@aol.com

Liebe Sonja,

wahr bleibt, dass eine unzufriedene Mutter, die für ihr Kind alles andere geopfert hat, eine verheerende Wirkung hat. Andererseits stimmt vermutlich auch, dass die Kinderaufzucht nicht ohne Abstriche und Einbußen zu machen ist. Für viele Männer mit Rücken frei haltender Ehefrau schon – für die ist das dann das berühmte

Sahnehäubchen im Leben und taugt allemal als Nachweis für die immer wichtiger werdenden soft skills. Für die eine oder andere Promi-Frau auch, die sich dem neuen Trend nicht verschließen will: Man trägt wieder Kind. Einen Ehemann, der ihr den Rücken freihält, wird sie zwar nicht finden, aber sie kann sich ja selbst eine Frau nehmen: Kinderfrau, Putzfrau, Köchin.

Alle anderen, ganz normalen Frauen müssen sich im Seiltanz üben.

Deine Hanne

Thema: RE: **Seiltanz**
Datum: 4.10.
From: sonjan@aol.com
To: hanneb@t-online.de

Liebe Hanne,

ich glaube, dass viele Kinder heute in jeder Beziehung hungrig herumlaufen. Selbst gekochtes Essen – das gilt inzwischen als Folklore. Ich jedenfalls habe regelmäßig Besuchskinder hier, die im Wesentlichen von Fastfood leben und ganz wild auf echtes Essen sind – Hühnerfrikassee mit Reis und zum Nachtisch Marillenknödel zum Beispiel. Hinzu kommt der seelische Hunger: Dass die Kinder doppelt und dreifach belasteter Eltern nicht wahrgenommen werden, weil ihre Erzeuger sich zwischen Job, Vokabeln abhören, Shuttle-Service, Gymnastikstudio, Eheberatung und gesellschaftlichen Verpflichtungen aufreiben. Dass niemand ihre Eigenarten und Vorlieben kennt, dass sie auch mit total verrotzter Nase in den Kindergarten müssen, dass es keiner merkt, wenn sie vor Wochen ihren Turnbeutel verloren haben oder traurig sind, weil ihr Kaninchen gestorben ist.

Wie wir es auch drehen und wenden: Es ist tatsächlich jeden Tag wieder ein Seiltanz. Einerseits ist es unsere Aufgabe, unseren Kindern Aufmerksamkeit, Geborgenheit und Zuverlässigkeit zu bieten. Andererseits nützt das alles nichts, wenn es uns nicht gelingt, trotz dieser Anforderungen zufriedene Menschen zu bleiben.

Deine Seiltänzerin

Sonja

Übrigens: Wie wäre es, wenn du jetzt, wenn deine ganzen Single-Freundinnen zur Buchmesse nach Frankfurt kommen, ein paar Interviews zum Thema „Frauen, die keine Kinder wollen“ machst?

7. Jenseits der Mutterrolle

Thema: **Leben ohne Kinder**
Datum: 7.10.
From: hanneb@t-online.de
To: sonjan@aol.com

Liebe Seiltänzerin,

schon witzig: Das offizielle Thema der Buchmesse ist dieses Jahr Korea. Aber wer interessiert sich schon für Korea? Und auch das Herumhetzen zwischen den Ständen braucht eigentlich niemand. Jedenfalls habe ich deinen Vorschlag aufgegriffen und veranstalte in meiner Wohnung eine Art Gegen-Buchmesse zum Thema „Leben ohne Kinder“. Ganze Nachmittage hocken wir in wechselnder Zusammensetzung am Küchentisch und reden über die Entscheidung dagegen.

Wobei das mit der Entscheidung nicht so einfach ist: Einige von uns wollten noch nie Kinder haben; andere haben schon gelegentlich mit dem Gedanken gespielt, aber ihr Mutter-Gen war nicht besonders vital; wieder andere sind seit Jahren hin- und hergerissen, was möglicherweise eines Tages dazu führt, dass die Zeit für sie entscheidet, nach dem Motto: Achtung, fertig, kinderlos. Dann gibt es noch eine große Gruppe von Frauen, die keinen Partner haben, der mitzieht: „Ja, Schatz, aber nicht dieses Jahr“ scheint die Standardausrede der Männer zu sein, die mit toughen Frauen zusammen sind und damit rechnen müssen, dass ihre Partnerinnen die Alltagslasten des Kinderhabens mit ihnen teilen wollen. Und dann habe ich noch eine Freundin, die hatte zwar einen zeugungswilligen Mann, aber als es losgehen sollte, bekam sie Brustkrebs: Nach zwei Chemostaffeln, zwei Operationen, Bestrahlungen und einer Hormonbehandlung hat sie die Hoffnung aufgegeben, dass das mit dem Schwangerwerden noch mal klappen könnte.

Uns allen gemeinsam ist, dass uns das Thema immer wieder auf neue Weise beschäftigt. Das hat mich bei der einen oder anderen Freundin überrascht, weil ich dachte, sie hätte mit der Frage längst abgeschlossen.

Anna aus München (die mit den kurzen roten Haaren) hat mir zum Beispiel erzählt, sie habe neulich mal zwei Wochen lang ihre Tage nicht bekommen und da sei ein unglaubliches Kopfkino in Gang gekommen, nach dem Motto, wenn ich jetzt doch wider Erwarten schwanger geworden bin, wie kriege ich das dann hin, dass das Kind kein Einzelkind bleibt. Und das, obwohl sie 41 Jahre alt ist und ihr Freund sich als Student hat sterilisieren lassen. Völlig wahnsinnig, oder?

Dieses lebenslange Hin und Her ist auch deshalb so bemerkenswert, weil die dazugehörigen Männer offenbar kaum davon betroffen sind: Die meisten haben irgendwann beschlossen, dass sie im Moment oder überhaupt kein Kind wollen, oder eingesehen, dass es bei ihnen nicht klappt, und damit hat sich das für sie. Offenbar brauchen Männer einen nicht vorhandenen Kinderwunsch nicht zu begründen und es ist für sie auch kein Lebensdrama, wenn sich ein durchaus vorhandener Kinderwunsch nicht realisiert. Jedenfalls würde niemand an ihrer Männlichkeit zweifeln, nur weil sie sich nicht fortpflanzen wollen oder können. Dann machen sie eben was anderes. Kinderlose Frauen hingegen sitzen heute mehr denn je auf der Anklagebank: Sie sind herzlos, karrieregeil und egoistisch oder – wenn es dafür keine

Anhaltspunkte gibt – zumindest unglücklich. Womit sie das Mitleid all der wackeren Muttis und Vatis verdient haben, die sich für die Zukunft unseres Landes mit Leib und Seele einsetzen. Das ist manchmal schwer auszuhalten, kann ich dir sagen.

Deine Hanne

Kinderfrei

Kinderlose Frauen gab es immer. Neu ist aber, dass es so viele sind. Von den Frauen, die 1960 in Deutschland geboren wurden, haben 26 Prozent keine Kinder – in den USA sind es nur 19 und in Frankreich nur 10 Prozent. Vom Jahrgang 1965 wird – so schätzen die Bevölkerungsstatistiker – ein Drittel ohne Nachwuchs bleiben.

Je höher die berufliche Qualifikation, umso größer ist die Wahrscheinlichkeit, dass eine Frau keine Kinder bekommt. Denn je besser ihre beruflichen Chancen, desto mehr hat sie zu verlieren, wenn sie sich zeitweise für den Erziehungsjob entscheidet. 44 Prozent der Hochschulabsolventinnen zwischen 37 und 40 Jahren lebten im Jahre 2004 in Haushalten ohne eigenen Nachwuchs: Karriere statt Kind heißt das Prinzip. Bei den Männern ist es übrigens umgekehrt: Je mehr ein Mann verdient, umso wahrscheinlicher wird er Vater.

Insgesamt gibt es aber deutlich mehr kinderlose Männer als kinderlose Frauen. Der Soziologe Christian Schmitt stellte im Jahr 2003 in einer Studie für das Deutsche Institut für Wirtschaftsforschung fest, dass in allen Altersgruppen, mit Ausnahme der Generation, die direkt von den Folgen des Zweiten Weltkrieges betroffen war, kinderlose Männer in der Überzahl sind.

Buchtipps: Carl, Christine: Leben ohne Kinder, 2002
Reinhardt, Susie: FrauenLeben ohne Kinder, 2005
Dinklage, Meike: Der Zeugungsstreik, 2005
(s. Anhang)

Thema: **Spielräume**
Datum: 8.10.
From: sonjan@aol.com
To: hanneb@t-online.de

Liebe Hanne,

einem Mann werden ja überhaupt viel mehr Spielräume zugestanden. Er darf aussehen, wie er will – wenn er hässlich ist, wird er es erstens nicht merken und zweitens kann er, wenn doch, immer noch einen auf klug, kreativ, reich oder mächtig machen. Ein Mann kann Sozialarbeiter oder Maschinenbauingenieur werden, kinderlos bleiben oder sechs Kinder haben, auch wenn er Finanz-Vorstand eines Großkonzerns mit 15-Stunden-Tag ist. Ein Politiker darf heutzutage sogar schwul sein, eine kinderlose Politikerin hingegen kann nicht mitreden, während eine Politikerin mit Kind die Frage aufwirft: Ist die nicht eine Rabenmutter? Ein Mann kann gepflegt oder schlampig herumlaufen, laut oder leise sprechen, tollpatschig oder gewandt, verbindlich oder dominant sein: Jede Eigenschaft wird man immer für seine spezielle Eigenart halten.

Wie ich dich kenne, wirst du jetzt einwenden, das können wir doch auch, wir müssen es nur tun. Stimmt, aber wir brauchen ungleich mehr Kraft, Mut, Durchhaltewillen und Selbstbewusstsein. Oder hast du schon mal eine kleine, kurzsichtige, hässliche Frau gesehen, auf die alle Männer fliegen, weil sie so einen großartigen Humor hat?

Eine Frau, die nicht ins weibliche Fach passt und sich weigert, das Duckmäuschen zu spielen, wird – gerade von anderen Frauen – viel weniger unterstützt, wesentlich genauer beobachtet und mehr sanktioniert als ein klarer, selbstbewusster, im Bedarfsfall auch aggressiver Mann. Ein Mann in exponierter Position kann Fehler machen und seine Meinungen ändern, bei einer Frau wird auf jeden Fauxpas gelauert und mit Vorliebe unter die Gürtellinie getreten.

Was mich interessiert: Für die Frauen, die ausdrücklich keine Kinder wollen, ist das ja wahrscheinlich angenehm und bestärkend, wenn ihre Männer auch keine wollen. Aber wie gehen die Frauen, die sich nicht sicher sind (die Aufschieberinnen und Spät-Entscheiderinnen) mit der Sprachlosigkeit ihrer Männer um? Ich stell mir vor, dass es schwierig ist, wenn über einen so zentralen Aspekt des gemeinsamen Lebens kein Austausch stattfindet.

Deine Sonja

Thema: **Wortschulden**
Datum: 9.10.
From: hanneb@t-online.de
To: sonjan@aol.com

Liebe Sonja,

nach dem, was ich an meinem Küchentisch höre, ist es wahr, dass ein gemeinsames offensives Bekenntnis zur Kinderlosigkeit die Paare regelrecht zusammenschweißt. Das erzeugt offenbar ein Gefühl von Übereinstimmung und gemeinsamer Front gegenüber einer Umwelt, die das Kinderkriegen für eine patriotische Pflicht und Leute, die sich nicht vermehren, für egoistische Schmarotzer hält.

Hinzu kommt, dass kinderlose Paare mehr Zeit und Kraft haben, sich umeinander zu kümmern. Sie können sich gegenseitig mehr Gutes tun, mehr Aufmerksamkeit und Nähe geben. Du weißt doch selbst, was passiert, wenn ein Kind schreit. Dann kannst du nicht mit Frank reden oder etwas klären oder mit ihm schmusen oder wenigstens mit ihm einkaufen gehen. Dann ist es besser, einer bleibt beim Kind und der andere geht allein einkaufen. Und so häufen sich Groll und Wortschulden auf und dann ist irgendwann Montag und jeder geht einsam und unverstanden seiner Wege.

Allerdings habe ich insgesamt nur von zwei Frauen gehört, dass sie sich mit ihrem Mann in ihrer Ablehnung von Kindern einig sind. Beide empfinden die unbeirrbare Haltung ihres Mannes als hilfreich, weil sie dazu beiträgt, letzte Unsicherheiten schnell vom Tisch wischen zu können. Ob das in Wahrheit positiv ist, steht auf einem anderen Blatt. Die Kinderfrage löst man bestimmt nicht durch wegbunkern.

Und damit sind wir beim Thema. Die meisten Frauen sind sich nicht jeden Tag gleich sicher und leiden unter dem mangelnden Dialog. Eine Freundin sagte, dass ihrer Meinung nach hinter der Fraglosigkeit, mit der Männer Vater oder eben kein Vater sind, auch die Angst vor dem Chaos ihrer eigenen Gefühle steckt. Zumal sie ja keiner dazu zwingt, über ihre Haltung nachzudenken, denn für sie gibt es in der Kinderfrage keine gesellschaftliche Offenbarungspflicht.

Wie siehst du das? Sollen wir sie nehmen, wie sie sind, und die komplizierteren Dinge des Lebens unter uns abhandeln? Oder sollen wir sie zwingen, mit uns zu reden?

Ratlos,

deine Hanne

Thema: RE: **Wortschulden**
Datum: 10.10.
From: sonjan@aol.com
To: hanneb@t-online.de

Liebe Hanne,

ich finde eigentlich, wir sollten sie zwingen. Es geht ja nicht darum, ob sie lieber Kalbsleberwurst oder Sülze essen, sondern um eine entscheidende Frage des gemeinsamen Lebens.

In concreto schaffe ich es aber selbst oft nicht, mein Bedürfnis nach klärenden Gesprächen durchzusetzen: Warum, weiß ich nicht, aber Tatsache ist, dass bei uns mehr über den nächsten Urlaub als über die Frage gesprochen wird, ob wir noch ein Kind haben wollen.

Ich weiß, dass Frank so ziemlich alles mitmachen würde: Sagte ich, okay, jetzt doch ein Kind, würde er sagen, okay. Sagte ich, nein, zwei sind genug, dann würde er das auch akzeptieren.

Was er nicht will, ist dauernd neu darüber reden. Das empfindet er als Zeitverschwendung. Für ihn hat ein Gespräch nur einen Sinn, wenn eine verbindliche Entscheidung dabei herauskommt, die für einen möglichst langen Zeitraum gilt. Was willst du eigentlich? Ein Kind? Kein Kind?, fragt er in solchen Situationen von oben herab. Als wenn das so einfach wäre. Einfach nur so zu reden, um der eigenen Position auf die Spur zu kommen, das wäre ihm zu anstrengend.

Apropos anstrengend: Ich habe heute angefangen, das erste Kapitel von meinem Reiseführer zu schreiben. Nachdem ich tagelang um den Computer herumgeschlichen bin, geht es jetzt sehr flott voran. Das hat mir so viel Auftrieb gegeben, dass ich auch gleich das Thema Fotos in Angriff genommen habe (hatte ich dir schon gesagt, dass ich die auch selbst machen soll?). Habe mir eine neue Digitalkamera gekauft und probiere jetzt damit herum.

Deine Sonja

Thema: **Sich raushalten**
Datum: 10.10.
From: hanneb@t-online.de
To: sonjan@aol.com

Liebe Sonja,

na wunderbar, dass du endlich in die Schuhe gekommen bist! Wenn ich in Seattle bin, können wir gleich deine besten Geheimtipps ausprobieren. Hast du schon Kontakte zur Musikszene?

Was die Debatten angeht, die zwischen dir und Frank nicht stattfinden: Mich würde das Gönnerhafte an diesem Sich-Raushalten stören: Hinter der Das-darfst-du-entscheiden-Einstellung steckt ja die Vorstellung: Dann erwarte ich aber auch, dass du die Konsequenzen allein ausbadest. Mach, was du willst, ich bin in der Angelegenheit sowieso nur Zaungast. Und jammere mir nachher nicht die Ohren voll!

Das kann es ja nicht sein, oder? Denn schließlich ist auch dein Kinderwunsch schwankend, abhängig von den Umständen und Möglichkeiten. Und schon gar nicht beinhaltet er, dass du die Folgen allein tragen willst. Vielleicht möchtest du, dass Frank dir Mut macht. Oder dir seine Gründe dagegen darlegt. Oder sich dazu äußert, welchen zusätzlichen Beitrag er leisten kann, damit ein weiteres Kind möglich wird.

Da fällt mir meine kinderlose Freundin Anna aus Bremen ein, die von Beruf Sozialpädagogin ist und gerade hier in meiner Küche ihren 44. Geburtstag gefeiert hat: Ihr Exgefährte verdiente gut und konnte sich sowohl ein Leben mit als auch ohne Kinder vorstellen. Allerdings unter der Voraussetzung, dass bei ihm alles beim Alten bleibt: „Im Beruf wäre ich dann auf jeden Fall weg vom

Fenster gewesen", sagt Anna, die heute halbwegs im Sattel sitzt, aber bis vor kurzem ständig zwischen Projektarbeit, befristeter Arbeitsstelle und Fortbildung hin und her switchte: „Ich hätte mit meinen kläglichen ungesicherten Jobs dagesessen und er hätte den innerfamiliären Machtzuwachs genossen, den ihm die neue Rolle des Haupternährers beschert hätte", sagt sie rückblickend. Sie ist froh, dass sie sich damals nicht darauf eingelassen hat, und sie findet ihr Leben heute sehr gelungen.

Überhaupt habe ich festgestellt: Die Frauen, die sich bewusst und nach reiflicher Überlegung für ein kinderfreies Leben entschieden haben, sind häufig sehr zufrieden. Nicht „auch ohne Kind glücklich", sondern richtig glücklich. Natürlich müssen sie auf gewisse Erfahrungen verzichten, aber das müssen die anderen ja auch.

So weit für heute,

deine Hanne

Thema: **Schonhaltung**
Datum: 10.10.
From: sonjan@aol.com
To: hanneb@t-online.de

Liebe Hanne,

ich versuche gerade herauszukriegen, was mich daran hindert, mit Frank zu reden. Ich fürchte, da spielen viele – zum Teil widersprüchliche – Gründe eine Rolle.

Zum einen habe ich oft das Gefühl, Frank schonen zu müssen, weil er so viel arbeitet und oft müde und ausgelaugt ist. „Bis der Kongress überstanden ist, lasse ich ihn in Ruhe“, denke ich, wenn sich mal wieder einiges aufgestaut hat – man will schließlich dem eigenen Mann nicht in den Rücken fallen. Und dann ist der Kongress vorbei, aber weil der so gut gelaufen ist und zu Hause ja auch alles prima funktionierte, hat er es jetzt übernommen, den Abschlussbericht für die Lenkungsgruppe zu schreiben. In so einer Situation kann ich ihn zwar bitten, doch mal das Flusensieb der Waschmaschine zu reinigen, aber emotionale Anforderungen stelle ich besser nicht. Und so geht das immer weiter …

Zum Zweiten ist es mir oft einfach zu blöd, Frank zu etwas zu zwingen, wozu er keine Lust hat. Wieso muss ich immer die Beziehungsmutti sein? Es ist doch wirklich nicht zu fassen, mit welcher Leidenschaft Männer stundenlang über irgendwelche angeblichen Verbesserungen der Lebensqualität reden („Sollen wir für alle PCs im Haus ein Netzwerk einrichten?“) und danach behaupten, man hätte sich gut unterhalten. Frank und ich verstehen uns prima, was organisatorische Dinge angeht, und wir sind uns Gott sei Dank auch meistens einig, was die Kinder betrifft. Stundenlang können wir darüber reden, in welcher Phase Milan gerade ist und wie das mit dem Musikunterricht von Anna-Lisa weitergehen sollte. Aber keiner fragt den anderen: Bist du eigentlich glücklich? Keiner erzählt, was ihm fehlt, was er sich wünscht, wovor er Angst hat, was ihn traurig und wütend macht. Manchmal frage ich mich, ob Frank den Unterschied zwischen einem wesentlichen und einem unwesentlichen Gespräch überhaupt begreift.

Schließlich – und das ist jetzt der Widerspruch – bin ich trotz allem immer wieder geneigt, kritiklos den männlichen Standpunkt zu übernehmen, der da lautet: Ambivalenzen sind ein Zeichen von Schwäche und glatt gekämmte Gefühle ein Zeichen von Stärke. Dabei weiß ich doch, dass es sich genau umgekehrt verhält: An Gewissheiten klammern sich Leute fest, die keinen Boden unter den Füßen haben.

Was schließen wir daraus? In meiner Ehe muss sich einiges ändern.

Tja, so ist das,

deine Sonja

Thema: **Zeugungsstreik**
Datum: 10.10.
From: hanneb@t-online.de
To: sonjan@aol.com

Liebe Sonja,

ich weiß, es klingt jetzt blöd, aber manchmal, wenn ich gerade Heultag und mal wieder das Gefühl habe, alles Wesentliche im Leben zu verpassen, dann denke ich: Okay, Sonja hat zwar einen Mann, der nicht besonders viel da ist und schon gar nicht besonders viel mit ihr redet, aber sie hat immerhin einen Mann, der eine Familie wollte, für sie sorgt und au fond ein anständiger Kerl ist. Außerdem hat sie zwei gut geratene Kinder. Und wenn sie partout will, kann sie sogar noch ein drittes kriegen. Das ist doch schon mal was im Vergleich zu dem, was Heiko mir zu bieten hatte. Dafür wird man ja schon mal auf ein bisschen Reden verzichten können.

Mit ein bisschen Nachdenken weiß ich natürlich auch, dass das Quatsch ist. Denn wenn ihr nicht miteinander redet, ist die Beziehung irgendwann ausgehöhlt und das ganze schöne Gebäude stürzt in sich zusammen. Das siehst du ganz richtig.

Und trotzdem!

Ich habe in den letzten Tagen mit vielen Frauen geredet, deren Männer keinen Bock auf Familie haben. Im Prinzip natürlich schon, nur jetzt noch nicht. Vielleicht später, durchaus möglich: nach dem Urlaub, nach dem Jobwechsel, nach dem Umzug. Die lange Bank ist sehr, sehr lang.

Dabei fällt auf: Diese Männer sind alle total kinderlieb. Die fuchteln sofort mit imaginären Laserschwertern herum, sobald sie einen kleinen Jungen sehen. Nur eben lieber in der Onkel- als in der Vaterrolle.

Ich rede jetzt nicht von Frauen wie mir, die – kaum haben sie einen Typen kennen gelernt – schwanger werden (wollen). Das kann man ja verstehen, wenn Männer da vorsichtig sind. Es geht hier um Frauen, die in langjährigen Beziehungen leben und vertröstet werden, bis es zu spät ist: Weil die potenziellen Väter immer gnadenloser ihren biologischen Vorteil ausspielen. „Welchen Grund sollte ein Mann haben, sich jetzt die Nächte mit Babygeschrei ruinieren zu lassen, wenn er das in zehn Jahren ebenso gut noch tun kann“, fragte Ulrike Winkelmann neulich in der taz. Auch Männer hätten gelernt, ihre Lebenschancen cool zu kalkulieren: „Dazu gehört, dass sie sich jederzeit eine jüngere Frau suchen können, wenn die jetzige zu alt zum Kinderkriegen geworden ist oder sich zu alt dafür fühlt.“

Das ist doch ein Treppenwitz der Geschichte, oder? Da schwadroniert die ganze Republik über die Akademikerinnen im Gebärstreik. Da analysieren jede Menge gut bezahlte Professoren die Auswirkungen der Unvereinbarkeit von Kind und Job. Und in Wahrheit sind gar nicht die Frauen im Gebärstreik, sondern die Männer im Zeugungsstreik.

Perplex,

deine Hanne

Thema: RE: **Zeugungsstreik**
Datum: 11.10.
From: sonjan@aol.com
To: hanneb@t-online.de

Liebe Hanne,

es ist ja typisch für unsere Zeit, dass sich keiner mehr festlegen will: „Wir telefonieren noch mal" lautet das Credo unserer Single-Kultur, die den individuellen Lebensentwurf über alles stellt. Bloß keine klaren Absprachen – lieber morgen schauen, ob das dann immer noch passt. Seminare und Einladungen einen Tag vorher absagen oder einfach gar nicht erscheinen, wenn man es sich anders überlegt hat, ist heutzutage völlig normal. Spontaneität ist in, Verbindlichkeit out wie Käsespießchen mit Weintrauben. Denn der autonome Großstadtmensch hält sich grundsätzlich alle Optionen offen und stimmt alles bis zur letzten Minute auf die eigenen filigranen Bedürfnisse ab.

So viel grundsätzlich! Allerdings muss ich die Männer, die Schwangerschaftsvorenthaltung praktizieren (schönes neues Wort, nicht wahr? auch in Schutz nehmen. Denn wir Frauen können nicht für uns in Anspruch nehmen, dass die Kinderfrage eine individuelle Entscheidung ist. Und dann von den Männer verlangen, dass die sich – egal wie das Ergebnis ist – als ausführendes Organ (hahaha) zur Verfügung stellen.

Ich habe selbst einen Sohn und denke natürlich auch über seine Zukunft nach. Und kann es allein schon deshalb nicht per se verwerflich finden, wenn Männer Lebensplanung betreiben.

Im Übrigen halte ich es für möglich, dass die Befruchtungsverweigerer nebenbei auch an die Chancen ihrer Nachkommen denken. Wie soll ein verantwortlicher junger Mann guten Gewissens „Ja" zu einem Kind sagen, wenn er sich von Praktikum zu Projekt und von freier Mitarbeit zur nächsten Zusatzqualifikation hangelt? Da kann nie geplant werden; es gibt immer nur das Einkommen dieses Monats oder dieses halben Jahres. Jeder vierte Arbeitnehmer unter 25 Jahren arbeitet heutzutage in einem Arbeitsverhältnis ohne Kündigungsschutz und auch unter den 30-Jährigen gibt es noch massenhaft Top-Qualifizierte, die sich als Tagelöhner verdingen müssen. Wenn sich da nichts ändert, können sich sämtliche Parteien ihre familienpolitischen Höhenflüge sonst wohin stecken! Denn an dem Grundprinzip, dass Männer für die Ernährung ihrer Nachkommen aufkommen müssen, rüttelt ja keiner.

Und damit bin ich beim nächsten Punkt. Ich glaube, dass viele Männer – zumal solche, die selbst aus zerrütteten Ehen stammen – Angst davor haben, über kurz oder lang zum bloßen Zahlvater eines Kindes degradiert zu werden. Die Ansprüche, die selbstbewusste junge Frauen an ihre Partner stellen, sind in den vergangenen Jahrzehnten – zu Recht – enorm gestiegen. Hinzu kommt, dass sie aus der Sicht vieler Männer widersprüchlich sind: Sie sollen stark sein, aber keine Machos, sie sollen reden, aber keine Vorträge halten, sie sollen zuhören und nicht nur so tun als ob. Es reicht nicht mehr, das Geld ranzuschaffen. Mütter wollen unterstützt, verstanden und begehrt werden. Väter, die dem nicht genügen, werden schnell ausgemustert und können nach Trennung oder Scheidung froh sein, wenn sie ihren Nachwuchs – wenn überhaupt – alle zwei Wochen sehen. Wenn ein Mann sich eingesteht, dass er diese Anforderungen unter Umständen nicht erfüllen kann oder will, dann ist er vielleicht nur nachdenklicher als manch anderer, der immer nur sagt, das wird sich schon finden.

Was mich viel mehr stört, sind die Ausflüchte, das Herumeiern und Vertuschen, die Sprachlosigkeit: Wieso kann man nicht sagen: „Ich will vielleicht noch mal ins Ausland gehen und das ginge ja mit einem Baby nicht." Oder: „Ich werde vermutlich nicht den Mut haben, meinem Chef zu sagen, dass ich ab sofort jeden Nachmittag um 17.00 Uhr gehen muss." Oder: „Ich fürchte, ich würde mich doch darauf verlassen, dass du das irgendwie managst." Oder: „Ich bin mir nicht sicher, ob ich noch scharf auf dich bin, wenn du dauernd mit Spucktüchern über der Schulter herumläufst." Wie viel Nähe könnte entstehen und wie viele Beziehungen könnten rechtzeitig beendet werden, bevor alle Beteiligten nur kostbare Lebenszeit verschwenden, wenn die Leute sich gegenseitig auch unangenehme Wahrheiten zumuten würden. Womit wir wieder bei meinem Lieblingsthema wären …

Deine Sonja

Thema: **Baby-Show**
Datum: 12.10.
From: hanneb@t-online.de
To: sonjan@aol.com

Liebe Sonja,

du hast natürlich Recht: Die Entscheidung gegen ein Kind ist oft von größerem Verantwortungsbewusstsein bestimmt als die dafür. Das konnte ich in meinen Gesprächen immer wieder feststellen. Unnötig zu betonen, dass sich kinderlose Frauen mindestens genauso gründlich Gedanken machen über die Frage, was sie einem Kind materiell, zeitlich und seelisch zu bieten haben, wie kinderlose Männer.

Viele Frauen, mit denen ich geredet habe, sind sehr kritisch, was den Umgang der Kinderhabenden mit ihrem Nachwuchs angeht, und haben Angst, ähnliche Fehler zu machen. „Ich muss mir immer wieder vorwerfen lassen, ich sei kinderfeindlich", sagt meine Freundin Petra. Dabei sei genau das Gegenteil der Fall: „Ich will kein Kind, weil ich keinem Kind ein Leben mit mir zumuten will." Ähnliche Anflüge von Selbstkritik könne sie bei ihren Kinder habenden Bekannten allerdings nicht feststellen: „Die halten sich allein deshalb für gesellschaftlich wertvoll, weil sie ihre Gene weitergegeben haben. Selbst wenn der Nachwuchs pausenlos Schule schwänzt und in der Zeit Papierkörbe anzündet."

Auch der heimliche Zweck, den Kinder im Leben ihrer Eltern erfüllen sollen, wird zum Teil gnadenlos analysiert: „Je weniger sie sonst im Leben auf die Reihe bringen, desto mehr benutzen Eltern ihre Kevins und Lisas als Pass, mit dem sie jederzeit überall hereinkommen, die Gesellschaft kritisieren, Forderungen stellen und ihre eigene Wichtigkeit unter Beweis stellen können", lästerte meine Freundin Meike, die in an der Uni Bochum forscht und das Gefühl hat, mit ihren Themen nie auf Interesse zu stoßen. Vor dem militanten Enthusiasmus und dem Mitteilungsdrang erfolgsverwöhnter und statusbewusster Späteltern, die ihre „Youngsters" herumschleppen wie Krokotaschen, gäbe es kein Entrinnen, hat auch Anna festgestellt, die in einer Werbeagentur in Köln arbeitet. Schließlich wolle man nicht als Unmensch dastehen, den das wunderbare Geheimnis des ewigen Neubeginns des Lebens kalt lässt.

Ich muss sagen: Mir geht es ganz genauso. Auch ich fühle mich in Anwesenheit von Eltern häufig zu karikativen Zuhörleistungen genötigt. Die Kinderkrankheiten, die Schulnoten, die Feste, die Urlaube, kindgerechte Möbel, gesundes Essen, all die Niedlichkeits-Anekdoten, die Selbstbeweihräucherung und das Gejammer, das Mütter auf Knopfdruck parat haben: Ich kann es nicht mehr hören!

Bezieh das bitte nicht auf dich: Du lässt dir ja, ganz im Gegensatz zu den meisten anderen Eltern, die Frage gefallen: Und warum wolltest du Kinder?

Apropos: Bist du in Sachen Familienplanung mit Frank weitergekommen? Da müssen vermutlich auch ein paar unangenehme Wahrheiten auf den Tisch.

Deine Hanne

Thema: **Harmoniezwang**
Datum: 11.10.
From: sonjan@aol.com
To: hanneb@t-online.de

Liebe Hanne,

natürlich wäre mehr Offenheit zwischen Frank und mir das Beste. Aber gegen sein Ruhebedürfnis komme ich nicht an. Emotionale Drückebergerei wird ja gern als Friedfertigkeit ausgegeben: Wer Auseinandersetzungen will, macht angeblich die ganze schöne Beziehung kaputt. „Können wir es nicht einfach nett miteinander haben? Mal wieder essen gehen?“, kriege ich in solchen Fällen zu hören. Ich hasse dieses ständige Essengehen! Wenn dann doch wieder um alle heiklen Themen ein Bogen gemacht wird.

Dabei könnte Essengehen so schön sein. Wenn dieser Candle-Light-Harmoniezwang nicht wäre. „Du redest zu 80 Prozent über traurige Sachen“, hat Frank mir neulich Abend einmal vorgeworfen, nachdem ich ihm erzählt hatte, was an meinem Tag alles schief gelaufen war. Das stimmt zwar nicht, aber zeigt mir doch, was mein Gatte eigentlich will: Wunschkonzert statt ehrliche Gespräche.

Aber was soll ich machen? Wenn man wegen jeder angezettelten Debatte, egal wie überfällig sie ist, als streitsüchtig hingestellt und mit Trennungsdrohungen überzogen wird, wird man irgendwann zum Beziehungsschleicher. Man traut sich nicht mehr, fest aufzutreten. Man nimmt gegenüber dem Partner eine Schonhaltung ein, wie gegenüber einem Kranken. Wohl wissend, dass dies der Einstieg in den Ausstieg ist.

Neulich hatte ich mal die Pille vergessen. Ich habe Frank nichts davon gesagt, weil ich keine Lust hatte, mir seine Sprüche anzuhören: Ich dachte, der Stand der Dinge wäre, dass du kein Kind willst, wieso passt du dann nicht auf? Als wenn aus der Tatsache, dass ich großzügigerweise seit Jahren die ganze Verhütungs-Scheiße auf mich nehme, natürlicherweise folgt, dass ich auch das Risiko allein tragen muss.

Ein anderer Grund, dass ich nichts gesagt habe, war der, dass ich einfach keine Lust auf das Gewurschtel mit Kondomen hatte. Wir haben im Moment sowieso nur wenig Sex, vor allem deswegen, weil Frank abends meistens entweder noch einen Termin hat oder so müde ist, dass er nur noch vor der Glotze hängen will. Klar könnten wir dann spätabends trotzdem noch miteinander schlafen – kommt auch vor –, aber ich merke, dass mich Sex einfach nur so – zur Spannungsabfuhr – zunehmend abturnt. Ganz davon abgesehen, dass es nichts Unerotischeres gibt als einen Mann vor dem Fernseher. Wenn ich ihm aber am Ende von einem der wenigen wirklich gemeinsam verbrachten Abende sagen würde, im Moment ist es gefährlich, wir müssen ein Gummi benutzen, dann würde sich wahrscheinlich seine Rest-Libido verflüchtigen – meine übrigens auch.

Wie dem auch sei: Als meine Periode zwei Wochen nach der vergessenen Pille auf sich warten ließ, wurde ich unruhig, horchte dauernd in mich hinein, ob mir vielleicht schon schlecht wäre, und fragte mich, was ich machen würde, wenn was passiert wäre. Fest steht, dass ich jetzt, wo ich schon zwei Kinder habe und Babys für mich keine abstrakte Vorstellung mehr sind, in einen schrecklichen Konflikt gekommen wäre. Ganz davon abgesehen, dass Frank mit Sicherheit gegen eine Abtreibung gewesen wäre.

Andererseits hätte ich auch ein schlechtes Gewissen gehabt, wenn wir uns für das Kind entschieden hätten.

Jetzt, nachdem wir uns ausführlich mit diesen Fragen beschäftigt haben, bin ich der Ansicht, dass jedes Kind ein Recht darauf hat, ein Wunschkind zu sein. Fahrlässige Zeugung erscheint mir als etwas absolut Unverantwortliches. Hinzu kommt, dass die Vorstellung nicht sehr schmeichelhaft ist, dass ich mit Mitte dreißig das Thema Verhütung immer noch nicht im Griff habe.

Statt mit Frank über meine Ängste zu sprechen, habe ich dann abends bei einer Flasche Wein ganz für mich allein eine Check-Liste gemacht mit den Gründen für ein weiteres Kind auf der linken Seite und den Gründen dagegen auf der rechten. Einfach, um mich in der Fülle von Argumenten und Wünschen besser zurechtzufinden. Leider war die Kontra-Seite länger.

So, jetzt muss ich noch schnell einkaufen und Mittagessen kochen. Heute Nachmittag schreibe ich an dem Buch weiter. Mein neues Leben als Autorin gefällt mir sehr. Ich gehe jetzt auch öfter abends weg, zusammen mit einer Nachbarin. Sie kennt sich gut in der Musikszene aus und ich habe beschlossen, dass ich über dieses Thema ein extra Kapitel schreiben werde.

Deine Sonja

Thema: **Klartext**
Datum: 11.10.
From: hanneb@t-online.de
To: sonjan@aol.com

Liebe Sonja,

schade, dass du deine Überlegungen mit Frank nicht teilen konntest. Eine verpasste Gelegenheit mehr. Da scheint bei euch wirklich was im Argen zu liegen. Ich kann mir vorstellen, dass dir der Schreck in alle Glieder gefahren ist. Aber vielleicht hat das ja zur Klarheit beigetragen.

Was mich angeht, so habe ich mir fest vorgenommen: Wenn ich doch noch mal ein Kind kriege, dann nur mit einem Mann, der sich vorher so lange und so ausführlich, wie ich das brauche, mit mir über alle Aspekte dieses Themas auseinander setzt. Und der dann auch bereit ist, die Konsequenzen dieser Entscheidung mit mir gemeinsam zu tragen.

Deine Hanne

Thema: **Begrenztheit**
Datum: 12.10.
From: sonjan@aol.com
To: hanneb@t-online.de

Liebe Hanne,

meine nächtlichen Überlegungen zum Thema „Drittes Kind“ haben mich mehr mitgenommen, als ich zunächst wahrhaben wollte.

Nicht, weil ich jetzt unbedingt scharf auf eine weitere Schwangerschaft bin. Im Moment sind mir andere Dinge wichtiger. Es ist vielmehr die Begrenztheit, die mich deprimiert: dass wir immer eine Auswahl treffen müssen. Dass wir von den Möglichkeiten, die uns die Natur gegeben hat, nicht spontan und unbegrenzt Gebrauch machen dürfen, sondern unseren eigenen Ansprüchen entsprechend vernünftig, maßvoll, vorausschauend und planend zu Werke gehen müssen. Dass Gebärmutter und Eileiter, obwohl noch voll funktionsfähig, in Nutzlosigkeit dahinwelken. Dass unsere Kräfte nicht ausreichen und dass das Leben so kurz ist.

Hört sich fast schon nach Midlifecrisis an, oder?

Deine Sonja

8. Neuer Anfang

Thema: **Stell dir vor!**
Datum: 13.10.
From: hanneb@t-online.de
To: sonjan@aol.com

Hallo Sonja,

ich kann es nicht glauben, ich habe mich verliebt. Dass es so was gibt! Wahnsinn!!! Du willst natürlich sofort wissen, wer, wie, wo und warum? Okay: Ich werde mich bemühen, die Geschichte der Reihe nach zu erzählen.

Es war gestern Abend, auf einem dieser langweiligen Buchmessen-Empfänge. Ich habe ihn gleich gesehen, als ich den Raum betrat. Vor Schreck hätte ich beinahe wieder kehrtgemacht, so sehr hat mich sein Blick getroffen. Ich habe mich dann krampfhaft mit allen möglichen Leuten unterhalten. Dann stand er plötzlich neben mir. Ingo heißt er.

Er arbeitet bei amazon in München – was genau, habe ich noch nicht begriffen. Irgendwas mit Marketing. Übrigens hat er dauernd mit der Firmenzentrale in Seattle zu tun.

Er hat ein Kind, das lebt bei seiner Mutter in Frankfurt. Deshalb bleibt er heute auch noch da, obwohl die Buchmesse schon zu Ende ist. Heute Vormittag ist er mit seinem Sohn in den Zoo gegangen und heute Abend geht er mit mir aus. Hilfe, mir dreht sich alles. Soll ich mein dunkelgrünes Stretchkleid anziehen? Ach was, wir sind doch nur zum Essen verabredet. Oder Jeans und Pulli?

Das sieht so aus, als wenn mir die Sache nicht wichtig wäre. Noch schwierigere Frage: Was ziehe ich drunter?

It's a wonderful life!

Deine Hanne

Thema: RE: **Stell dir vor!**
Datum: 13.10.
From: sonjan@aol.com
To: hanneb@t-online.de

Liebe Hanne,

ich kann mir genau vorstellen, wie du jetzt durch die Wohnung rennst, der halbe Kleiderschrank liegt schon im Zimmer verteilt, bei jedem Telefonklingeln bleibt dir das Herz stehen. Mein Gott, das ist doch klasse! Ich bin so froh, dass dir das passiert ist – egal wie es ausgeht.

Ich wünsche dir alles Gute für heute Abend. Ermahnungen kriegst du nicht, schließlich bist du schon groß.

Nur eins musst du mir versprechen: dass ich dir wichtig bleibe.

Deine Sonja

Thema: **Mein Mensch**
Datum: 15.10.
From: hanneb@t-online.de
To: sonjan@aol.com

Liebe Sonja,

was soll ich sagen? Es war ganz schrecklich und ganz schön und sehr verwirrend.

Alles ging damit los, dass ich den falschen Lippenstift aufgelegt hatte. So einen knallroten, damit er gleich merkt, dass er es nicht mit einer Dezenten zu tun hat. Du hättest ihn mal sehen sollen, als ich zur Tür hereinkam: Er hat sich richtig erschrocken!

Überhaupt die Tür: Ich hatte extra einen Tisch bestellt, damit nichts schief geht. Und welchen haben mir diese Nachtkappen reserviert? Den direkt am Eingang! Jedes Mal, wenn die Tür aufging, traf mich ein kalter Windstoß im Rücken. Und das, obwohl ich mich gegen die Variante Pulli entschieden hatte. Es war das Allerletzte!

Also Theater angefangen und umgezogen. Dann das Essen: Im Eifer des Gefechts hatte ich es versäumt, nach den Beilagen zu fragen. Und da servieren die mir als Gemüse warmen Rettich! Kann man sich was Abscheulicheres vorstellen?

Und nun zum Thema: Ingo war umwerfend! Einfach fantastisch! Im Grunde genommen hätten sie mir auch Regenwürmer auftischen können. Kaum saß ich ihm gegenüber, versank die Welt um uns herum in Bedeutungslosigkeit. Und ich wusste: Das ist mein Mensch!

Wir sind dann noch in diversen Bars gewesen, haben stundenlang geredet und uns dabei in die Augen geschaut. Auffallend war: Keiner hat irgendwelche Spielchen gemacht. Okay, die Nummer mit dem Lippenstift war ein Menschenversuch, aber den hatte ich mir zu Hause ausgedacht. Kaum waren wir zusammen, hatte ich keine Lust mehr auf Politik. Und dann sagt er plötzlich so gegen drei Uhr morgens, dass er jetzt nach Hause will. Ich dachte, ich höre nicht richtig: „Ich möchte jetzt nach Hause!“ Hat man so was schon erlebt? Ich saß dann neben ihm im Taxi, er nahm meine Hand, ich dachte, was geht denn hier ab? Schon hält der Wagen vor meiner Tür: „Hör mal“, sage ich, „ich würde lieber mit dir schlafen als allein!“ Und was tut der? Sagt „Gute Nacht!“ und fährt weiter.

Unfassbar!

Ich gehe also ungeküsst die Treppe hoch, mit der Gewissheit allerdings, dass der das verdammt schnell bereuen würde. Und siehe da, kaum hatte ich die Wohnungstür aufgeschlossen, klingelt das Telefon. Wir haben dann bis zum Morgengrauen weitergeredet. Er sagte, er habe einfach Angst gekriegt, dass das alles zu viel ist, und er wollte auch nicht, dass beim ersten Mal Alkohol im Spiel ist. Das hat mir dann endgültig die Sprache verschlagen.

Heute Morgen lag eine Fahrkarte nach München im Briefkasten.

Übrigens: Morgen ist der Geburtstermin, also der Tag, an dem ich sonst das Baby gekriegt hätte. Nicht auszudenken, dass ich jetzt genauso gut hechelnd im Kreißsaal liegen könnte. Aber was heißt genauso gut?

Deine Hanne

Thema: Re: **Mein Mensch**
Datum: 16.10.
From: sonjan@aol.com
To: hanneb@t-online.de

Liebe Hanne,

deine Geschichte ist wirklich schön. Was mich vor allem beeindruckt, ist diese Ernsthaftigkeit. Ich glaube ja auch, dass man es merkt, wenn das Schicksal zuschlägt. Unter anderem daran, dass man keine Lust hat, sich zu verstellen.

Und nun? Bist du aufgeregt wegen des Wochenendes? Blöde Frage! Na klar!

Ich will ehrlich sein: Ein bisschen neidisch bin ich schon. Zwischen Frank und mir gibt es viel Verbundenheit, entstanden aus Erinnerungen, Gewohnheiten, mancher Krise, die wir zusammen durchgestanden haben, und aus der gemeinsamen Freude an den Kindern. All das ist mir viel wert. Was uns aber abhanden gekommen ist, ist das Aufgeregt-aufeinander-Warten. Und die Leidenschaft. Kommt das zwangsläufig, nach so vielen Jahren? Dieses Dahinsinken der Lebendigkeit?

Ich glaube eigentlich nicht. Ich weiß (ich hoffe zumindest!), dass bei Frank tief drinnen ganz viel los ist. Allerdings hat mir mal ein Freund erklärt, dass dies der größte Irrtum überhaupt ist: dass die Frauen immer vermuten, in ihren Männern steckten tobende, tosende Gefühle. Nur eben eingesperrt. Und sie, die Mütter, Schwestern und Geliebten, seien aufgerufen, diese aus ihrem Käfig zu befreien. In Wahrheit sei da aber gar nichts: Null, Niente, Nada! Eine Dauer-Depression, die noch dazu als Ausgeglichenheit hingestellt wird. Wie dem auch sei: Das, was Frank von sich zeigt, ist ordentlich und glatt. Und ich habe keine Lust mehr, ihn wach zu küssen. Wir sind eine tolle Arbeitsgemeinschaft, was die Verwaltung des Alltags angeht. Aber wir arbeiten meistens nebeneinander her.

Nähe und Wärme holen wir uns bei den Kindern. Der bekannte Mechanismus: Flucht aus der Liebesbeziehung in die pädagogische Beziehung. Klar, Kinder brauchen viel Aufmerksamkeit. Und wenn es auf dem Sektor nichts zu tun gibt: In Haus und Garten gibt es immer was zu werkeln. Aber mir reicht das nicht mehr. Jeder Mensch, der nicht versteinern will, braucht einen, bei dem er sein Herz ausschütten kann. Jedenfalls habe ich anfangen, meine Fühler auszustrecken. Ich habe dauernd seltsame Begegnungen der dritten Art: auf der Straße, im Supermarkt, in Kneipen und Konzerten. Sowohl mit Männern als auch mit Frauen. Irgendwas ist passiert, plötzlich bin ich ansprechbar geworden. Umso mehr fällt mir auf, wenn zwischen Frank und mir so wenig läuft.

Einsam,

deine Sonja

Thema: **Neues Leben**
Datum: 18.10.
From: hanneb@t-online.de
To: sonjan@aol.com

Liebe Sonja,

gerade bin ich in meine leere Wohnung zurückgekehrt: vertrockneter Gouda im Kühlschrank, zwei unwichtige Anrufe auf dem Anrufbeantworter, eine Rechnung im Briefkasten. Nichts Lebendiges. Das totale Gegenprogramm zu meinem Wochenende.

Ich habe mir kurz überlegt, ob ich Isabel und Martin überrede, mit mir essen zu gehen. Aber was soll ich denen erzählen? Dass ich mich unsterblich verliebt habe? Dass ich mich jetzt so wach und offen fühle wie ein Säugling? Dass die Flamme wieder brennt? Dass ich schreien könnte vor Glück und sterben vor Sehnsucht? Unmöglich! Die würden sich ansehen mit diesem In-sechs-Monaten-sprechen-wir-uns-wieder-Gesichtsausdruck. Verständlich: Woher sollen die wissen, dass ich gerade am Wendepunkt meines Lebens angekommen bin?

Ich habe lange die Ansicht vertreten, Männer und Frauen lebten auf verschiedenen Sternen. Wir könnten uns vielleicht von Ferne zuwinken, aber ein wirkliches Verständnis sei nicht möglich. Diese Meinung muss ich revidieren.

Aber jetzt mal der Reihe nach:

Meine Ankunft am Freitagabend am Münchener Hauptbahnhof. Im Zug war ich in Hochstimmung. Ich trug einen neuen hellgrauen Mantel, dazu passend einen Hut, neue Unterwäsche, damit er was Schönes zum Ausziehen hat, überhaupt alles neu: neue Beziehung, neues Leben, das geht nicht in alten Klamotten.

Auf dem Bahnsteig dann der Absturz. Plötzlich kam ich mir gar nicht mehr verwegen und abenteuerlustig vor. Im Gegenteil: Wie kann man bloß in eine fremde Stadt zu einem wildfremden Mann fahren, ohne sich ein Hotelzimmer zu reservieren, schoss es mir durch den Kopf. Hilfe!

Er muss mir das angesehen haben, jedenfalls hat er vorgeschlagen, dass wir erst einmal was trinken gehen. Gott sei Dank, Zeit gewonnen! Als wir unseren Milchcafé vor der Nase hatten, hatte ich mich schon halbwegs gefangen. Ich verwickelte ihn in ein Gespräch über Mexiko – Lateinamerika ist sein Spezialthema. Denn wie die meisten Männer hält er gerne Vorträge über Sachfragen. Gelegentlich ließ ich ein aufmunterndes „Interessant, erzähl mir mehr davon“ fallen – wie man weiß, wirkt dieser Satz beim männlichen Geschlecht wie ein Aphrodisiakum. Dabei habe ich überhaupt nicht zugehört, nur ab und zu einen Einwand gemacht, damit er weiterredet und ich ihn in Ruhe mustern kann. Am meisten haben mich seine Hände beeindruckt – groß, gepflegt, kräftig und lieb. Und dann habe ich mir vorgestellt, was er damit alles anfangen könnte ...

Der Rest ist schnell erzählt. Wie du dir vorstellen kannst, habe ich an diesem Wochenende von München nicht viel gesehen. Genau genommen gar nichts, außer den Hauptbahnhof, besagtes Café und Ingos Wohnung. Eine schöne Wohnung übrigens: sauber, aufgeräumt, geschmackvoll eingerichtet. Sollte ich tatsächlich mal an einen Erwachsenen geraten sein?

Jetzt stelle ich mir vor, wie Ingo vom Bahnhof dorthin zurückgekommen ist. Aschenbecher und leere Kaffeetassen türmen sich neben dem Bett, auf der Ablage im Badezimmer ein paar Haarnadeln, in der Zuckerdose habe ich einen Zettel versteckt: Ich liebe dich!

Eine Sache muss ich noch loswerden:

Am Sonntagmorgen um viertel nach acht klingelt Ingos Handy. Sein Sohn Valentin ist dran und erzählt irgendwas über ein Playmobil-Feuerwehrauto, das er sich zu Weihnachten wünscht. Ingo dreht sich von mir weg, als wenn es jetzt unbedingt darauf ankäme, zwei nicht zusammengehörige Geschichten auseinander zu halten. Stimmt ja auch, ich wusste von Anfang an über seine zweite Existenz und ich mochte ihn in dem Moment für die Art, wie er mit seinem Fünfjährigen über deutsche und amerikanische Sirenen fachsimpelte. Aber es war viertel nach acht, wir hatten in der Nacht nicht viel geschlafen. Ich fühlte mich plötzlich getrennt von meinem Liebsten und fast wie ein Eindringling in sein eigentliches Leben. Ich fürchte, das wird nicht einfach …

Mitternacht, Zeit, ins Bett zu gehen. Ingo hat nicht mehr angerufen und jetzt ist es zu spät, dass ich ihn anrufe. Ich glaube, ich schicke ihm noch schnell eine SMS, sonst kann ich nicht einschlafen.

Übrigens: Nur weil ich jetzt mit Ingo zusammen bin, bist du mir kein bisschen weniger wichtig,

deine Hanne

Thema: Re: **Neues Leben**
Datum: 20.10.
From: sonjan@aol.com
To: hanneb@t-online.de

Liebe Hanne,

das wird mit Sicherheit nicht einfach. Du willst einen Neuanfang und da ist etwas Altes, das gleich den Rahmen vorgibt. Das Entscheidende ist aber, dass Ingo dich mit deinen Gefühlen nicht allein lässt.

Was mich mal interessieren würde: Woher hat er eigentlich dieses Einfühlungsvermögen? So wie du ihn beschreibst, ist er ja was ziemlich Besonderes. Hatte er so eine tolle Kindheit oder hat deine Vorgängerin ihn zum Leuchten gebracht (warum kam es dann zur Trennung?) oder ist er ein Naturtalent?

Apropos Einfühlung: Bei mir war am Wochenende der Punkt erreicht, wo ich mich von Frank so abgeschnitten fühlte, dass ich dachte, ich raste gleich aus. Und genau das ist dann auch passiert: Weil die Stimmung so gereizt war, kam es wegen der Rauchmelder zum Krach, die seit einem halben Jahr im Flur herumliegen und darauf warten, dass Frank sie, wie versprochen, anbringt. Soll ich jetzt auch noch alleine schlagbohrern?, habe ich getobt und schließlich ist auch Frank richtig wütend geworden. So heftig war es noch nie. Und dann haben wir Sonntagabend zum ersten Mal seit langem wieder richtig geredet.

Ich habe Frank erzählt, was ich wegen der vergessenen Pille durchgemacht habe. Er war ziemlich schockiert, festzustellen, was da alles an ihm vorbeigeht. Ich habe ihm auch gesagt, dass ich im Moment alle Antennen ausgefahren habe und mich jederzeit in einen anderen verlieben könnte. Vermutlich würde es schon reichen, wenn mich einer fragt, wie es mir geht, und das auch wirklich wissen will. So offen fühle ich mich einerseits und so wenig von ihm wahrgenommen andererseits. Ich hoffe, das hat sich nicht wie eine Drohung angehört, aber ich wollte doch wenigstens was gesagt haben, bevor die Suppe angebrannt ist. Und ich wollte ihm auch mitteilen, dass ich das, was mir fehlt, eigentlich lieber mit ihm hätte als mit einem Dritten.

Irgendwas wird passieren,

deine Sonja

Thema: **Naturtalent?**
Datum: 23.10.
From: hanneb@t-online.de
To: sonjan@aol.com

Liebe Sonja,

die Frage ist frech, aber wie du dir vorstellen kannst, habe ich sie mir ebenfalls gestellt. Allein schon, weil ich mir sagte: Den perfekten Mann gibt es nicht. Irgendwo muss doch der Haken sein.

Um es kurz zu machen: Ich weiß auch noch nicht viel, aber doch genug, um mir die Geschichte halbwegs zusammenzureimen.

Ingo hatte natürlich keine supertolle Kindheit – wer hatte die schon? Er hatte, da seine Familie wohlhabend war, viele Möglichkeiten im Sinne von großer Garten, Tennisstunden, Klavierunterricht, Auslandsreisen etc., für die er bis heute dankbar ist. Auf der anderen Seite ist sein Vater ein großspuriger, selbstgerechter Typ, der sich für das Maß aller Dinge hält, darin unterstützt von seiner ihm stets ergebenen Gattin. Auf seine Bedürfnisse war alles ausgerichtet; wenn „Er“ nach Hause kam, standen die Wände stramm, abweichende Meinungen wurden nicht geduldet, Konflikte bis zur Unkenntlichkeit verkleistert. Kurz: der typische erstickende und verlogene, krank machende und autoritäre Großbürger-Clinch.

Ingo hat dann ein paar Jahre ziemlich viel ausprobiert und mit dreißig Knall auf Fall geheiratet. Wie er heute sagt, wollte er plötzlich was Eigenes haben und vor allem dem Kind, das bald darauf geboren wurde, ein besserer Vater sein, als sein eigener gewesen war.

Das war aber nicht so einfach: Das Baby hatte den heimlichen Zweck, den es erfüllen sollte, offenbar begriffen und quengelte Tag und Nacht herum, trank schlecht und hatte Blähungen. Beide Eltern fühlten sich übermüdet und überfordert. Freiräume gab es weder für den Einzelnen noch für das Paar. Als das Kind ein Jahr alt war, gingen die beiden nicht mehr miteinander aus und auch nicht mehr miteinander ins Bett. Ingo leistete gewissenhaft seinen Dienst am Wickeltisch, zog sich aber ansonsten hinter den PC zurück. Irgendwann kam raus, dass seine Frau seit einiger Zeit ein Verhältnis mit einem Kollegen hatte.

Die beiden haben es dann noch mal mit einer Paarberatung versucht, aber da war wohl nichts mehr zu retten. Für Ingo brach eine Welt zusammen, als seine Frau ihre Sachen packte und mit seinem Sohn zu ihrem neuen Freund zog. Der Therapeut machte ihm klar, dass er die Gelegenheit nutzen sollte, was für sich zu tun, sonst würde er über kurz oder lang in einer ähnlichen Konstellation wieder von vorne anfangen.

Diese Chance hat er ergriffen. Er sagt, seine Einzeltherapie sei drei Jahre harte Arbeit gewesen, in denen er seine Kindheitsmuster studiert, die Beziehungen zu seinen Eltern und Geschwistern geklärt hat und vor allem in der Person des Therapeuten einem Menschen begegnet ist, wie er sich seinen Vater immer gewünscht hatte: einfühlsam, interessiert und voller Respekt. Das Verhältnis zu seiner Exfrau, die inzwischen mit dem Kind allein lebt, scheint gut zu sein. Ingo tut alles, um mit seinem Sohn in einem engen Kontakt zu bleiben, obwohl 350 Kilometer Schiene zwischen ihnen liegen.

Was mich betrifft, so bin ich natürlich froh, an einen Mann geraten zu sein, der gelassen und berechenbar ist, aber nicht, weil er alles wegschiebt, sondern weil er sich allem gestellt hat. Das ist nicht die Ruhe vor dem Sturm, sondern die Ruhe danach. Der hat wirklich was mitzuteilen. Statt irgendein Larifari vom Typus „Woche war mal wieder ziemlich anstrengend" von sich zu geben.

Auf der anderen Seite frage ich mich natürlich, ob ich da auf die Dauer mithalten kann. In solchen Momenten gibt mir der Gedanke an die Arbeit Mut, die wir beide in den vergangenen Monaten geleistet haben. Deine E-Mails und meine Antworten haben mich zum Nachdenken gebracht und ich merke, dass ich eine andere bin als im vergangenen Februar.

Apropos Arbeit: Bei dir und Frank ist ja offenbar was in Bewegung gekommen. Das finde ich toll. War das eine einmalige Geschichte oder meinst du, ihr könnt da weitermachen?

Alles Liebe,

deine Hanne

PS. Heute Abend kommt Ingo nach Frankfurt, aber wir werden uns nur eine Stunde am Sonntagabend sehen, weil es sein Sohn-Wochenende ist. Er wohnt dann immer in einer WG in Sachsenhausen. Am Samstagnachmittag bin ich zum Glück beschäftigt, denn da haben wir einen Auftritt mit dem Chor.

Thema: **Zwiegespräche**
Datum: 24.10.
From: sonjan@aol.com
To: hanneb@t-online.de

Liebe Hanne,

ich kann mir vorstellen, dass es schwer ist, die neue Liebe so nah zu wissen und doch getrennt zu sein. Auf der anderen Seite finde ich es auch für dich gut, wenn ihr die Dinge vorerst auseinander haltet. Damit sich zwischen Ingo und dir was entwickeln kann, braucht ihr doch ungestörte Zweisamkeit, oder? Später könnt ihr euren Kreis immer noch um das Kind erweitern.

Was Ingos Geschichte angeht, so bin ich froh, dass du diesmal nicht an einen Typen geraten bist, bei dem erst jahrelang Entwicklungshilfe geleistet werden muss. Statt dich zu fragen, ob du da mithalten kannst, würde ich es als Glücksfall sehen, dass der sich schon mal allein auf den Weg gemacht hat. Auf diese Weise musst du nicht dauernd stehen bleiben und auf ihn warten. Was investieren wir Frauen sonst an Zeit und Kraft, um unsere wortkargen Männer dazu zu bringen, was zu spüren und am Ende sogar mitzuteilen!

Apropos: Ich frage mich die ganze Zeit, ob ich mal versuchen sollte, Frank für die Idee des „Zwiegesprächs" zu erwärmen. Du hast doch bestimmt von diesem kürzlich gestorbenen Frankfurter Paar-Guru gehört. Jedenfalls habe ich mir vor Jahren sein Buch „Die Wahrheit beginnt zu zweit" gekauft, als Frank und ich nach Milans Geburt nur noch beziehungslos und verbittert nebeneinanderher schafften. Ich fand die Grundidee, durch regelmäßige Gespräche, die nach vorher verabredeten Spielregeln ablaufen, um wieder miteinander in Verbindung zu kommen, sehr einleuchtend. Damals hatte ich aber nicht die Kraft, Frank dahin zu palavern.

Nun: Therapie-Sitzungen kommen jetzt sowieso nicht in Frage, allein schon aus sprachlichen Gründen. Wir können zwar beide recht gut Englisch, aber ich kann mir beim besten Willen nicht vorstellen, in einer anderen Sprache über mich und mein Leben zu reden. Aber vielleicht können wir uns mit Hilfe des Buches selbst helfen.

Ansonsten habe ich mich jetzt gut organisiert: Abgesehen vom Kochen erledige ich die Hausarbeit weitgehend nachmittags, wenn ich sowieso Kinder betreue, sodass ich die Vormittage für mich habe. Zweimal in der Woche geht Milan direkt nach dem Kindergarten zu einem Freund, sodass ich an diesen Tagen frei habe, bis Anna-Lisa um 15.00 Uhr aus der Schule kommt. Zweimal in der Woche nehme ich dafür einen Kindergartenkollegen von ihm mit. Einen Nachmittag kommt eine Schülerin aus der Nachbarschaft und spielt mit Milan.

Es tut sich was und das gibt mir Auftrieb,

deine Sonja

Thema: **Besuchs-Stiefmutter**
Datum: 27.10.
From: hanneb@t-online.de
To: sonjan@aol.com

Liebe Sonja,

ich finde es natürlich auch gut, dass Ingo seine Sohn-Wochenenden durchzieht wie gehabt. Wenn er das Kind plötzlich hängen lassen würde, nur weil er eine Frau kennen gelernt hat, würde ich mich sofort fragen: Und wann lässt er mich im Stich?

Neben den beiden herzutrotten, hätte ich auch keine Lust. Zumal der Kleine wahrscheinlich mäßig interessiert ist. Er braucht ja keine neue Mama, schließlich hat er schon eine. Ich werde mich wohl an die Vorstellung gewöhnen müssen, wenn es hochkommt, irgendwann eine mehr oder weniger geschätzte Besuchs-Stiefmutter zu sein.

Unser kurzes Treffen am Sonntagabend war schön. Ich bin immer wieder erstaunt, dass ich gar nicht das Bedürfnis habe, mich vor Ingo zu verstellen – genauso wenig wie er mir was vormacht. Dass wir so weit auseinander leben, macht uns beiden zu schaffen. Zumal die Wochenenden sehr kurz sind, da ich normalerweise samstags arbeite.

Ingo hatte, schon bevor wir uns kennen lernten, darüber nachgedacht, wieder nach Frankfurt zurückzukommen. Es ist sehr schwierig, auf die Entfernung ein guter Vater zu sein, zumal Valentin noch nicht allein Zug fahren oder fliegen kann. München gefällt Ingo auch nicht besonders und sein Job da ist ebenfalls nicht wirklich aufregend. Jedenfalls will er nicht bis an sein Lebensende Paketbeilagen und Geschenkgutscheine unter die Leute bringen. Wie du dir vorstellen kannst, sage ich nichts dazu. Zumal ich kein Top-Angebot in Frankfurt aus dem Hut zaubern kann.

Was die Zwiegespräche anbetrifft, so ist das bestimmt den Versuch wert. Mehr als ablehnen kann Frank ja nicht. Wahrscheinlich fühlt er sich ähnlich einsam wie du, nur dass er es hinnimmt, statt zu versuchen, was daran zu ändern. Was sind das eigentlich für ominöse Regeln, nach denen diese Gespräche ablaufen?

Bis bald,

deine Hanne

Deine Kinder – meine Kinder

Zwischen zwei Familien zu pendeln, vier Eltern und bis zu acht Großeltern zu haben wird für Kinder immer normaler. In der Bundesrepublik gibt es 660 000 Stief-Familien mit 1 165 000 Kindern. Fast jedes zweite Kind erlebt seinen 18. Geburtstag nicht in der Familienkonstellation, in die es hineingeboren wurde.

Weil nach einer Trennung die Kinder meist bei der Mutter bleiben, sind Stiefvater-Familien unter den Neugründungen am häufigsten vertreten. Aber auch der Mann kann eigene Kinder in eine neue Beziehung mitbringen. Solche Stiefmutter-Familien haben es meist schwerer, denn die Erwartungen an eine Mutter sind höher als an einen Vater.

Daneben gibt es so genannte „Patchwork-Familien“, die durch Zusammenlegung von Teilfamilien entstehen. In dieser Konstellation ist jeder der beiden Partner zugleich Vater oder Mutter eines leiblichen Kindes und Stiefvater oder -mutter des Kindes des Partners.

Die Situation wird noch komplizierter, wenn sich Paare nach mehreren Trennungen zusammenfinden. Oft bekommt ein solches Paar noch neue gemeinsame Kinder. Wie auch immer sie aussehen: Neu zusammengesetzte Familien starten unter anderen Voraussetzungen als Erstfamilien und müssen mit einer Reihe von ganz besonderen Problemen fertig werden: Fast alle Stiefeltern haben Angst, das fremde Kind nicht genug zu lieben und mit ihm etwas falsch zu machen. Fast alle leiblichen Eltern beobachten misstrauisch, ob ihr neuer Partner das eigene Kind gut behandelt. Mitgebrachte Kinder müssen Privilegien aufgeben, neue Verantwortlichkeiten übernehmen, ihre Vorstellungen von Familienleben anpassen. Viele Stief-Familien müssen mit wenig Geld auskommen, da Unterhaltszahlungen an Mitglieder der Erstfamilie gehen. Fachleute betonen allerdings, dass hinter der Tatsache, dass in bunt gemixten Familien erst mal nichts „normal" ist, auch eine Chance steckt: Rollenzuweisungen sind hier weniger einengend als in so genannten Normalfamilien, wo in der Regel spätestens nach der Geburt des ersten Kindes ein so genannter „Traditionalisierungsschub" zu verzeichnen ist: Mit jedem Kind bleiben die Väter länger im Büro. Patchwork-Mütter begnügen sich seltener mit dem überlieferten zweiten Platz in der Familienhierarchie. Patchwork-Männer können sich meist weniger vor Haushalts- und Erziehungsaufgaben drücken. Die Bedingungen des Zusammenlebens müssen immer wieder neu ausgehandelt, Konflikte von vornherein einkalkuliert werden. Mehrere Erwachsene teilen sich Rechte und Pflichten der Erziehung, bieten verschiedene Muster zum Nachahmen und Identifizieren an. Wichtig ist, dass alle Beteiligten wissen: Sie brauchen viel Geduld. Denn es hat sich herausgestellt, dass es etwa fünf Jahre dauert, bis Stief-/Patchworkfamilien zusammengewachsen sind. Kontakte zu Selbsthilfegruppen, Adressen von therapeutischen Einrichtungen, Informationen und persönlichen Rat bietet die Bundesarbeitsgemeinschaft Selbsthilfegruppen Stieffamilien, s. Anhang.

Buchtipp: Unverzagt, Gerlinde: Patchwork, 2002 (s. Anhang)

Thema: **Gesprächsregeln**
Datum: 30.10.
From: sonjan@aol.com
To: hanneb@t-online.de

Liebe Hanne,

die Regeln sind folgende:

Regelmäßiger fester Termin einmal in der Woche.

Anderthalb Stunden ungestörte Zeit.

Jeder spricht nur über sich.

Reden und Zuhören sollten gleichmäßig verteilt sein.

Keine bohrenden Fragen, Drängen, Kolonisierungsversuche.

Gemeinsame Verantwortung dafür, dass oben genannte Grundordnung eingehalten wird.

Wie ist die Sache nun gelaufen?

Ich hatte ein ziemlich blödes Gefühl, Frank zu den Gesprächen zu überreden. Er hat ja noch nie in seinem Leben ein Buch über Psychologie, Kindererziehung oder dergleichen gelesen. Ich kam mir vor, als ob ich von ihm verlangen würde, er solle Chinesisch lernen, nur weil ich mich plötzlich für moderne Lyrik aus Taiwan interessiere. Auf der anderen Seite dachte ich, die Sache habe überhaupt nur dann Sinn, wenn er sich erst einmal auf denselben Kenntnisstand bringt wie ich.

Ich habe die Angelegenheit dann so vorgebracht, wie es der Autor empfiehlt. „Ich will mal einen Vorschlag machen“, habe ich gesagt: „Es geht darum, dass wir wieder mehr richtig miteinander reden.“ Schon fiel Frank mir ins Wort: „Findest du, dass wir nicht genug reden?“ Wie erwartet versuchte er, das Thema mit der „Du-übertreibst-mal-wieder-Nummer“ abzuwürgen. „Ich meine nicht über das, was zu regeln und zu tun ist – Urlaubspläne, Finanzen, Einkäufe und so – , sondern über Wesentliches: was uns gerade bewegt, wie es uns geht, wie wir die Beziehung erleben, wie wir unser Leben sehen“, schob ich unter Aufbietung größtmöglicher pädagogischer Milde hinterher. Wie ich das hasse, dass er mich immer erst mal auflaufen lässt!

Dann habe ich mir gesagt, jetzt oder nie, und den Rest nachgeschoben: „Hier ist ein Buch. Da steht drin, wie man das hinkriegt, ohne sich gegenseitig dauernd zu verletzen. Mir gefällt es. Du kannst es ja mal in Ruhe lesen. Wenn du es auch gut findest, können wir es ja mal ausprobieren.“

Mal sehen, was passiert. Einstweilen liegt das Buch neben seinem Bett. Aber das kann man wirklich nicht verlangen, dass er sich das gleich am ersten Abend reinzieht.

Ich halte dich auf dem Laufenden.

Deine Sonja

Thema: **Wiedersehen**
Datum: 2.11.
From: hanneb@t-online.de
To: sonjan@aol.com

Liebe Sonja,

immerhin hast du einen Anfang gemacht. Das finde ich sehr mutig.

Ansonsten freue ich mich, dass unser Wiedersehen näher rückt und ich mir demnächst endlich ein Bild machen kann, wie du eigentlich lebst. Immer nur E-Mail ist ja auch nix.

Ich freue mich schon schrecklich, obwohl ich mir gar nicht vorstellen kann, mich so lange so weit von Ingo zu entfernen.

Gibt es irgendetwas, was ich dir mitbringen soll? Pumpernickel, Nürnberger Lebkuchen, Bastelkram für die Kinder?

Übrigens: Für morgen habe ich einen Termin beim Frauenarzt gemacht. Ich will mir die Pille verschreiben lassen. Stell dir vor, ausgerechnet jetzt, wo ich den tollsten Mann überhaupt kennen gelernt habe, will ich ganz sicher gehen, dass nichts passiert. Ganz verstehen kann ich das selbst nicht. Es ist nur das deutliche Gefühl: Ich will diesen Mann mit niemandem teilen. Jedenfalls nicht sofort.

Deine Hanne

Thema: **Handbremse gelöst**
Datum: 6.11.
From: sonjan@aol.com
To: hanneb@t-online.de

Liebe Hanne,

nach einigem Hin und Her haben Frank und ich uns auf ein „Vorgespräch“ geeinigt. Am Montagabend nach deiner Abreise werden wir uns zusammensetzen und darüber reden, wie das praktisch laufen würde und was wir uns davon versprechen. Immerhin: Der gute Wille ist da.

Thema Arbeit: Ich stelle fest, dass dieser Buchauftrag, so unbedeutend er in Wahrheit auch sein mag, ungeheure Energien freisetzt. Im Nachhinein kommt es mir vor, als wenn ich in letzter Zeit dauernd mit angezogener Handbremse gefahren wäre. Jetzt, wo ich die gelöst habe, bin ich nicht mehr zu stoppen.

Ich habe nicht nur angefangen, wirklich in dieser Stadt zu leben, sondern im Laufe meiner Recherchen schon jede Menge interessanter Leute kennen gelernt. Das Schreiben geht gut voran, aber vor allem merke ich, dass mir das Thema Fotografie was zu sagen hat. Früher habe ich ja nur Fotos von den Kindern gemacht und da hat es mich nicht mal gestört, wenn meine lieben Kleinen rote Blitzlicht-Augen hatten (konnte das ihrer Niedlichkeit was anhaben?). Jetzt entwickle ich den Ehrgeiz, diese Stadt anders zu fotografieren, als das in Reiseführern üblich ist. Ich mache vor allem Polaroids – schwarz-weiß und farbig – und überlege die ganze Zeit, was man damit anstellen kann.

Lieb, dass du nach heimatlichen Mitbringseln fragst: Ich hätte gern das Buch, das Connie Palmen über ihre amour fou mit diesem niederländischen Talkmaster geschrieben hat: „Ischa Meijer, In Memoriam“. Geht das?

Ich freue mich auf dich,

deine Sonja

9. Die Entscheidung

Thema: **Just landed**
Datum: 22.11.
From: hanneb@t-online.de
To: sonjan@aol.com

Liebe Sonja,

ich sitze ein bisschen verloren zwischen meinen Taschen und weiß nicht, was ich davon halten soll, dass ich jetzt wieder in Frankfurt bin. Einerseits habe ich mich schrecklich gefreut, als Ingo heute Morgen am Flughafen stand (er fläzt sich gerade mit einem Haufen Bücher auf meinem Diwan herum), andererseits ist meine Seele noch bei euch.

Die gemeinsame Zeit war richtig schön. Seattle ist eine tolle Stadt. Unsere Fahrradtour ist unvergesslich. Und ihr seid wirklich eine klasse Familie.

Ich war sehr beeindruckt von dem, was du in der kurzen Zeit auf die Beine gestellt hast: die Alltags-Organisation, dein inzwischen perfektes Englisch, das Netzwerk, das du dir aufgebaut hast, dein Buchprojekt. Mir ist das früher nie so aufgefallen, was du für eine Power hast. Und mir scheint, das ist erst der Anfang. Da steckt noch viel mehr in dir drin.

So weit als ersten Gruß,

deine Hanne

Thema: RE: **Just landed**
Datum: 23.11.
From: sonjan@aol.com
To: hanneb@t-online.de

Liebe Hanne,

wir kommen uns auch richtig amputiert vor, seit du weg bist. Den Kindern fehlt der coole Kumpel, der zu den unmöglichsten Zeiten zu jedem Unfug zu bewegen ist. Ich vermisse die Freundin.

Ich habe gleich nach deinem Abflug das Buch von Connie Palmen angefangen und ich muss sagen: Ich beneide sie um diese radikale, schonungslose Offenheit und Nähe, die sie mit ihrem Mann erlebt hat. Auch wenn vieles rückblickend und für das Publikum idealisiert wurde: Wenn nur 50 Prozent stimmen, bleibt es doch faszinierend, wie die beiden alles angesprochen haben, worüber es sich schwer sprechen lässt; wie sie sich um kein heikles Thema gedrückt haben; wie sie sich gegenseitig immer gekriegt haben. Ob so was auch möglich ist, wenn man gemeinsame Kinder hat?

Fest steht jedenfalls, dass sich diese Intensität nicht über Jahrzehnte aufrechterhalten lässt. Wenn Ischa Meijer nicht so früh gestorben wäre, hätte er seine Connie vermutlich irgendwann verlassen. Aber jetzt rationalisiere ich schon wieder, um meine Sehnsucht wegzukriegen.

Deine Sonja

Thema: **Sehnsucht**
Datum: 24.11.
From: hanneb@t-online.de
To: sonjan@aol.com

Liebe Sonja,

vermutlich gehören schon ein paar Rahmenbedingungen zu so einer Beziehung: ungestörtes Zusammensein à deux, relative Freiheit von Alltagsverpflichtungen ... Wer jeden Morgen erst mal Schulbrote schmiert und die dreckige Wäsche von vier Personen sortieren muss, bleibt auf dem Teppich. Trotzdem gibt es in jeder Situation Spielräume, die man nutzen kann oder nicht. Menschen, die sich dauernd vermeiden, weil anderes angeblich wichtiger ist, wollen das so.

Wenn ich an euch denke, habe ich Bilder von Ausgelassenheit, Wärme und Geborgenheit vor Augen. Das Familienbett, in das am Sonntagmorgen die Kinder zum Schmusen und Toben gekrabbelt kommen; der große Tisch, an dem meistens noch ein bis zwei Besuchskinder mit abgefüttert werden; das Geschichtenvorlesen abends mit Anna-Lisa und morgens mit Milan, wenn der noch ganz verschwitzt vom Schlafen ist und besonders gut riecht.

Ich habe mich aber auch die ganze Zeit geprüft, ob ich so leben könnte. Nie spontan losgehen können, sondern jedes Mal aufwändig die eigene Abwesenheit organisieren. Nie mehr Nächte durchquatschen und ganze Sonntage mit dem Liebsten im Bett verbringen. Dauernd gestört werden, nie gedanklich bei sich bleiben können und ohne Ende Knöpfe annähen, neuen Kleber besorgen, Fahrräder aufpumpen. Für zehn Tage war das lustig, ich habe das sogar genossen, zumal ich nicht verantwortlich war. Aber für immer? Vielleicht bin ich doch nicht für ein richtiges Familienleben geschaffen.

Ich glaube, ich habe in der Zeit, wo Milch und Honig fließen sollten – also als Baby –, nur Milch gekriegt. Und auch die nicht so reichlich und zuverlässig, wie es nötig gewesen wäre, um ein solides Urvertrauen aufzubauen. Später waren Anpassung und Leistung gefragt; geliebt wurde man nicht um seiner selbst willen. Und deshalb bin ich mir auch nie sicher, ob ich so, wie ich bin, in Ordnung bin. Ich glaube, um eine gute Mutter zu sein, ist etwas mehr Vertrauen in die eigenen Fähigkeiten und den Zustand der Welt vonnöten.

Wer weiß, vielleicht arbeite ich irgendwann ehrenamtlich in einem Hospiz? Oder ich helfe Ausländerkindern bei den Hausaufgaben? Mindestens möchte ich – um was nahe Liegendes zu nennen – eine halbwegs passable Besuchs-Stiefmutter werden. Kein eigenes Kind haben heißt ja nicht automatisch, dass man sich nicht um andere kümmern will. Aber es muss ja nicht jede im Leben das Gleiche machen. Ingo hat übrigens drei Karten besorgt fürs Weihnachtsmärchen. Da freue ich mich richtig drauf – in meiner Erinnerung hat Weihnachtsmärchen was Zauberhaftes. Natürlich bin ich auch ein bisschen aufgeregt, wie Valentin auf mich reagiert.

Deine Hanne

Thema: **Komplettes Leben**
Datum: 26.11.
From: sonjan@aol.com
To: hanneb@t-online.de

Liebe Hanne,

du hast nun eine anständige Dosis Familienleben mitbekommen. Erstaunt hat mich, dass du die Belastungen so hervorhebst. Die haben doch, seit du uns das letzte Mal gesehen hast, eher abgenommen – schließlich sind die Kinder ein Jahr älter. Wahrscheinlich hat das damit zu tun, dass du uns noch nie so geballt mitbekommen hast – früher konntest du dich ja immer in deine kinderfreie Zone zurückziehen. Und damit, dass du das, was du von unserem turbulenten Familienalltag mitbekommen hast, mehr auf dich beziehst. Weil du dich bei jeder Beobachtung fragst: Wie würde es mir damit gehen? Käme ich damit klar? Möchte ich so leben?

Was mich betrifft, so sehe ich jetzt viel mehr das Schöne an meiner Situation. Seitdem ich wieder was anderes mache, erscheint die Familienarbeit in einem anderen Licht. Welch Glück, dass ich alles zusammen – das Ganze! – habe, sage ich mir oft. Und ich verspüre von Tag zu Tag mehr Lebenslust.

Ansonsten ist seit deiner Abreise nicht viel passiert. Wir hatten unser erstes „Vorgespräch“ und haben uns auf einen festen Termin geeinigt. Allein das hat die Beziehung verbessert. Das Gefühl, dass sich was tut, ist schon hilfreich. Egal, wie das Experiment ausgeht.

Alles Liebe,

deine Sonja

Thema: RE: **Komplettes Leben**
Datum: 29.11.
From: hanneb@t-online.de
To: sonjan@aol.com

Liebe Sonja,

dieses Wochenende ist wieder Valentin dran. So bleibt mir viel Zeit zum Bratäpfelbraten, Mit-Freundinnen-telefonieren, Musikhören, Fotossortieren, Lesen, aber auch Sehnsuchthaben, Träumen und Nachdenken.

Ich finde, sich in einen Mann zu verlieben, der zugleich Vater ist, ist eine Sache. Wir können in unserem Alter nicht damit rechnen, auf einen Partner ohne Vorgeschichte und Verpflichtungen zu treffen. Und wer weiß? Vielleicht ist mir, individualistisch wie ich in 36 Jahren nun mal geworden bin, die Rolle der Gelegenheitsmama geradezu auf den Leib geschrieben. Wenn dann aber noch das Thema Fernbeziehung dazukommt, ist das ein bisschen viel Verzicht auf einmal.

Findet Ingo auch und überlegt, daran was zu ändern.

In der Frankfurter Wohngemeinschaft, in der er an seinen Valentin-Wochenenden immer wohnt, wird Anfang Januar ein Zimmer frei. Ingo denkt daran, es zu seinem bisherigen Zimmer dazuzumieten. Er könnte es für Valentin einrichten, der bislang immer mit ihm in einem Bett schläft. Das würde bedeuten, dass Ingo auf den fünfzehn Quadratmetern nicht mehr ständig über Legosteine stolpern würde, und dass ich irgendwann auch mal bei ihm übernachten könnte, wenn er Sohn-Wochenende hat. Nicht, dass ich vorhabe, den beiden so schnell wie möglich auf den Pelz zu rücken. Aber es besteht ja die Hoffnung, dass wir mit der Zeit vertraut miteinander werden.

All das würde aber nichts daran ändern, dass Ingo sowohl mich als auch seinen Sohn nie zwischendurch sehen kann. Wir haben letzte Woche ein bisschen herumgesponnen, was es für Möglichkeiten gäbe, dass Ingo ganz nach Frankfurt zurückkehrt. Vielleicht könnte er zum Vertriebs- und Logistikzentrum seiner Firma in Bad Hersfeld wechseln. Das wäre allerdings mit einer ziemlichen Fahrerei verbunden. Er ist auch mit einem Freund im Gespräch, der hier in Frankfurt eine Agentur hat, die Tickets für Shows und Musikveranstaltungen im Internet vertreibt.

Gleichzeitig überlegen wir gemeinsam, wie ich meinen Laden lukrativer machen könnte: Vielleicht spezialisiere ich mich auf Krimis, verkaufe die in Deutsch, Englisch und Französisch – schließlich hat Frankfurt ein internationales und gebildetes Publikum. Das ist alles noch recht unausgegoren, aber ich bin total aufgeregt und produziere tausend Ideen.

Nur an ein Kind denke ich überhaupt nicht. Vielleicht reicht mir ein Mann, um mich komplett zu fühlen. Man kann nicht alle Erfahrungen machen, die das Leben bereithält. Wenn ich diesen Teil meiner Weiblichkeit nicht lebe, dann kommt ein anderer umso mehr zum Zuge. Und Ingo: Er hat einmal erlebt, wie schnell eine Beziehung veröden kann, wenn Paare Eltern werden. Er sagt, er will lieber das Zusammensein mit mir genießen und sich im Übrigen um das Kind kümmern, das schon da ist. Natürlich hat er Valentin gegenüber ein schlechtes Gewissen wegen der Trennung. Verständlich, oder?

Draußen regnet es in Strömen, aber hier in der warmen Wohnung ist es richtig gemütlich. Advent, Advent, ein Lichtlein brennt …

Mit vorweihnachtlichen Grüßen,

deine Hanne

Thema: **Schichten und Übergänge**
Datum: 3.12.
From: sonjan@aol.com
To: hanneb@t-online.de

Liebe Hanne,

das mit der Krimi-Buchhandlung ist eine gute Idee. Klar würdest du auch Lesungen veranstalten und vielleicht könntest du eine Kooperation mit einem Lokalsender anfangen mit einer kultverdächtigen Sendung, von der jeder weiß, dass sie aus dem verrückten Laden kommt. Hast du nicht früher eine Zeit lang frei für den Hörfunk gearbeitet?

Bei mir ist auch alles in Bewegung. Du hast doch die vielen Polaroids gesehen, die ich in den vergangenen Monaten auf meinen Wegen durch die Stadt und ihre Randzonen gemacht habe. Ich habe jetzt von einigen Motiven Fotokopien auf Overheadfolie gemacht und fange an, mit den Bildern zu spielen. Lege sie übereinander, schiebe sie zusammen, lasse eins umgedreht ins andere wandern. Da kommen so Verdichtungen zustande, ich probiere, bis ich die Konstellation spannend finde, und dann klebe ich das zusammen und bringe es zum Digital-Druck.

Schichten und Übergänge, vielleicht ist das mein Thema.

Frank und ich hatten übrigens am Montag unser erstes Zwiegespräch. Es war die Katastrophe! Anfangs haben wir uns noch halbwegs an die Regeln gehalten, aber dann ging es mit dem üblichen Pingpong der Vorwürfe los. Das Ganze endete damit, dass wir uns gegenseitig unsere verkorksten Familien vorgeworfen und uns darüber in die Haare gekriegt haben, wer die größere „Behinderung“ in die Ehe gebracht hat. Wirklich ganz toll!

Ein Trost: Wenigstens haben wir beschlossen, deswegen nicht alles hinzuschmeißen, sondern es wieder zu probieren, bis unsere Gespräche besser klappen. Dass etwas passieren muss, damit wir wieder zueinander kommen, ist uns beiden klar. Und dass wir uns trotz allem sehr lieben. Warum ist bloß alles so schwierig?

Ganz liebe Grüße,

deine Sonja

Thema: **Seelischer Hunger**
Datum: 6.12.
From: hanneb@t-online.de
To: sonjan@aol.com

Liebe Sonja,

heute Morgen habe ich in meinem Schuh eine Tüte mit Zimtsternen gefunden. Ich habe mich total gefreut. Nicht wegen der Kekse – da steh ich gar nicht so drauf –, sondern weil es mich an wohlige Gefühle erinnert hat. Nikolaus gehörte zu den Tagen, an denen es selbst in unserer kargen Familie richtig anständig Nahrung gab – Süßkram für Körper und Seele.

Bei der Gelegenheit habe ich wieder gemerkt, dass es bei mir mit dem Nachnähren noch nicht weit her ist. Ich glaube inzwischen nicht mehr, dass ich satt genug bin, einem Kind das zu geben, was es braucht. Ich selbst sauge Aufmerksamkeit und Anteilnahme auf wie ein Schwamm und muss wirklich aufpassen, Ingo nicht aufzufressen (das mit den getrennten Wohnungen ist sehr gut!). Was das Geben anbetrifft, langt es vielleicht gerade für einen erwachsenen Partner. Die Zuwendung, die für ein Kind nötig ist, könnte ich nicht aufbringen.

Ingo und ich haben dann den ganzen Tag an unseren Plänen weitergesponnen. Er versteht ja was von Marketing und würde mir helfen, das passende Internetportal zu eröffnen. Dort gäbe es jede Woche Besprechungen von drei neuen Krimis. Die bestellten Bücher könnten sowohl im Laden abgeholt als auch von einem Internet-Großhändler, der mir Prozente gibt, zugeschickt werden. Es müsste natürlich auch einen Krimi-Newsletter geben und vielleicht lobe ich irgendwann auch einen Preis aus.

Spannend, nicht wahr?

Deine Hanne

Thema: **Na und?**
Datum: 10.12.
From: sonjan@aol.com
To: hanneb@t-online.de

Liebe Hanne,

ich finde das in der Tat sehr spannend, was bei dir passiert. Ein einziger großer Aufbruch. Das sieht man dir ja auch an: Ich fand, dass du mit deiner neuen Strubbel-Frisur fünf Jahre jünger aussiehst.

Was ich gut finde: Obwohl ich mich manchmal schon nach einer etwas aufregenderen Existenz sehne, bedrohen mich deine zahllosen Möglichkeiten nicht mehr. Inzwischen liebe ich mein in festen Bahnen verlaufendes Leben, ganz abgesehen davon, dass da in letzter Zeit auch frischer Wind hineinkommt. Du hast dies, ich habe das. Es gibt keine Entscheidung, die nicht mit Opfern verbunden wäre.

Apropos frischer Wind: Diese Woche ging es mit unserem Zwiegespräch schon besser. Nach den Erfahrungen vom letzten Mal haben wir mehr aufgepasst, dass jeder möglichst über sich redet statt über den anderen.

Frank hat mir gesagt, dass er unzufrieden ist, weil wir so wenig über seine Arbeit sprechen. Schließlich macht die Arbeit den Großteil seines Tages aus. Ich habe ihm gesagt, dass es stimmt, dass ich eine Zeit lang eine große Abwehr gegen seine Jobgeschichten hatte. Vor allem damals, als ich mit Milan total auf dem Zahnfleisch ging, konnte ich die Storys aus der tollen Berufswelt nicht hören. Wenn er dann auch noch damit anfing, was er alles noch gerne machen würde, bin ich richtig sauer geworden. Ich fand, wenn Spielräume auftauchten, sei erst einmal ich dran mit Nachholen, statt dass er weiter nach vorne stürmt. Aber in dem Maße, in dem auch ich neue Möglichkeiten habe, kann ich mich auch wieder mit seinen Karriere-Themen beschäftigen.

Nun stellt sich aber heraus, dass wir das Reden richtig verlernt haben. Wenn man jahrelang verbissen nebeneinanderher wurstelt, fehlt einfach die Übung. Hinzu kommt, dass sich Frank in den vielen Sitzungen und Konferenzen, die er leitet, das ergebnisorientierte Denken angewöhnt hat. Wenn er aber im Berichtsstil „über" seine Angelegenheiten redet und eigentlich gar keine Zweifel hat, fällt es mir schwer, mich in ihn hineinzuversetzen.

Er sagt Sätze wie „Morgen ist Direktorensitzung“ und stellt sich vor, dass ich um die Brisanz der Angelegenheit weiß und alles Weitere einfühlsam aus ihm herausfrage. Ich aber merke, dass ich ungeduldig werde und am liebsten „Na und?“ schreien möchte.

Vielleicht sollte ich das mal tun. Aber dann hätte ich gleich wieder ein schlechtes Gewissen.

So weit für heute,

deine Sonja

Thema: **Talking husbands**
Datum: 12.12.
From: hanneb@t-online.de
To: sonjan@aol.com

Liebe Sonja,

„talking husbands“ sind ja, nach allem, was man hört, ungefähr so selten wie Kolibris am Nordpol. Erstens weil die meisten Männer sowieso bei Gesprächen über zwischenmenschliche Angelegenheiten fremdeln. Und zweitens weil – wie du selbst schreibst – in Familien mit Kindern immer was anderes ansteht: Das Hochbett muss abgesägt werden, die Tochter braucht ein neues Fahrrad, der Wasserwechsel im Aquarium ist längst fällig, der Urlaub will geplant, die Winterreifen gewechselt, der Garten umgegraben werden: Zahllose Möglichkeiten, sich nützlich zu machen und das zu vermeiden, was am meisten stresst: persönliche Gespräche, in denen es ans Eingemachte geht!

Aber vielleicht kommt bei Frank ja noch was anderes dazu. Hast du ihn mal gefragt, warum er so wenig von sich preisgibt?

Deine Hanne

Thema: RE: **Talking husbands**
Datum: 13.12.
From: sonjan@aol.com
To: hanneb@t-online.de

Liebe Hanne,

ja, darüber haben wir gerade neulich gesprochen. Frank hat gesagt, dass er es überhaupt nicht gewöhnt ist, sich mitzuteilen, ohne gefragt worden zu sein. Das war bei seinen Eltern zu Hause nicht üblich. Er kam zum Beispiel mal von einer Interrail-Tour zurück. „Schön, dass du da bist", hieß es und das Familienleben ging weiter, als wenn er gar nicht weg gewesen wäre. Die Botschaft lautete: Das war ein ziemlicher Luxus, dass du so lange was für dich machen durftest, und jetzt halt uns bitte nicht auch noch mit deinen Geschichten auf.

Wenn er dann doch mal mit etwas herausplatzte, brachte vor allem sein Vater keinerlei Interesse auf. Bis heute übrigens nicht. Der Mann erzählt ja ständig irgendwelche Angebergeschichten aus seinem Leben; sobald aber sein Sohn (oder noch schlimmer: seine Schwiegertochter) den Mund aufmacht, kommt Abwehr: Was soll denn so aufregend daran sein? Ist doch alles schon mal da gewesen! Man kann sich vorstellen, wie ein Mensch bei dieser seelischen Mitgift das Reden über sich selbst verlernt. Und es irgendwann auch bei anderen Leuten überflüssig, zeitraubend und egoistisch findet.

Alles höllisch kompliziert, je mehr man sich damit beschäftigt. Aber Hauptsache, kein Stillstand. Jedenfalls herrschte nach dem Gespräch gleich ein versöhnliches Klima. Wir merken jetzt, dass wir unsicher sind, aber das ist tausendmal besser als dieses angestrengt glatte Nebeneinander.

So weit mein Zwischenbericht aus unserer Zweipersonen-Selbsthilfegruppe,

deine Sonja

Thema: **Konkurrentin**
Datum: 13.12.
From: hanneb@t-online.de
To: sonjan@aol.com

Liebe Sonja,

gestern war also Premiere. Du weißt schon, meine erste Begegnung mit Valentin. Pippi Langstrumpf in der Alten Oper. Die Inszenierung war zwar nicht sehr weihnachtsmärchenhaft, aber Valentin hat es gefallen.

Ansonsten verlief der Nachmittag erwartungsgemäß etwas holperig. Wir hatten uns eine Stunde vorher im Café Hauptwache getroffen. Nirgendwo ist es in der Weihnachtszeit gemütlicher, finde ich: Omas, die mit ihren Enkeln Weihnachtsgeschenke gekauft haben, verzehren gigantische Windbeutel. Freundinnen, die den Vorausverkauf nach einem schicken Silvesterfummel durchkämmen, gönnen sich zwischen zwei Boutiquen einen Cognac. Und, wie gesagt: Papas, die mit ihren Sprösslingen und ihren neuen Freundinnen ins Weihnachtsmärchen gehen, trinken sich hier Mut an.

Ingo guckte die ganze Zeit besorgt, wie ich mit seinem Sohn zurechtkomme. Ich habe mich aus lauter Angst, mit dem Kind etwas falsch zu machen, erst einmal bedeckt gehalten. Habe zugehört, wie sich die beiden unterhielten, was zum Teil äußerst interessant war. In Valentins Kindergarten wurde offenbar das Thema Indianer behandelt. Das Kind hatte sich alles gut gemerkt: „Bei den Indianern ist das jetzt schon wie bei den richtigen Menschen. Die Indianer-Männer gehen ins Büro und die Indianer-Frauen müssen einkaufen und Essen kochen."

Ich glaube, der Kleine gefällt mir. Ob ich eine Chance habe, ihm zu gefallen, ist zweifelhaft: Ich bin wohl in erster Linie eine Konkurrentin um Ingos Zuneigung.

Schwer war nach der Vorstellung nach Hause zu gehen. Ich allein, die zu zweit. Das hat gepiekst.

Abends hat Ingo noch mal angerufen. Er ist ziemlich entschlossen, seine Rückkehr nach Frankfurt zu betreiben. Das hat mich natürlich gefreut. Wir haben dann noch stundenlang geredet. Überhaupt glaube ich, dass ich noch nie mit einem Mann so viel geredet habe, wie mit ihm. Wir checken uns richtig ab, aus Neugierde, aber auch aus Misstrauen. Wenn man sich schon so oft geirrt hat …

Etwas geschlaucht,

deine Hanne

Thema: **Perspektiven**
Datum: 17.12.
From: sonjan@aol.com
To: hanneb@t-online.de

Liebe Hanne,

ich finde es toll, wie sich das im Moment entwickelt: Dass du einen Mann gefunden hast, auf den du dich wirklich einlassen magst und der das offenbar zu schätzen weiß. Dass du im Buchgeschäft neue Möglichkeiten entdeckst, sodass du dir treu bleiben kannst und (hoffen wir jedenfalls) trotzdem mehr verdienst.

Bei mir geht es auch in die richtige Richtung. Frank und ich bereiten zum ersten Mal seit Jahren gemeinsam das Weihnachtsfest vor. Ich habe ihm neulich gesagt, dass ich die Alleinverantwortung für Feste, Feiern und Beschaulichkeit – kurz: fürs Gemüt – loswerden möchte. Nicht so sehr wegen der Arbeit, sondern weil ich mich in eine komische Rolle gedrängt fühle. Und das passt jetzt auch, wo die Aufbauphase in seinem Job abgeschlossen ist und ich meinerseits mehr draußen mache.

Noch eine andere Neuerung finde ich gut: Wir haben jetzt für beide Kinder einen „Papatag" eingeführt. Frank hat seine Sekretärin angewiesen, den Donnerstagnachmittag freizuhalten. Da kommt er jetzt immer früher nach Hause und macht zwei Stunden was mit Milan. Der überlegt schon die ganze Woche, was er mit Frank unternehmen will: eine Laterne basteln, zusammen seine Lieblingskassette hören, Spielenachmittag oder was auch immer. Da Anna-Lisa meist bei Freundinnen ist oder Besuch hat, kann ich die Zeit für meinen Kram nutzen. Anna-Lisa hat am Sonntagvormittag ihren Papatag, während ich mit Milan was unternehme.

Überhaupt merke ich, wie unsere Zwiegespräche anfangen, unsere Alltagsgespräche zu beeinflussen. Missverständnisse werden früher ausgeräumt, Wünsche und Ärger erstens überhaupt und zweitens deutlicher mitgeteilt – auch auf die Gefahr hin, dass es Streit gibt. Das entstört die Beziehung und sorgt für ein entspannteres Klima. Nähe entsteht offenbar nicht aus Nähe, sondern aus Auseinander-Setzung. Unnötig zu sagen, dass sich das im Bett auswirkt!

Apropos: Übermorgen haben wir einen Beratungstermin in Sachen Sterilisation. Warum soll ich jetzt noch jahrelang die Pille nehmen, wenn wir sowieso kein Kind mehr wollen?

Ansonsten gibt es ein vages Projekt, dass ich im Frühjahr ein Bild in einer ziemlich schrillen Bar ausstellen kann. Ich habe den Besitzern einige Fotomontagen gezeigt und die sind sehr interessiert.

Guten Mutes,

deine Sonja

Sterilisation

In der Bundesrepublik lassen sich mehr als dreimal so viele Frauen sterilisieren wie Männer. Das erstaunt, ist doch die Sterilisation des Mannes, die ambulant und in örtlicher Betäubung durchgeführt werden kann, ein wesentlich geringerer und risikoärmerer Eingriff.
Bei beiden Geschlechtern ist die Sterilisation als endgültige Verhütung gedacht. Zwar können die durchtrennten Eileiter der Frau oder die Samenleiter des Mannes mikrochirurgisch wieder verbunden werden, doch die Ergebnisse sind nicht sehr ermutigend.

Damit sich später kein Gefühl des Bedauerns einstellt, ist es wichtig, dass Frauen und Männer, die sich zu diesem Schritt entschließen, ihre Entscheidung nach gründlicher Auseinandersetzung mit dem Thema treffen. Dabei sollte nicht nur die gegenwärtige Lebensweise berücksichtigt, sondern auch die Lebensperspektive erforscht werden. Ebenso wichtig ist es, sich zu fragen:
Was bedeutet es mir, (noch weitere) Kinder zeugen oder gebären zu können?
Wie werde ich mich selbst sehen, wenn mir diese Möglichkeit durch eine Operation genommen ist?
Hat es für mich eine Bedeutung, dass ich durch die Sterilisation Sexualität und Fruchtbarkeit endgültig trenne?
Akzeptiert auch meine Partnerin oder mein Partner meine Entscheidung?
Würde meine Entscheidung möglicherweise anders aussehen, wenn meine derzeitigen Lebensumstände anders wären?
Tatsächlich bereuen nur etwa ein bis fünf Prozent aller sterilisierten Frauen den Eingriff und noch nicht einmal ein halbes Prozent dieser Frauen wünscht sich, erneut schwanger zu werden. Männer leiden statistisch gesehen noch seltener unter seelischen Folgeproblemen: Nur gut ein Prozent aller sterilisierten Männer ist mit dem Eingriff nicht zufrieden oder bereut ihn gar.
Informationen über den Ablauf des Eingriffs, seine Risiken und Folgen geben die *pro familia*-Beratungsstellen.

Thema: **Alle Jahre wieder!**
Datum: 26.12.
From: hanneb@t-online.de
To: sonjan@aol.com

Liebe Sonja,

erst einmal herzlichen Glückwunsch zu deinem Ausstellungs-Projekt und fröhliche Rest-Weihnachten. Ich hoffe, ihr hattet es schön.

Für mich war es eine Berg- und Talfahrt:

Heiligabend war traumhaft. Valentin war bei seiner Mutter, deshalb gehörte der Abend nur Ingo und mir. Wir haben uns ein tolles Essen gekocht, Kerzen angezündet, schöne Musik gehört, gute Flasche Wein dazu – kein Getue mit Tannenbaum und Geschenken.

Gestern bin ich zu meiner Mutter gefahren. Die Arme sitzt ja seit der Scheidung vor 20 Jahren allein in der Doppelhaushälfte, in der ich aufgewachsen bin.

Ich war noch im Mantel, da hat sie schon ein Riesenaufhebens davon gemacht, dass sie „extra für mich" in „meinem" Zimmer das Bett bezogen und die Heizung angestellt hat. Du meine Güte, dachte ich, das ist doch selbstverständlich, dass ich nicht in einem kalten Zimmer ohne Bettwäsche übernachten muss, wenn ich schon 300 Kilometer zurücklege, damit sie Weihnachten nicht ganz allein ist (meine Geschwister feiern mit ihren Familien). Und ich dachte daran, dass ich, wenn sie mich früher, als ich noch Studentin war, in Frankfurt besuchen kam, nicht nur Blumen auf ihren Nachttisch gestellt, sondern die ganze Wohnung geputzt habe.

Ich erinnere mich noch daran, dass ich, als ich ungefähr acht Jahre alt war, wegen einer Blinddarmoperation im Krankenhaus lag. Meine Mutter kam jeden

Nachmittag für eine halbe Stunde vorbei, aber ich konnte diese Besuche gar nicht genießen. Denn erstens dachte ich die ganze Zeit daran, dass sie gleich wieder gehen würde. Und zweitens stellte ich mir vor, dass meine Krankheit eine schreckliche Belastung für sie war. So war es immer: Ich zerbrach mir den Kopf meiner Eltern, statt dass sich irgendwer in mich hineinversetzt hätte.

Heute finde ich, dass eine halbe Stunde täglich nicht irrsinnig viel ist. Eine Freundin von mir, deren Tochter einen schweren Skiunfall mit lebensgefährlichen Kopfverletzungen hatte, hat einen Monat lang Tag und Nacht am Krankenbett ihres Kindes gehockt. Als ihre Tochter noch auf der Intensivstation lag, verbrachte sie die Nächte auf einem Stuhl, da Elternbetten dort nicht vorgesehen sind. Als das Kind auf die Normalstation kam, schlief sie, soweit das bei dem Gepiepse der Überwachungsgeräte möglich war, auf einer Pritsche, die ihr morgens um sieben buchstäblich unterm Hintern weggezogen wurde.

Aber eigentlich ist das doch selbstverständlich: Niemand zwingt Eltern dazu, mehr Kinder zu kriegen, als sie auch im Ernstfall versorgen können. Kinder kriegen heißt Verantwortung tragen – im Extremfall 24 Stunden am Tag, ein Leben lang. Wenn es weniger ist, umso besser. Aber das ist der Deal.

Ich habe dann gleich wieder daran gedacht, ob ich das hinkriegen würde? Was damals die große Kinderzahl war, ist ja heute der Beruf. Aber die Konsequenz ist die gleiche: dass Kinder oft nicht die Zuwendung und Unterstützung bekommen, die sie brauchen.

Ich glaube, ich wäre dem Sog nicht gewachsen, den ein Kind darstellt. Ich würde alles für mein Kind tun, mir damit meine berufliche Existenz ruinieren und an meinem Unvermögen verzweifeln.

Also doch lieber kein Kind. Schließlich habe ich mir nicht jahrelang unter großen Mühen etwas aufgebaut, um jetzt ganz entspannt beim Laternebasteln im Kindergarten oder am Bett meines von Liebeskummer geplagten Teenagers herumzusitzen. Ich würde ständig auf die Uhr schauen und an mein Geschäft, die zu schreibenden Rechnungen und den Stapel mit Neuerscheinungen auf meinem Schreibtisch denken. Ich glaube, ich habe zu viel investiert, um dahin zu kommen, wo ich jetzt bin. Das will ich nicht alles aufs Spiel setzen. Hinzu kommt, dass ich viel Zeit für mich selber brauche, um im Gleichgewicht zu bleiben. Warum vorsätzlich ein Bedürfnisbündel in die Welt setzen, wenn ich schon jetzt weiß, dass seine Bedürfnisse stören?

Im Laufe des Mittagessens kamen meine Mutter und ich dann auf die Scheidung zu sprechen und ich habe zum ersten Mal aus meiner Sicht was dazu gesagt. Was für eine große Angst ich damals, als Fünfzehnjährige, hatte, obwohl ich mir nichts habe anmerken lassen. Wie sehr ich mich in die Probleme meiner Eltern hineingezogen fühlte und in welche Loyalitätskonflikte ich geraten bin.

Ich habe das ganz ohne Schaum vor dem Mund erzählt – es ging eigentlich gar nicht um den Inhalt, sondern darum, mal das Interpretationsmonopol meiner Eltern zu brechen: Bislang haben die immer über meine Kindheit und Jugend gesprochen („was wir alles unter schwierigen Bedingungen geleistet haben“) und sich nie dafür interessiert, wie wir das erlebt haben.

Aber weit bin ich nicht gekommen. Kaum hatte ich einen Satz herausgebracht, da hat meine Mutter gleich wieder über ihre Not und ihre Bedrängnis geredet. Ich war fassungslos: Da sage ich ein einziges Mal was wirklich Wichtiges und dann wird das einfach beiseite gewischt.

Als mir klar wurde, dass sie das echt nicht hören will, bin ich ausgerastet. Immer sei es nur um sie gegangen, bis heute sei das so, und ich sei es auch leid, dass mein Vater immer als der Bösewicht hingestellt wird.

Es war ein Befreiungsschlag: Nicht dass ich glaube, dass meine Mutter irgendwas von dem, was ich zu sagen habe, annehmen könnte – dann würde das ganze Gebäude zusammenbrechen. Aber ich merke, dass ich weniger Hemmungen habe, überhaupt etwas zu sagen. Entscheidend ist nicht, was bei ihr ankommt, sondern was bei mir herauskommt.

Jetzt sitze ich, einigermaßen leer, in meiner unweihnachtlichen Wohnung und warte auf Ingo. Der war von gestern Mittag bis heute Mittag mit Valentin bei seinen Eltern. Ach wie schön, dass es ihn gibt!

Apropos Valentin: Ich hatte mir kurz überlegt, ob ich für ihn ein Weihnachtsgeschenk besorgen soll. Das hätte mir sogar Spaß gemacht. Aber dann habe ich den Gedanken schnell verworfen. Wie sieht das denn aus? Als wenn ich mich bei dem Kind einkaufen will.

Deine Hanne

Thema: **Endgültigkeit**
Datum: 31.12.
From: sonjan@aol.com
To: hanneb@t-online.de

Liebe Hanne,

Befreiungsschlag hin oder her: Offenbar seid ihr beide noch ziemlich verstrickt. Da wird noch einiges kommen. Zumal du immer noch große Sehnsucht danach hast, dass sich deine Mutter dir wirklich mal zuwendet. Aber Hauptsache, du behältst die Richtung im Auge: Trennung, Ablösung, eigenes Leben.

Silvester. Das ist so ein Tag, an dem ich immer zurückdenke: Wie war das vor einem Jahr, wo standen wir da? Wie war das vor zwei Jahren? Wie vor drei? Im Moment ist ja alles in Bewegung.

Seit unserem Termin in Sachen Sterilisation sind wir nur noch verwirrt. Wir haben uns brav alles erzählen lassen über die Betäubung, den Eingriff selbst, die Hormone etc. und sind dann mit einer hübschen Broschüre nach Hause gegangen. Einige Tage später haben wir dann noch mal darüber geredet und festgestellt, dass wir trotz aller vernünftigen Argumente mit der Endgültigkeit nicht klarkommen. Es geht einfach nicht!

Alles Liebe,

deine Sonja

Thema: **Der Knaller!**
Datum: 6.1.
From: hanneb@t-online.de
To: sonjan@aol.com

Liebe Sonja,

stell dir vor: Er macht es! Ingo kommt nach Frankfurt. Schluss mit Long-Distance-Love. Silvester hat er sich entschieden. Das war der Knaller!

Er hat noch jede Menge Resturlaub und arbeitet deshalb nur noch eine Woche in seinem alten Job. Die Kündigungsfrist für seine Münchener Wohnung braucht er nicht einzuhalten, wenn er einen Nachmieter findet. Die Verhandlungen mit seinem Freund, in dessen Firma er hier einsteigen könnte, stehen kurz vor dem Abschluss. Ingo freut sich auf den neuen Job und ich bin glücklich,

deine Hanne

Thema: RE: **Der Knaller!**
Datum: 12.1.
From: sonjan@aol.com
To: hanneb@t-online.de

Liebe Hanne,

das ging ja plötzlich ganz schnell. Wahrscheinlich, weil ihr euch sicher seid. Ich freue mich für dich. Und stelle mir vor, dass du in heller Aufregung bist.

Vielleicht kommt das ein bisschen unvermittelt, aber ich bin sicher, du verstehst mich: Ich werde dir in Zukunft nicht mehr ganz so viele Mails schicken. Erstens ist mein Zeitbudget jetzt, wo ich das Buch schreibe und die Ausstellung vorbereite, knapper geworden. Und zweitens bespreche ich jetzt viele Dinge mit Frank. Bei dir sieht es ja ähnlich aus. Du strotzt vor Ideen, was deinen Laden angeht. Und du hast jetzt endlich einen Mann gefunden, mit dem sich das Reden lohnt.

Wir haben miteinander etwas sehr Entscheidendes geklärt, was zu diesem Zeitpunkt nur wir miteinander klären konnten. Ich muss sagen, ich bin deshalb richtig stolz auf uns. Aber jetzt ist es an der Zeit, dass wir uns mit unseren Männern auseinander setzen. Nicht, weil die wichtiger sind. Sondern weil es keinen Sinn macht, sie immer zu (ver)schonen.

Zugegeben: Bei mir und Frank ist es manchmal noch recht holperig. Dennoch können wir beide jetzt viele Dinge ansprechen, von denen wir glaubten, wir könnten sie nie sagen. Oder es würde sowieso nichts nützen, darüber zu reden.

Apropos nützen: Die Verabredung ist: Jeder darf mit dem, was er hört, machen, was er will. Keiner verlangt vom anderen, dass er sich ändert. Das eröffnet ganz neue

Freiräume. Plötzlich kann wieder offen verhandelt werden. Man kann sagen: „Ich kann das nicht geben." Und der andere kann sagen: „Und ich bin darüber enttäuscht." Und gerade wegen dieser Freiheit sind oft doch kleine Veränderungen möglich.

Klar sind wir beide manchmal ziemlich erschüttert über das, was bei diesen Gesprächen herauskommt. Aber wir merken, dass es letztlich nicht die Erfolge, sondern die Schwächen sind, die Menschen einzigartig und liebenswert machen. Und wir lernen, uns mit der Begrenztheit der Möglichkeiten abzufinden: Der andere ist wirklich anders. Und alles kriegen wir vermutlich nicht mehr hin.

Was ich schön finde: Trotz des mühsamen Beackerns von Altlasten ist eine neue Leichtigkeit in unser Leben gekommen. Frank ruft jetzt wieder viel öfter zwischendurch an. An meinen kinderfreien Mittagen treffen wir uns sogar manchmal in der Stadt, essen zusammen und gehen dann noch eine halbe Stunde shoppen oder in einem Park spazieren. Fast wie frisch Verliebte. Apropos: Ich muss wirklich aufpassen, dass ich nicht ungewollt schwanger werde. Ich bin so durchlässig im Moment.

Ebenfalls ziemlich glücklich,

deine Sonja

Thema: **Beziehungsarbeit**
Datum: 15.1.
From: hanneb@t-online.de
To: sonjan@aol.com

Liebe Sonja,

ich bin froh, dass du es auch so siehst. Ein E-Mail-Wechsel ist eine absolut lohnende, aber zeitaufwändige Sache.

Im Übrigen finde ich auch, dass es keinen Sinn macht, die Männer immer außen vor zu lassen. Gerade in einer neuen Beziehung gibt es so viel abzutasten und auszuhandeln.

Es gibt aber noch was anderes: Die Wendung vom Reden zum Handeln. Wir haben in einem sehr mühsamen Prozess eine Art seelische Inventur gemacht. Was jetzt ansteht, ist, dass wir unsere Erkenntnisse umsetzen.

Das heißt nicht, dass wir beide, kaum tauchen irgendwelche Kerle (wieder) auf, füreinander überflüssig geworden sind. Aber abgesehen davon, dass ich selbstverständlich von dir auf dem Laufenden gehalten werden will, könnten wir beide mal wieder was Leichteres miteinander teilen. Die Beziehungsarbeit, wie es so schön heißt, sollen die mit uns leisten, die auch davon profitieren.

Morgen Mittag fahre ich nach München zu Ingos Abschiedsparty. Nächste Woche wird er sein Zusatzzimmer in Frankfurt renovieren und Ende der Woche seine Sachen aus München holen.

Ach, ist das klasse,

deine Hanne

Thema: **Lebensfreude**
Datum: 20.1.
From: sonjan@aol.com
To: hanneb@t-online.de

Hallo Hanne,

du willst ja auf dem Laufenden gehalten werden. Also: Auf meinen Baustellen herrscht reger Betrieb. Den Reiseführer habe ich bis auf zwei Kapitel fertig. Ansonsten renne ich nach wie vor viel mit der Kamera durch die Stadt und schiebe zu Hause meine Polaroids ineinander. Ich habe auch eine Idee für einen Krimi. Die kam plötzlich über mich – beim Kartoffelschälen. Ich habe noch schnell das Mittagessen aufgesetzt, dann den Computer angeworfen und die Geschichte in groben Zügen in die Tasten gehauen. Ich will aber noch nicht drüber reden – das Ganze ist zu unausgegoren.

Im Moment habe ich das Gefühl: Je mehr ich losmache, desto mehr Kraft habe ich übrig.

Gestern Morgen im Badezimmer hat Anna-Lisa völlig unvermittelt gefragt: „Mama, warum willst du eigentlich kein Baby mehr?" Ich habe ihr dann aus dem Stegreif eine Kurz-Zusammenfassung der bisherigen Position geliefert: Dass ich außer Kinderkriegen noch ein paar andere Dinge in meinem Leben hinkriegen möchte. Dass ich jetzt, wo ich so richtig schön in Fahrt bin, nicht gleich wieder anhalten möchte. Und so weiter und so fort. Je mehr Gründe ich hervorkramte, desto skeptischer guckte das Kind. Und plötzlich fand ich meine Argumentation selbst nicht mehr wirklich überzeugend. Seit Frank und ich nicht mehr umeinander herumschleichen, haben wir viel mehr Kraft – das merken offenbar sogar die Kinder. Es gibt im Moment so viel überschießende Lebensfreude in der Familie. Und da liegt der Gedanke nahe, noch einen mehr daran teilhaben zu lassen. Also vielleicht doch?

Jetzt denkst du bestimmt, die spinnt vollkommen!

Deine Sonja

Thema: RE: **Lebensfreude**
Datum: 25.1.
From: hanneb@t-online.de
To: sonjan@aol.com

Liebe Sonja,

meine Güte, bei dir geht ja wirklich die Post ab. Jetzt also noch ein Krimi! Darf ich dich schon mal zu einer Lesung in meinem neuen Laden einladen? Vielleicht wirst du ja meine erste Preisträgerin! Aber jetzt mal im Ernst: Irgendwie war mir die ganze Zeit klar: Da kommt noch was.

Was machst du mit dem, was deine Tochter ausgedrückt hat? Überschießende Lebensfreude ist doch ein hervorragender Grund, ein Kind zu bekommen. Genau genommen der Beste überhaupt!

Bei mir kehrt wohltuende Normalität ein. Ingo hat noch viel in seinem neuen Zimmer zu tun. Außerdem ist er mit seinem Freund dabei, die ganze Firma umzustrukturieren.

Valentin war ziemlich enttäuscht, dass sein Papa, wenn er schon nach Frankfurt zurückkommt, nicht gleich wieder bei seiner Mama einzieht: „Wieso, ihr streitet euch doch gar nicht?“ (Das Kind kann ja nicht wissen, dass gerade das ein schlechtes Zeichen ist!) Aber natürlich sieht er auch, dass sich die Lage insgesamt zu seinen Gunsten verbessert hat.

Seine Exfrau ist ebenfalls froh, dass Ingo sich jetzt mehr um das Kind kümmern kann. Sie will noch mal eine Ausbildung machen. Ich könnte mir gut vorstellen, irgendwann auch einen Teil der Verantwortung zu übernehmen. Einen Nachmittag in der Woche oder so. Das würde mein Bedürfnis nach Bemuttern, Toben und Unsinnmachen vollkommen befriedigen und gleichzeitig meine gering ausgeprägte Toleranz, was Lärm und Unordnung angeht, nicht überfordern. Ich habe mich schon dabei erwischt, wie ich mir ausmalte, was ich dem kleinen Valentin alles gern zeigen möchte.

Das ginge natürlich nur, wenn wir uns alle besser kennen. Bloß nichts überstürzen!

Deine Hanne

Thema: **Kind der Liebe**
Datum: 30.1.
From: sonjan@aol.com
To: hanneb@t-online.de

Liebe Hanne,

ja, was mache ich damit? Was machen wir damit?

Ich hätte nicht gedacht, dass das noch mal kommt: Diese Lust auf Abenteuer und Aufbruch zu neuen Ufern. Nicht nur für mich allein, sondern auch mit Frank zusammen. Diese Sehnsucht, unsere wiederentdeckte

Liebe weiterzugeben. Dieser Wunsch, noch mal ein gemeinsames Kind wachsen zu sehen.

Wir verstehen beide nicht richtig, was da passiert. Es ist was ganz Irrationales. Wir erleben eine Intensität in unserer Liebe, wie wir sie lange nicht mehr kannten. Vielleicht ist es natürlich, dass daraus der Wunsch nach Fruchtbarkeit entsteht.

Mit Sicherheit sind wieder alle möglichen unbewussten Motive im Spiel – gute und schlechte. Das Entscheidende ist aber, dass ich diesmal nicht aus Verlegenheit schwanger werden will. Ich brauche das Kind nicht als Entschuldigung, um mit meinem eigenen Leben nichts anfangen zu müssen.

Ich habe im vergangenen Jahr viel über mich erfahren und mein Leben verändert. Ich glaube, ich bin jetzt in der Lage, Vorkehrungen gegenüber Überforderung zu treffen. Ab Sommer werden wir wieder ein Au-pair-Mädchen haben. Ich habe schon alles Notwendige in die Wege geleitet. Wahrscheinlich kommt die Tochter meiner Cousine aus Bremen. Sie macht im April Abitur und weiß nicht so recht, was sie studieren will. Ein Jahr USA kommt da wie gerufen.

Das andere wird also – ob mit zwei oder drei Kindern – hoffentlich nicht zu kurz kommen. Das ist zugleich die Voraussetzung dafür, dass ich meine Kinder loslassen kann, wenn die Zeit dafür gekommen ist.

Meine Liebe zu meinen Kindern wird genügend groß sein. Nicht vollkommen, aber genügend groß. Die Haltung, die ich mir wünsche, heißt: Fördernde Begleitung, solange dies nötig ist. Ansonsten Wohlgefallen!

Wichtig ist: Ich habe keine Angst mehr vor Konflikten. Für Familien wie die unsere gibt es keine maßgeschneiderte Lösung: Die Bedingungen des Zusammenlebens müssen immer neu ausgehandelt werden. Damit Frank auch einen Platz drinnen und ich auch einen Platz draußen habe.

Ungeplantes wird es reichlich geben. Und wenn es mal nicht so schön ist, wie wir uns das gedacht haben? Dann werden wir uns daran erinnern, dass es unsere Idee war, dieses neue Kind in die Welt zu setzen. Es hat nicht darum gebeten.

Deine Sonja

Thema: **Andere Ziele**
Datum: 10.2.
From: hanneb@t-online.de
To: sonjan@aol.com

Liebe Sonja,

vor einem Jahr haben wir angefangen, uns über unsere Kinderwünsche auszutauschen. Ich finde, dein Wunsch-Kind ist ein gutes Ergebnis. Und mein Nicht-Kind auch.

Du wirst auch mit drei Kindern deinen Weg gehen; mich würde schon ein Kind aus der Kurve tragen.

Für mich gibt es andere lohnende Ziele. Statt einem Kind werde ich mir selbst ein erfülltes Leben schenken.

Natürlich beinhaltet diese Entscheidung einen Verzicht. Der wird manchmal wehtun. Wie heißt es bei Nancy Friday: „Dass ich beschlossen habe, kein Kind zu bekommen, bedeutet nicht, dass ich nicht manchmal von dem träume, was hätte sein können.“

Wie wird meine, wie wird deine Bilanz aussehen? Werden wir am Ende unseres Lebens das Gefühl haben, im entscheidenden Augenblick in die falsche Straße eingebogen zu sein? Oder werden wir zufrieden zurückblicken und uns sagen: Das war mein Weg. Vielleicht hätte es einen besseren gegeben. Aber mir stand er nicht offen. Und das ist in Ordnung.

Ingo hat versprochen, dass er so oft, wie ich das brauche, mit mir über meine Gefühle, keine Mutter zu sein, reden wird.

Und wenn mich ein anderer fragt, warum ich kein Kind habe, dann frage ich zurück: Und warum hast du eins?

Deine Hanne

Starke Worte

„Und eine Frau, die einen Säugling an ihre Brust drückte, sagte: Sprich zu uns von den Kindern.
Und er sagte:
Eure Kinder sind nicht eure Kinder.
Sie sind die Söhne und die Töchter der Sehnsucht des Lebens nach sich selbst.
Sie kommen durch euch, doch nicht aus euch,
Und sind sie auch bei euch, gehören sie euch doch nicht.
Ihr dürft ihnen eure Liebe geben, doch nicht eure Gedanken,
Denn sie haben ihre eigenen Gedanken.
Ihren Körpern dürft ihr eine Wohnstatt bereiten, doch nicht ihren Seelen,
Denn ihre Seelen wohnen im Haus der Zukunft, und das bleibt euch verschlossen, selbst in euren Träumen.

Ihr dürft danach streben, ihnen ähnlich zu werden, doch versucht nicht, sie euch ähnlich zu machen.
Denn das Leben schreitet nicht zurück, noch verweilt es beim Gestern.
Ihr seid die Bogen, von denen eure Kinder als lebendige Pfeile abgeschnellt werden.
Der Schütze sieht die Zielscheibe auf dem Pfad des Unendlichen, und Er beugt euch mit Macht, damit Seine Pfeile umso geschwinder und weiter fliegen.
Freut euch der Beugung, die euch die Hand des Bogenschützen aufzwingt;
Denn so wie Er den flüchtigen Pfeil liebt, liebt Er auch den verharrenden Bogen."

Aus: Gibran, Khalil: Der Prophet. München, 2003, S. 19 f.

„Einen selbstlosen Kinderwunsch gibt es nicht“

Gespräch mit Ulla Ellerstorfer, stellvertretende Vorsitzende des Bundesvorstandes der *pro familia*

Sie beraten seit vielen Jahren Frauen, die durch eine Schwangerschaft in einen Konflikt geraten sind. Wann stellt sich Ihrer Erfahrung nach die Frage: Will ich wirklich ein Kind?

Immer dann, wenn die Frau, die schwanger geworden ist, ein Unsichersein spürt. Das kann ihr eigenes Unsichersein sein, aber auch das des Partners. Es kann aber auch von einer unsicheren Partnerschaft herrühren.

Was verbirgt sich hinter dieser Frage?

Sie kann heißen: Will ich jetzt ein Kind? Will ich mit diesem Mann ein Kind? Will ich in dieser Situation ein Kind? Oder will ich zu diesem Zeitpunkt etwas anderes?

Die Frage setzt vermutlich eine gewisse Lebenserfahrung voraus …

Wer sie sich stellt, hat erkannt, dass ein Kind immer zugleich eine Bereicherung und eine Einschränkung bedeutet.

Bleiben wir mal bei der Bereicherung: Welche Wünsche sind mit einem Kind verbunden?

Sich ein Kind zu wünschen kann auf ein Bedürfnis nach Veränderung und Neuorientierung hinweisen. Es kann auch der Ausdruck eines Wunsches nach Zuwendung und Zärtlichkeit sein. Vielleicht steckt die Sehnsucht nach Anerkennung dahinter. Manche Frauen wollen einmal schwanger sein, um die eigene weibliche Potenz zu erfahren. Sie wollen diesen körperlichen Zustand erleben, ohne wirklich mit einem Kind leben zu wollen. Bewusste und unbewusste Motive lassen sich beim Kinderwunsch kaum entflechten. Sicher ist aber: Einen selbstlosen Kinderwunsch gibt es nicht. Immer wollen auch die Frau oder das Paar von einem Kind etwas haben.

Und was ist mit den Einschränkungen?

Viele junge Frauen sind heutzutage ausgezeichnet ausgebildet. Mutterschaft als ausschließlichen Lebensinhalt können sich diese Frauen meist nicht mehr vorstellen. Sie wollen beides: Kind und Beruf. Das wäre auch möglich, wenn zwei Voraussetzungen gegeben wären: Die Männer müssten mitspielen und die Wirtschafts- und Arbeitswelt müsste die Bedeutung von Familie begreifen und daraus Konsequenzen ziehen – im Hinblick auf Einstellungskriterien, Arbeitsorganisation und Zeitmanagement.

Ein Kinderwunsch ist also bei vielen jungen Frauen durchaus vorhanden. Warum werden dann so wenig Kinder geboren?

Dazu gibt es eine Reihe von Studien. Die der „Bundeszentrale für gesundheitliche Aufklärung" belegt unter anderem: Die meisten jungen Mädchen wünschen sich, wenn sie an ihre Zukunft denken, durchaus Kinder. Die Jungen übrigens auch, allerdings häufig immer noch verbunden mit der Vorstellung: Meine Frau bleibt dann bei den Kindern zu Hause. Bei den jungen Frauen ändert sich die Einstellung zum Kinderkriegen mit etwa 25. Sie merken dann, dass ein Problem auf sie zukommt: Sie wollen ihre Ausbildung abschließen und sich im Beruf erproben. Wenn sie dann mit 30 endlich den Fuß in der Tür haben, wollen sie auch nicht gleich wieder aussteigen oder pausieren. Sie wissen, dass es beruflich einen Nachteil für sie bedeuten kann und dass der Konkurrenzdruck hoch ist.

Und dann wird der Kinderwunsch aufgeschoben …

Genau: Sie sagen sich: Ich muss noch weiterarbeiten, um einen halbwegs sicheren Status zu erreichen. Und plötzlich ist eine Frau 35 Jahre alt. Kommt dann für sie oder ihren Partner ein Jobangebot in einer anderen Stadt – Flexibilität ist eine zentrale Forderung der globalisierten Arbeitswelt –, wird der Kinderwunsch weiter aufgeschoben. Die Berufswelt ist in erster Linie gewinnorientiert und nach wie vor männlich geprägt. Sie nimmt keine Rücksicht auf „Familienplanung" und persönliche Sehnsüchte.

Was passiert, wenn in so einer Situation eine ungewollte Schwangerschaft eintritt?

Dann müssen die Frau oder das Paar sich entscheiden – noch dazu unter dem Druck, dass der Frau die Zeit davonläuft: Die Fruchtbarkeit der Frau geht ab 25 leicht, aber kontinuierlich zurück. Die Frau muss mit der Unsicherheit leben, dass sie nicht weiß, ob ein günstigerer

Zeitpunkt noch einmal kommt und ob es dann noch klappt. Als Beraterin laufe ich mit der Frau zusammen durch ihre Lebensgeschichte und wir betrachten ihre aktuelle Situation gemeinsam von allen Seiten.

Und die Männer?

In den letzten Jahren gibt es eine positive Veränderung: Die Männer sind nicht mehr so außen vor wie noch vor ein oder zwei Jahrzehnten. Sie bleiben nicht mehr selbstverständlich im Auto sitzen und holen die Frau nach der Beratung ab. Viele Männer kommen heute mit in die Beratung – es ist auch ihr Problem.

Wie stehen denn die Männer zur Kinderfrage?

Nach vorliegenden Umfragen sind heute viele junge Männer nicht mehr bereit und in der Lage, auf den Kinderwunsch ihrer Partnerinnen einzugehen. Ihr Vorteil besteht darin, dass sie auch noch mit 50 Jahren Väter werden können. Dieses biologische Plus, diese Sicherheit spielt bei ihrer ablehnenden Entscheidung eine Rolle – bewusst oder unbewusst. In einer solchen Konstellation gibt es einen tiefen Graben zwischen der Frau und dem Mann.

Wie sieht der typische Fall aus?

Ein Paar, seit sieben oder acht Jahren zusammen, nicht verheiratet, keine Kinder, beide sehr engagiert und berufsorientiert – Weiterbildungen, Seminare, Tagungen an Wochenenden. Dann wird die Frau schwanger oder möchte schwanger werden. Wenn der Mann nun nicht mitzieht, löst das bei der Frau Enttäuschung, Trauer, Wut und Ohnmacht aus. In einem so gelagerten Fall kommen

Paare oft mehrmals, manchmal kommen Frauen dann auch allein, um in der Beratung zu klären: Bleibe ich mit diesem Mann zusammen und verliere noch mehr Zeit? Finde ich noch mal einen anderen Mann, mit dem ich mir vorstellen kann, ein Kind zu haben?

Wie sieht das bei Mädchen aus, die ganz jung schwanger werden? Wir haben vorhin festgestellt, dass die Frage „Will ich wirklich ein Kind?“ eine gewisse Lebenserfahrung voraussetzt …

Ein Kind zu bekommen kann in dem Alter einer Flucht vor der allzu großen Einflussnahme der Erwachsenen gleichkommen. Manchmal steckt auch der kaum bewusste Wunsch dahinter, einen stabilen emotionalen Bezugspunkt, einen Halt im eigenen Leben zu finden: ein Baby ganz für mich allein. Es kann sein, dass das Mädchen versucht, mit Hilfe eines Kindes eine aktuelle Lebenskrise zu bewältigen, einem Konflikt mit den Eltern, dem Freund, in der Schule auszuweichen, die Entscheidung für einen Beruf oder eine Ausbildung zu vermeiden.

Können Frauen nicht in jedem Alter in eine solche Entscheidungsschwierigkeit geraten?

Genau! Diese kompensatorischen Komponenten können in jedem Alter eine Rolle spielen. Wenn Leere vor einer Frau liegt, scheint ein Kind eine gewisse Stabilität zu bieten: Da werde ich gebraucht, da mache ich etwas Sinnvolles. Da ist immer jemand da und ich bin immer für jemanden da.

Und dann legen die Frauen es darauf an?

Nein, das lässt sich wirklich nicht behaupten. Wir müssen aber der Tatsache ins Auge sehen: Es gibt nach wie vor keine hundertprozentig sicheren Verhütungsmittel. Und Sexualität ist nicht immer zu planen. Die betroffenen Mädchen und Frauen haben zunächst einmal nur eine sexuelle Begegnung, die keineswegs zu einer Schwangerschaft führen sollte. Wenn dann aber eine ungewollte Schwangerschaft eintritt, liegt plötzlich ihr Leben – ihre Partnerschaft, ihr Umfeld, die soziale, berufliche und finanzielle Situation – in ein grelles Scheinwerferlicht getaucht vor ihnen.

Es gibt ja im Moment einen regelrechten Werbefeldzug für mehr Kinder. Frauen, reißt euch zusammen, liest man überall. Nur wenn ihr Rentenzahler produziert, können wir unsere Sozialsysteme vor dem Kollaps bewahren. Was halten Sie davon?

Gar nichts! Die ganze Gebärstreik-Debatte, dieses ganze bevölkerungspolitisch eingefärbte Gerede berührt die einzelnen Menschen überhaupt nicht.

Nun sind in letzter Zeit ein paar Tabus gefallen. Es gibt inzwischen Politiker, die sagen – nicht ganz so deutlich, aber letztlich doch: Kinder sind nicht gleich Kinder. Wir müssen die gut ausgebildeten Mittelschichtsfrauen animieren, sich fortzupflanzen. Denn die können ihren Nachwuchs optimal fördern.

Diese Appelle schaffen nur ein unangenehmes Klima und richten falsche Fronten auf. Frauen wollen nicht für eine Gesellschaft Kinder kriegen. Es kommt darauf an, dass die Gesellschaft und die Politiker dafür sorgen, dass das

Kinderhaben möglich ist. Wenn ich in Paarberatungen höre, welche Klimmzüge Paare machen müssen, um die Betreuung ihrer Kinder sicherzustellen – nur, um arbeiten gehen und auf diese Weise ihren Lebensunterhalt sichern zu können, kann von einem kinderfreundlichen Land keine Rede sein.

Wenn das Leben mit einem Kind schon schwierig ist, dann mit zwei Kindern erst recht.

Richtig! Zumal Eltern heutzutage den Anspruch haben: Wir wollen unseren Söhnen und Töchtern auch eine behütete Kindheit und eine solide Ausbildung bieten. Das ist doch ein richtiges Anliegen!

Um noch einmal auf den Kinderwunsch zurückzukommen. Selbstlos ist er nie, haben wir festgestellt. Aber Egoismus ist ja nicht automatisch schlecht. Schwierig wird das für das Kind ja erst, wenn die Bedürftigkeit der Eltern das Hauptmotiv ist. Was aber könnten gute Gründe sein, ein Kind zu kriegen?

Gute Gründe spielen in jeder Entscheidung für Kinder eine Rolle – auch wenn das Kompensatorische im Vordergrund stehen mag. Wenn solche Gründe dazukommen wie: Ein Kind bedeutet Lebendigkeit, ich kann an das Gute in meiner eigenen Kindheit anknüpfen, mit einem Kind bleibe ich länger jung und in Verbindung mit der Jugend oder ich will an die nächste Generation etwas von dem weitergeben, was ich erleben und erfahren konnte, dann sind das positive Anteile.

Welche Ausgangslage wäre denn wünschenswert?

Es ist sicher gut, wenn Kinder eine Mutter und einen Vater haben, auch wenn die kein gemeinsames Leben führen. Mütter haben sie in jedem Fall, Väter haben sie zunächst einmal nur per Zeugung. Die Vaterrolle füllt ein Mann nach meiner Erfahrung erst mit der Zeit aus. Dieses Vaterbild für sich zu erschaffen ist nicht einfach, denn es gibt in den Familien der vorangegangenen Generationen kaum Vorbilder. Die Großväter sind im Krieg gewesen oder gefallen, die Vätergeneration danach hat sich im Beruf profiliert, darüber Anerkennung gefunden, sollte die Existenz der Familie sichern und sah sich nicht zuständig für die Familienarbeit. Dennoch haben wir heute wirklich familienorientierte junge Männer. Sie haben es noch schwer: sowohl unter ihresgleichen als auch im Beruf und auch bei einer Reihe von Frauen. Denn wenn die Vaterrolle verantwortlich mit übernommen wird, ändert sich auch die Mutterrolle. Die Frauen könnten dann Verantwortung abgeben. Was sich viele Frauen einerseits wünschen, andererseits aber noch wenig können. Auch die Mutterrolle ist so eingespurt: immer für alles in der Familie zuständig und verantwortlich zu sein.

Wieso kriegt eine Frau, die sich Kinder wünscht oder schwanger wird, eigentlich immer Beifall? Egal, wie gut oder schlecht die Bedingungen sind, die sie ihrem Kind bieten kann? Während eine Frau, die sich dagegen entscheidet, fast immer kritisch gesehen wird?

Die Frauen, die schwanger zur *pro familia* kommen, haben sich ihr Leben und das System, in dem sie leben, meist schon genau angeschaut. Sie treffen nicht nur für sich eine Entscheidung, sondern sie haben das Ganze im

Blick. Wenn sie sich gegen die meist nicht geplante Schwangerschaft entscheiden, dann ist dieser Entschluss genauso verantwortlich wie der einer anderen Frau, die ihr Kind bekommt. Aber viele Menschen akzeptieren das nicht. Sie sehen nicht auf den Einzelfall, sondern reagieren – im besten Fall – traditionell: Wenn eine Frau schwanger ist, kommt wieder ein Kind auf die Welt und die Welt geht weiter. Und prinzipiell ist es ja auch schön, ein Kind zu bekommen. Vorausgesetzt, der einzelnen Frau wird das Recht zugestanden, über ihr Leben und ihren Körper zu entscheiden.

Check-Liste für sie und ihn

Wird es meinem Kind bei mir gut gehen?

Lesen Sie sich die folgenden Aussagen in Ruhe durch. Es handelt sich nicht um einen wissenschaftlich fundierten Test, sondern um einen Fragebogen, der Ihnen Anregungen zum Nachdenken liefern und Sie mit Ihrem Partner/Ihrer Partnerin ins Gespräch bringen soll.

Überlegen Sie jeder für sich bei jedem einzelnen Satz, ob er auf Sie zutrifft oder nicht. Schreiben Sie Ihre Antworten getrennt auf. Besprechen Sie anschließend mit Ihrem Partner/Ihrer Partnerin, wo Sie gut dastehen und wo es hapert.

Es gibt immer Möglichkeiten, etwas zu ändern.

Das Entscheidende ist: Nachdenken sollten Sie möglichst vorher. Wenn das Kind erst mal da ist – 365 Tage und Nächte, 8760 Stunden im Jahr –, dann bleibt wenig Zeit und Kraft zum Nachbessern.

Ist Ihr Kind aber schon geboren, so versuchen Sie, eine ungestörte Stunde für den Fragebogen zu finden. Denn auch dann können Sie – wenn auch unter erschwerten Bedingungen – immer noch Kurskorrekturen vornehmen.

Wenn Sie Hilfe brauchen, sollten Sie sich nicht scheuen, diese in Anspruch zu nehmen. Dafür sind Beratungsstellen, Schulpsychologen und Therapeuten da. Ihr Auto reparieren Sie ja auch nicht selbst, oder?

1. Äußere Bedingungen und persönliche Voraussetzungen

- Ich habe noch Zeit und Kraft übrig.
- Ich fühle mich in der Lage, meinem Kind ein geregeltes Leben mit regelmäßigen Mahlzeiten, ausreichend Schlaf und wieder erkennbaren Ritualen zu bieten.
- Ich bin bereit, in den kommenden Jahren auf Freizeit und Hobbys weitgehend zu verzichten und einen erheblichen Teil meiner bisherigen Mußestunden mit dem Kind zu verbringen.
- Ich weiß, wo es beruflich bei mir langgeht.
- Ich bin dennoch bereit und in der Lage, meinen Job eine Zeit lang auf Sparflamme köcheln zu lassen.
- Die finanziellen Folgen einer solchen Entscheidung kann ich verkraften.
- In meiner Wohnung ist noch Platz für einen weiteren Menschen.
- Von Unordnung, Lärm, Dreck, Unterbrechungen und anderen Störungen meiner gewohnten Ordnung lasse ich mich nur in Maßen beeinträchtigen.
- Gelassenheit, Organisations- und Improvisationstalent gehören zu meinen Stärken.
- Ich kann andere um Hilfe bitten und diese dann auch ohne schlechtes Gewissen annehmen.

2. Mein Leben mit meinem Partner/meiner Partnerin

- Wir sind ein gutes Team.
- Wir haben gelernt, mit Konflikten umzugehen und die Bedingungen des Zusammenlebens immer wieder neu auszuhandeln.

- Bei uns gibt es gute und schlechte Zeiten, aber alles in allem haben wir eine befriedigende Sexualität.
- Ich kann mir meinen Partner/meine Partnerin in folgenden Situationen gut vorstellen: Er/sie bleibt mehrere Tage beim kranken Kind zu Hause. Er/sie hält den Protest des 8-jährigen Sohnes aus, wenn der nach einer halben Stunde die Playstation abstellen soll. Er/sie holt die Tochter um Mitternacht von der Klassenparty ab und redet am nächsten Tag stundenlang mit ihr über ihren Liebeskummer.
- Ich käme damit klar, wenn mein Mann/meine Frau beruflich nicht mehr so erfolgreich wäre, weil er/sie sich viel Zeit für unser Kind nimmt.
- Es würde uns Freude machen, gemeinsam die Verantwortung für ein (weiteres) Kind zu übernehmen.
- Morgens beim Aufwachen gucke ich manchmal meinen Partner/meine Partnerin an und denke: „Meine Güte, hab ich ein Glück gehabt!"
- Ich kann mir vorstellen, dass ich mit meinem Partner/meiner Partnerin auch später, wenn das Kind aus dem Haus ist, eine spannende Zeit haben werde.
- Wenn ich noch einmal zur Welt kommen könnte, würde ich gern in diese Familie hineingeboren werden.

3. Meine Kindheit

- Ich kann mich noch gut daran erinnern, wie ich mich früher gefühlt habe.
- Ich weiß ziemlich genau, welche Kindheitserfahrungen ich gern weitergeben möchte und welche lieber nicht.
- Ich bin imstande, sowohl die guten als auch die schlechten Seiten an meinen Eltern wahrzunehmen.

Ich weiß, was ich an ihnen liebe und was ich an ihnen hasse.
- Ich muss meiner Familie nichts mehr beweisen.

4. Meine Wünsche und Pläne

- Das Leben mit Mann/Frau und Kind ist für mich jeder anderen Lebensweise vorzuziehen.
- Ich finde es spannend, ein Kind aufwachsen zu sehen.
- Ich mag nicht nur Babys, sondern auch 6-Jährige, 12-Jährige und 18-Jährige.
- Ich bin ein neugieriger und unternehmungslustiger Typ und habe Lust, meinem Kind möglichst viel vom Leben und von der Welt zu zeigen.
- Die Vorstellung, dass meine Tochter eines Tages mein Lieblings-T-Shirt trägt und darin besser aussieht als ich, amüsiert mich (für Frauen).
- Mit dem Gedanken, dass mein Sohn mir in absehbarer Zeit beim Skifahren davonfährt und auch von Technik mehr versteht als ich, kann ich gut leben (für Männer).
- Wenn mein Kind mit 14 lieber mit seiner Patentante als mit mir in den Urlaub fahren will, werde ich das akzeptieren.
- Ich würde mich freuen, wenn mein Kind andere Arten zu leben ausprobiert als die Art, wie ich lebe.
- Ich mag mich und kann ohne Schuldgefühle dafür sorgen, dass es mir gut geht.
- Ein (weiteres) Kind wäre eine Bereicherung, aber keine Notwendigkeit für mich.
- Auch wenn ich kein (weiteres) Kind bekomme, werde ich ein erfülltes Leben haben.

Anhang

Literatur

Beauvoir, Simone de: Das andere Geschlecht. Sitte und Sexus der Frau. Reinbek, Rowohlt 1951

Beck-Gernsheim, Elisabeth: Die Kinderfrage. Frauen zwischen Kinderwunsch und Unabhängigkeit. München, C. H. Beck 1997

Birg, Herwig: Die ausgefallene Generation. Was die Demographie über unsere Zukunft sagt. München, C. H. Beck 2005

Carl, Christine: Leben ohne Kinder. Wenn Frauen keine Mütter sein wollen. Reinbek, Rowohlt 2002

Das Dschungelbuch – Leitfaden für berufstätige Mütter. Hg. Verband berufstätiger Mütter (s. Adressen)

Dinklage, Meike: Der Zeugungsstreik. Warum die Kinderfrage Männersache ist. München, Diana 2005

Friday, Nancy: Wie meine Mutter. Frankfurt/M., Fischer 1982

Gibran, Khalil: Der Prophet. Aus dem Englischen von Giovannie und Ditte Bandini © 2002 Deutscher Taschenbuch Verlag, München

Gloger-Tippelt, Gabriele / Gomille, Beate / Grimmig, Ruth: Der Kinderwunsch aus psychologischer Sicht. Opladen, Leske + Budrich 1993

Häsing, Helga / Janus, Ludwig (Hg.): Ungewollte Kinder. Annäherungen, Beispiele, Hilfen. Wiesbaden, Text-O-Phon 2001

Künzer-Riebel, Barbara / Lutz, Gottfried: „Nur ein Hauch von Leben" – Eltern berichten vom Tod ihres Babies und der Zeit ihrer Trauer. Lahr, Kaufmann 2002

Lothrop, Hannah: Gute Hoffnung – jähes Ende. München, Kösel 2005

Moeller, Michael Lukas: Die Wahrheit beginnt zu zweit. Reinbek, Rowohlt 2003

Petri, Horst: Das Drama der Vaterentbehrung. Chaos der Gefühle – Kräfte der Heilung. Freiburg, Herder 2002

Petri, Horst: Väter sind anders. Die Bedeutung der Vaterrolle für den Mann. Stuttgart, Kreuz 2004

Reinhardt, Susie: FrauenLeben ohne Kinder. Die bewusste Entscheidung gegen die Mutterrolle. Heidelberg, mvgVerlag 2005

Seul, Shirley: Goodbye, Baby. Glücklich ohne Kinder. München, Frauenoffensive 2003

Sichtermann, Barbara: Vorsicht Kind. Eine Arbeitsplatzbeschreibung für Mütter, Väter und andere. Berlin, Klaus Wagenbach 2002

Tschöpe-Scheffler: Sigrid. Die fünf Säulen der Erziehung. Mainz, Matthias Grünewald 2003

Unverzagt, Gerlinde: Patchwork. Familienform mit Zukunft. München, Deutscher Taschenbuch Verlag 2002

Adressen

Bundesarbeitsgemeinschaft Selbsthilfegruppen Stieffamilien e.V., www.stieffamilien.de, Tel. 06104-407970 (Mo 17.00 – 19.00, Mi 16.00 – 19.00 Uhr)

Bundesverband alleinstehender Mütter und Väter e.V., www.vamv-bundesverband.de, Tel. 030-695978-6

pro familia Deutsche Gesellschaft für Familienplanung, Sexualpädagogik und Sexualberatung e.V., www.profamilia.de, Tel. 069-639002

Regenbogen – glücklose Schwangerschaft e.V., www.initiative-regenbogen.de

Verband Berufstätiger Mütter vbm e.V., www.berufstaetige-muetter.de, Tel. 0221-326579

Über die Autorin

Christiane Röhrbein, geboren 1958, hat die Hamburger Journalistenschule (Gruner & Jahr) besucht und arbeitet seitdem als freie Journalistin, u.a. für „ELTERN", „Eltern for Family", „GeoSaison", „Süddeutsche Zeitung", „Wirtschaftswoche" und den Hessischen Rundfunk. Nebenbei unterrichtet sie an vier Journalistenschulen und an der Fachhochschule Darmstadt. Sie hat jeweils zwei Jahre in Paris und Madrid und fünf Jahre in Prag gelebt. Christiane Röhrbein hat eine vierzehnjährige Tochter und einen elfjährigen Sohn.